Mythos

Mutter

frauen**museum**

Kunstausstellung vom 5. Mai 2005 bis 28. August 2005

Dank

Für die Zusammenarbeit bzw. Unterstützung danken wir herzlich:

Dr. Birgit Schulte, Dr. Michael Fehr vom Karl Ernst Osthaus-Museum, Hagen

Theda Kluth, Ministerium für Städtebau und Wohnen, Kultur und Sport des Landes Nordrhein-Westfalen

Marianne Wallach, Ministerium für Gesundheit, Soziales, Frauen und Familie des Landes Nordrhein-Westfalen

Dr. Martina Till, Leiterin Medizin, Frei-Hautpflege

Gudrun Nositschka von der Gerda Weiler Stiftung, Freiburg

Dr. Anke Sindermann für den Titel Mythos Mutter

Horst Pitzen

Impressum

Titel
Mythos Mutter

Ausstellung
vom 5.5. bis 28.8.2005
im Frauenmuseum
53111 Bonn
Im Krausfeld 10

Herausgeberin
Marianne Pitzen

Konzeption, Projektleitung
Marianne Pitzen

Verwaltung
Petra Peter
Yolanda Alegre

Mitarbeiterinnen

Ausstellung
Anton Luja und Georg Eismann

Technik
Tina Behrendt

Praktikantinnen
Magdalena Buderath und Isis Kössler

Sponsoring
Büro für Kultur & Kommunikation
Chrstina Commertz & Beate Dennert

Titelgestaltung
Doro Lenz

Titelfoto
Tina Behrendt

Herstellung
Grafische Werkstatt, Druckerei und Verlag
Gebrüder Kopp, Köln

VG Bild-Kunst, Bonn 2005
Käthe Kollwitz, Rune Mields, Ulrike Rosenbach, Judith Samen, Tremezza von Brentano, Inge Broska, Ulrike Rutschmann, Ulla Schenkel, Tina Schwichtenberg, Annemarie Kapp de Thouzellier, Petra Kook, Barbara Lorenz-Höfer, Monika Ortmann, Jutta Schmitt

Vorstand Frauenmuseum
Marianne Pitzen, Direktorin, 1. Vors.,
Dr. Sibylle Plogstedt, 2. Vors.,
Gudrun von Schoenebeck, 2. Vors.,
Dr. Valentine Rothe, Schatzmeisterin
Chris Rittner, Schriftführerin
Inge Broska
Tina Behrendt
Ursula Witzlau

ISBN-Nr. 3-928239-93-7

Inhaltsverzeichnis

Inhaltsverzeichnis

Die Mauer der Mütter

Rund 150 Personen aus dem öffentlichen Leben hat das Frauenmuseum um ein Statement zum Thema „Mythos Mutter" gebeten. Wie die Reaktionen zeigen, wird das Thema „Mutter" als sehr sensibel und intim empfunden. Nicht jeder kann oder möchte ein Statement abgeben, interessant sind auch die Begründungen warum nicht. Die Statements werden im Museum auf der Mauer der Mütter präsentiert, bevor sie am letzten Ausstellungstag, 28.8.2005 zugunsten des Hauses „Maria Königin", eine Zufluchtstätte für Frauen und Mädchen in Not, in Bonn versteigert werden.

Die positiven Statements sind von **Nina Hagen** (4 Seiten!), **Rudolph Moshammer (Mosi), Peer Steinbrück, Margot Hellwig, Franz Müntefering,** SPD Parteivorstand, **Heidi Wieczorek-Zeul,** Bundesministerin, **Prof. Uta Ranke-Heinemann, Wolfgang Thierse,** Bundestagspräsident, **Dr. Michael Vesper**, Minister, **Krista Sager**, Fraktionsvorsitzende von Bündnis 90/Die Grünen, **Prof. Dr. Maria Böhmer,** CDU/CSU Fraktion, **Bascha Mika**, Chefredakteurin der TAZ, **Uwe Göllner,** MdB, **Katharina Jacob**, Zierer communications, u.a.

Nicht versteigert werden die Absagen von Erzbischof Joachim Kardinal Meisner, Bonns Oberbürgermeisterin Bärbel Dieckmann, die selber 2 x Zwillinge hat, Ralph Giordano u.a. ....

Dr. Sibylle Plogstedt*

Zur Eröffnung von Mythos Mutter

Pünktlich zum Vatertag eröffnen wir heute die Ausstellung: Mythos Mutter.

Das Thema lässt uns nicht los. In regelmäßigen Abständen taucht es immer wieder auf.

Mal ist es der Mythos als historisches Epos. Die Schöpfung der Welt, die Eva aus dem Paradies. Der Sündenfall. Die griechischen Sagen, die römischen Matronen.

In den 80er Jahren – und danach immer mal wieder – kam das Thema Mutter als Selbsterfahrung. Wutentbrannte Ergüsse, gegen alles, was frau im Leben vermisst. Und wer ist schuld? Die Mütter. Zumal die eigenen.

In Therapien wurde es bearbeitet und wenn frau Glück hatte, kam es zu einer Versöhnung mit der Mutter, die im Alter noch einmal so richtig durchgeschüttelt wurde. Die schon in ihrer Jugend ganz viel ertragen musste. Sonst hätte sie ja vielleicht eine gute Mutter sein können, die nun – viel zu spät – eingefordert wurde.

Haben wir nicht gerade den Jahrestag des Kriegsendes? Meine Mutter gehörte zu diesen von den Russen vergewaltigten Frauen. Und trug daran schwer, ohne je mit mir darüber sprechen zu können. Aber sexuelle Gewalt – übrigens auch die Russen – wurden so für mich zum Lebensthema.

Vielleicht hatten diese Mütter nicht uns als Kinder, nicht als Alleinerziehende groß gezogen? Schwere Arbeit. Doppelbelastung. Wir haben unser Leben lang über diese Themen wissenschaftlich gearbeitet. Möglicherweise ohne zu merken, dass wir nicht über unsere Lebenssituation schrieben, sondern auch und vor allem über die unserer Mütter.

Ich habe früher einmal zum Gebärstreik aufgerufen. Eine kleine Bresche hatten wir in den kontinuierlich fließenden Geburtenstrom schlagen wollen. Eine Klasse pro Jahr weniger, ein Jahrgang in der Bundeswehr sollte fehlen. Heraus gekommen ist ein tiefes Tal. Es fehlten am Ende viele Jahrgänge. Aber nicht, weil wir damals dazu aufriefen. Wir selber waren und sind ja die Produkte der Entwicklung.

Wir wiederholen etwas. Einst fehlten ganze Kriegsjahrgänge. Wir wiederholen die Verluste aus dem Krieg. Die Frauen ohne Männer nach dem Krieg. Heute nach 60 Jahren immer noch. Und das, ohne es zu wollen und zu wissen, als Wiederkehr des Verdrängten.

Wir sollten uns dem Thema Mütter wieder stellen. Denn gerade weil Frauen mit Kindern seltener geworden sind, weil es so wenige Kinder gibt, sind Mütter heute wieder aktuell.

Sie sind es als Frauen, die keine Mütter werden wollen. Sie sind es als Frauen, die Mütter werden sollen. Sie sind es als Mütter, die Großmütter werden wollen.

Ich habe einmal in den Grimm geschaut und dort allerlei Erstaunliches zum Thema Mutter gefunden. Allein das Wort Mutter lässt sich von Fruchtbarkeit nämlich nicht trennen. Mütter oder Motter war im Rheinischen die von der Obrigkeit bestellte Fruchtmesse. Ein Muttersack ist nicht etwa Reisetasche sondern die Gebärmutter. Mütterig sein bedeutet, an der Gebärmutter zu leiden, und die Mutterleber nannte man einst die Nachgeburt. Ein Mutterkrampf die bekannte Beschwerde der Gebärmutter. Eingeführt wurde dafür der Muttersiechtag, der ebenfalls für die Krankheit der Gebärmutter steht.

Doch es gibt nicht nur das Wort Muttern. Ein Sohn Vatert sich auch.

Während im Wort Mutter die Kinder inbegriffen sind, fehlen in der Ausstellung die Väter. Die Männer.

Wenn man sich die aktuellen Zahlen genau anschaut, dann sind es heutzutage nämlich die Männer, die nicht mehr Väter werden wollen. Mehr als 26 Prozent der Männer wollen keine Kinder. Vor gut 10 Jahren waren es nur knapp 12 Prozent. Der Anteil der Frauen, die keine Kinder wollen, ist nicht so rasant gestiegen. Er liegt heute bei 15 Prozent. 1992 lag er noch unter 10 Prozent. Das heißt, es gibt 12 Prozent der Frauen, die gern Mütter werden würden, aber keine Partner, die damit einverstanden wären.

Ist das einfach nur die Ego-Gesellschaft? Die Ich AGs in den Paarbeziehungen?

* Stellvertretende Vorsitzende des Frauenmuseum e.V.

Oder sind auch die Männer nicht mit dem Thema Krieg und Nachkrieg fertig geworden. Männer, die zu wenig Gruppen haben, in denen so etwas zum Thema gemacht werden kann.

Es gab doch nach dem Krieg schon einmal eine Generation Frauen, die keine Männer fanden. Es gab Männer, die viel zu spät aus dem Krieg kamen und von ihren Kindern nicht mehr erkannt wurden. Männer, die dann neu heirateten. Junge Frauen. Weil wenn der Vaterwunsch auftaucht, ist es für die erste Partnerin meist schon zu spät. Auch ein Wiederholungsmuster.

Deshalb könnte diese Ausstellung mit den vielen Bildern von Müttern auch heißen: Mythos Vater. Denn Väter sind die Fernen, die Abwesenden. In den Familien wie in der Ausstellung.

Dr. Heide Göttner-Abendroth

Mutter – Mutterschaft – Mütterlichkeit
Was heißt das jenseits des Patriarchats?

(Kurzversion des Vortrags im FrauenMuseum Bonn, am Freitag, den 13. Mai 2005)

Gemäß guter philosophischer Tradition möchte ich zuerst die Begriffe klären, über die hier gesprochen wird:

- Was „Mutter" ist, wissen wir, denn wenn auch nicht jede Frau eine Mutter ist, so hat doch jeder Mensch eine Mutter. Auch wenn diese Tatsache im Patriarchat häufig sehr belastet ist und regelmäßig verdrängt wird.
- „Mutterschaft" scheint auch klar bestimmt, es bedeutet, Kinder zu haben. Sind damit jedoch nur die eigenen Kinder gemeint oder auch andere?
- Was „Mütterlichkeit" ist, meint man auch zu wissen. Damit wird ein von Sentimentalität umgebenes Verhalten bezeichnet, demgemäss eine Frau sich schenkend und schützend für andere verausgabt, bis für sie selbst nichts mehr übrig bleibt. Wieweit sie dies freiwillig tut, bleibt dahingestellt, deshalb ist die Sache mit der „Mütterlichkeit" im Patriarchat äußerst ambivalent.

Patriarchale Begriffe vom Muttersein

Deshalb möchte ich zunächst Mutterschaft im Patriarchat näher beleuchten, um auf den Grund dieser Unklarheiten zu kommen. Wir haben es mit zwei patriarchalen Mutterbegriffen zu tun, die beide abwechselnd in diesen Gesellschaften auftauchen, ohne jemals eine Lösung gebracht zu haben. Der klassisch patriarchale Begriff ist der, dass die Frau nur Mutter und Hausfrau ist, wobei sie auf ihre Gebärfähigkeit reduziert wird. Sie lebt im Hause des Mannes, um ihn zu bedienen und „seine" Kinder zu gebären, vor allem seine Söhne. Dabei muss jede Frau zwangsweise Mutter sein, denn außerhalb davon wird ihr keinerlei Wert zugestanden. Daraus entsteht eine überaus unterdrückerische Situation für die Frauen, die nicht auszuhalten wäre, wenn nicht dazu eine Ideologie mitgeliefert würde, welche diese Situation verschleiert. Diese Ideologie sind die verschiedenen Spielarten des Mutterkults, der den Frauen das zwangsweise Muttersein als etwas Wunderbares vorspiegelt.
Als europäische Spielarten dieses Mutterkults erinnere ich an die christlich-katholische Variante, die in Europa eine sehr lange Tradition hat. Und ich erinnere an den jüngsten, faschistischen Mutterkult im Nazireich, der extrem rückständig war, weil man damit die Frauen aus dem Berufsleben wieder hinausdrängte.

Der andere patriarchale Mutterbegriff soll dann die Lösung aus diesem Dilemma sein, nämlich die Vorstellung von der Karriere-Frau, die im Berufsleben erfolgreich ist und „nebenbei" auch noch Kinder hat. Es ist das Bild der Superfrau, die alles macht und alles kann, die überall „ihren Mann steht", nebenbei auch noch weiblich ist und für die Gesellschaft die nächste Generation gebiert und erzieht – meist allein gelassen. In beträchtlicher Untertreibung nennt man das die „Doppelbelastung" der Frau. Denn eine einzelne Frau kann ihre Kinder weder nur nebenbei erziehen, noch kann sie gleichzeitig voll in Berufsstrukturen einsteigen, die nicht nach ihren Bedürfnissen aufgebaut sind. Die Berufsstrukturen folgen dem Modell des jungen, weißen, dynamischen Mannes, der im Hintergrund noch seine Hausfrau hat. Auch die vielbeschworene „Partnerschaft" nützt da wenig, denn sie scheitert in den meisten Fällen an genau diesen Berufsstrukturen, welche die selbst bereitwilligen jungen Männer vollständig absorbieren.
So stellt diese Diskrepanz von nicht zusammen passenden Mustern weit mehr dar als nur eine „Doppelbelastung", sie bedeutet meist eine doppelte Ausnutzung der Frau, nämlich in der Familie, wo sie gratis arbeitet, *und* im Beruf, wo sie in der Regel schlechter bezahlt wird, und mündet nicht selten in ihrem gesundheitlichen Zusammenbruch.

Dieses Dilemma kehrt in der modernen staatlichen Politik unaufhörlich ungelöst wieder. Denn je nach Bedarf wird die Frau in den Industrienationen veranlasst, in Zeiten der Vollbeschäftigung ins Berufsleben einzusteigen oder – wenn Rezession und Arbeitslosigkeit drohen – wieder auszusteigen, um an den Familienherd zurückzukehren. Frauen werden als industrielle Reservearmee benutzt, als die ständig verschiebbare Masse, was ihre eigenen Lebensentwürfe gemäß ihren eigenen Bedingungen regelmäßig zunichte macht. Eine solche Politik gegenüber den Frauen, bei der sie nicht die Subjekte, sondern die Objekte der Politik sind, verhindert von vornherein die Lösung des genannten Dilemmas, schärfer gesagt: eine Lösung ist gar nicht erwünscht.

Die andere große Verhinderung ist die Struktur der spätbürgerlichen Kleinfamilie, in der Frauen in den heutigen Industrienationen ihr Muttersein leben müssen. Das heißt, ein isoliertes Dasein zu ertragen, nur mit einem Partner des anderen Geschlechts, der verständnisvoll ist oder auch nicht, sich partnerschaftlich verhält oder auch nicht, je nach Zufall, dem die Frauen ausgeliefert sind. Wenn sie in dieser Struktur noch zusätzlich einen Beruf hat, werden die Zufälle dieser

sogenannten „Partnerschaft“ nur noch verschärft. Ist diese Kleinfamilie an sich nur eine rudimentäre Form von sozialen Zusammenhängen, so verschärft sich die Situation noch für die Frau, wenn sie auseinander fällt. Dann ist die berufstätige Mutter auch noch Alleinerziehende. Denn der zunehmende Zusammenbruch der sozialen Muster in unserer Industriegesellschaft geht zu Lasten der Frau, die darin allein gelassen wird und als Single-Mutter nicht selten auf die unterste Ebene der Armut gerät.
Es ist daher nicht erstaunlich, wenn junge Frauen und Frauen, die unabhängig bleiben wollen, zunehmend das Muttersein ablehnen, sogar eine Feindschaft dagegen entwickeln. Diese Haltung ist nicht unbedingt – wie es offiziell dargestellt wird – der Ausdruck eines wachsenden persönlichen Egoismus, sondern einer sozial-feindlichen, kranken Gesellschaft, die soziale Zusammenhänge zerstört und damit die Vereinzelung und psychische Verelendung der Menschen voran treibt.

Dabei ist die Fähigkeit von Frauen zum Muttersein für jede Gesellschaft das höchste Gut, denn von Generation zu Generation lebt sie ja nur durch die Mütter weiter. Weltweit heißt das, dass Frauen noch immer jeder Gesellschaft das höchste Gut geben, nämlich den Fortbestand in der Zukunft. In Patriarchaten steht diese ganze Sache auf dem Kopf, denn die Wichtigkeit der Frau für das Leben der gesamten Gesellschaft ist hier kein Anlass sie zu achten, sondern sie zu unterdrücken. Das matriarchale Kulturverständnis hingegen beruht auf dieser grundlegenden Tatsache und nicht auf einem irgendwie gearteten Mutterkult. Hinzu tritt eine andere Auffassung von Mutterschaft und eine andere Praxis von Mütterlichkeit, als wir sie kennen. In der matriarchalen Gesellschaft erhält die Frau, weil sie die Lebensgeberin und -erhalterin für die ganze Gesellschaft ist, die größte Achtung und Ehre. Aber dafür sitzt sie nicht eingesperrt im Hause, im Gegenteil: Sie übt die verschiedensten außerhäuslichen Tätigkeiten und Berufe aus, lenkt die Gesellschaft und macht Politik – ganz ohne „Doppelbelastung“. Sie muss noch nicht einmal persönliche Mutterschaft erleben oder wünschen, um an dieser allgemeinen Verehrung der Frau teilzuhaben. Denn die Vorstellung von Mütterlichkeit trägt und formt die ganze Gesellschaft, es ist ein allgemein gültiger und real umgesetzter Wert und keine unterdrückerische und sentimentale Schablone nur für Frauen. Deshalb gibt es keinen Mutterkult in Matriarchaten. Jedoch heißt hier, die größte Ehre haben, noch längst nicht, die größte Macht im Sinne von Herrschaft zu haben, denn Matriarchate sind keine Herrschaftsgesellschaften. Die naturgegebene große Bedeutung der Frau wird jedoch direkt in eine kulturelle Schöpfung gegossen, die ihrer Wichtigkeit entspricht. Und das ist ein geistiger Ast ersten Ranges, in welchem die Frauen ebenfalls die wichtigsten Schöpferinnen waren.

Muttersein, Mutterschaft und Mütterlichkeit im Matriarchat

Die Grundeinheit der matriarchalen Gesellschaft ist der Clan, der in der Mutterlinie organisiert ist. Das heißt, eine Frau mit ihren Töchtern, Söhnen, Enkel/innen, Urenkel/innen bildet einen matriarchalen Clan, der in der Mutterlinie nach ihr heißt (Matrilinearität). Ein solcher Matri-Clan wohnt in einem großen Sippenhaus zusammen, das heißt, im Sippenhaus der Mutter wohnen alle Leute, die ihren Clannamen tragen (Matrilokalität).
Die Kinder leben immer bei der Mutter und ihrem Clan. Dort sind sie bei Mutter, Großmutter, Tanten, Großtanten, Mutterbrüdern und Großmutterbrüdern, eben im ganzen Clan, stets gut aufgehoben. Darum gibt es keine Scheidungswaisen, auch wenn Frauen und Männer die Liebesbeziehungen wechseln. Außerdem ist das ganze Dorf oder Städtchen durch vielfache Clanbeziehungen untereinander verwandt, versippt und verschwägert und betrachtet sich als ein *Netz von gegenseitiger Hilfeleistung*, aus dem niemand herausfällt. Matriarchate kennen aus diesem Grunde keine isolierten Hausfrauen oder alleinerziehende, verelendete Mütter, keine vereinsamten Alten, keine hilflosen Waisenkinder und verwahrloste Jugendlichen.

Das hat für eine matriarchale Frau weitreichende Folgen für die Entwicklung ihrer verschiedenen Fähigkeiten. Sie muss keineswegs zwischen der schlechten Alternative wählen, entweder unterfordert zu Hause bei ihrem Nachwuchs zu sitzen oder aber auf Kinder zu verzichten, um einen Beruf ausüben zu können. Sie muss sich auch nicht in die Zerreißprobe der Überforderung mit Kindern und Beruf gleichzeitig begeben. Matriarchale Frauen üben alle mögliche Berufe in ihrer Gesellschaft aus: Sie sind – auch in der Phase des Mutterseins – Ackerbäuerinnen, Handwerkerinnen, Händlerinnen, Künstlerinnen, Heilerinnen, Schamaninnen, Priesterinnen und lenken ihre Clans wie die Gesellschaft, gemeinsam mit den Männern als ihren Brüdern. Denn die Kinder sind immer im Clan daheim, keine Frau lebt isoliert und ist allein für den Nachwuchs verantwortlich. Es gibt dort keine *abgespaltene, scheinbar private Mutterschaft* und auch keine sogenannte *Doppelbelastung der Frau.*

Auch bei den Männern gibt es eine natürliche gemeinsame Mitbeteiligung an der Erziehung der Kinder im Clan. Es sind die Brüder der Frau, die sich am nächsten verwandt mit ihren Kindern betrachten, weil sie denselben Clannamen tragen wie die Schwesterkinder. Ihre Zuwendung, Fürsorge und erzieherische Mitverantwortung gilt diesen, für die sie die Rolle der „sozialen Väter" haben, nicht aber den Kindern der Geliebten im anderen Clan. Im Clanhaus der Geliebten oder Gattin hat der Mann keine Rechte, aber auch keine Pflichten. Er ist im Clanhaus der Mutter zu Hause, dort hat er Rechte und Pflichten und übt sie für die Schwesterkinder aus, die ihrerseits ihn als ihren Beschützer betrachten. Die soziale und emotionale Bindung zwischen Schwestern und Brüdern ist im Matriarchat daher sehr eng, viel enger als mit den wechselnden Liebhabern. Wenn daher von einer lebenslangen Partnerschaft gesprochen werden kann, dann hier zwischen matriarchalen Schwestern und Brüdern. Und wenn man irgendwo eine tiefgehende väterliche Zuwendung beobachten kann, dann eher hier als unter patriarchalen Bedingungen.

Männer müssen deswegen im Matriarchat auch nicht die Rolle des Hausmannes spielen, während die Frau als Karrierefrau berufstätig ist. Dieses soziale Arrangement überschreitet nicht das Muster der spätbürgerlichen Kleinfamilie, sondern dreht nur die patriarchale Rollenzuweisung um, ohne sie aufzuheben. Es ist keine Lösung des Dilemmas der Mutterschaft im Patriarchat.

Matriarchale Frauen kennen auch nicht solche merkwürdigen Vorstellungen, dass ein Mensch Besitzanspruch auf andere Menschen erhebt, wie der Mann im Patriarchat, der von „seiner Frau" und „seinen Kindern" spricht. Deshalb sprechen sie auch als Mütter nicht von „ihren Kindern", wie es im Patriarchat in Verlängerung des männlichen Besitzanspruchs üblich ist, als ob diese ihnen allein gehören. Im Gegensatz dazu kennen sie die *gemeinsame Mutterschaft*, bei welcher die jungen Frauen des Clans, also drei oder vier Schwestern, ihre Kinder als *gemeinsame Kinder* betrachten. Sie erziehen sie gemeinsam, und die Kinder betrachten alle Schwestern als ihre Mütter. Das hat eine interessante soziale Folge: Nicht jede einzelne Frau muss „ihre eigenen Kinder" haben um Mutter zu sein. Es reicht, wenn die Schwester Kinder hat, so ist auch sie selbst eine Mutter. Das ist eine glänzende Lösung, um Mutterschaft und öffentliche Arbeit miteinander zu vereinbaren, ohne in das Dilemma zu geraten, das die patriarchale Gesellschaft für Frauen bereithält.

In diesem Sinne eines für die einzelnen Frauen *nicht zwangsweise verordneten* und *nicht abgespaltenen Mutterseins* ist Mutterschaft das tragende soziale und kulturelle Element im Matriarchat. Mutterschaft wird nämlich nicht biologistisch missverstanden, sondern ist ein symbolisches System, eine „symbolische Ordnung der Mutter", wie es die italienischen Philosophinnen formuliert haben. Denn auf dieser Mutterschaft beruht die Matrilinearität, die wiederum das ordnende Prinzip der ganzen Gesellschaft ist. Der Matrilinearität folgt die Wohnform, sei das nun ein großes Clanhaus oder mehrere kleinere Häuser nahe beieinander auf dem Mutterland. Auch die ökonomischen und politischen Muster folgen ihr, ebenso die Verteilung politischer und spiritueller Würden sowie die Vorstellung von der Welt und das religiöse Leben. Nicht weniger als das beinhaltet der Begriff der matrilinearen Verwandtschaftsgesellschaft.

Denn auf der Ebene der Spiritualität und Kultur haben matriarchale Gesellschaften ein Bild vom Göttlichen, das dem *matriarchalen Prinzip von Mütterlichkeit* folgt. Ihre Vorstellung von der Gottheit ist nicht transzendent, sondern immanent. Für sie gibt es keine Gottheit außerhalb der Welt, wobei dort aller Geist sein soll und die Welt zur bloßen, toten Materie herabgewürdigt wird. Gemäß ihrer Auffassung *ist* die Welt selbst die als weiblich verstandene Gottheit. Kosmos und Erde sind die Göttin selbst, der Kosmos als Urgöttin die Schöpferin, die Erde als Urgöttin die Mutter von allem Lebendigen. In einer Gesellschaft, in der alles göttlich ist und als solches gefeiert wird, gibt es einen anderen Umgang der Menschen miteinander und mit der außermenschlichen Natur. Denn die Göttin manifestiert sich in allem, was darin erscheint und lebt, in Frau und Mann und Kind, im größten Stern und im kleinsten Grashalm.

Die Erde schenkt ihnen, was sie brauchen, und niemand kann die Erde, die Große Göttin, besitzen. Der *symbolische Begriff von Mütterlichkeit,* den sie haben, leitet sich nämlich von der allschenkenden, mütterlichen Erde ab. Alle Menschen sind die Töchter und Söhne der Mutter

Erde und deshalb auch im symbolischen Sinne miteinander verwandt.
Dieser symbolische Begriff von Mütterlichkeit gilt nun keineswegs nur für die Mütter, sondern für alle Frauen insgesamt, die ein Abbild der mütterlichen Erde sind. Und er erstreckt sich auch auf alle Männer, die ebenfalls am weiblich Göttlichen teilhaben. Deshalb zeigen Männer bei ihren sozialen Aufgaben ebenfalls das Verhalten von Mütterlichkeit, nämlich Geduld, Zuhören, mit Sanftheit integrieren und geleiten. Wenn ein Mann in matriarchalen Gesellschaften für hohe Würden ausgewählt wird, wie z.B. den ganzen Clan als Sprecher nach außen zu vertreten, dann gibt es ein klares Kriterium für seine Wahl: „Er muss sein wie eine gute Mutter!" (Sprichwort der Minangkabau, Sumatra)

Die symbolische Verwandtschaft und Mütterlichkeit gilt auch zwischen Menschen und der Welt der Tiere und Pflanzen. Nicht selten werden Pflanzen und Tiere auch als Mütter bezeichnet, weil sie die Menschen ernähren, wie die „Maismutter" der Hopi oder die mütterliche und deshalb heilige Kuh in Indien. Die Menschen danken ihnen in Ritualen und betrachten sich nie als überlegen, sondern als auf einer Ebene mit „Schwester Pflanze" und „Bruder Tier" oder sogar als von ihnen abhängig und von ihrer Weisheit lernend. Sie kennen keine Hierarchie, nach der die Welt des Lebendigen in Höheres und Niedrigeres eingeteilt wird. Daher ist ihnen die schonungslose Ausbeutung der Pflanzen- und Tierwelt bis hin zu deren Vernichtung unbekannt. Es ergibt sich daraus ein Verhalten, das wir ihm wahrsten Sinne „ökologisch" nennen würden. Doch ist dies bei ihnen kein rationales Konzept, sondern eine spirituelle Verbundenheit mit allem Lebendigen, die aus ihrem symbolischen Begriff von Mütterlichkeit gespeist wird.

Julitta Franke

Isis, Hathor, Erinnyen und Mutter Gottes

In den Jahrtausenden ihrer Suche nach den Geheimnissen des Lebens verehrten die Menschen große Muttergottheiten. Sie wurden zu lebendigen Gestalten, die ihrem Leben und Sterben Sinn und Trost gaben. Der Menschen Furcht vor dem Tod wandelte sich in gläubiges Vertrauen in die lebenserneuernden Kräfte der großen Muttergöttin. Von ihren Idolen und Menhiren der Frühzeit bis zu den Muttergottesaltären in heutigen katholischen Kirchen, – es sind wohl immer die gleichen Bitten, die gleichen Hoffnungen, die ihr entgegengebracht werden.

Durch das Wesen der Mutterschaft, durch die Veränderungen des weiblichen Körpers in der Menstruation, in der Schwangerschaft und durch das Stillen der Mütter wurde das Geheimnis des Lebens, der Rhythmus der menschlichen Zeit in der frühen Menschheit mit dem Weiblichen verbunden. In dem Gehen und Kommen der Gestirne, in den Gezeiten des Mondes erkannten die Menschen die gleichen Gesetze wie im weiblichen Körper Aus dem Mysterium der Mutterschaft suchten sie die Geheimnisse und den Sinn ihres Lebens, der Natur und des Sternenhimmels zu verstehen. Sie erkannten in allem den gleichen Lebensrythmus. Aus dieser Erkenntnis erwuchsen die weiblichen Gottheiten, die den Himmel, die Erde und das Reich des Todes regierten.
Alle frühen Kulturen verehrten große Göttinnen. Deren Namen waren verschieden, ihre Ausprägungen und Aspekte tendierten entweder mehr zu der geliebten oder mehr zu der gefürchteten Muttergöttin. Aber allen gemeinsam war die weibliche lebengebende, schöpferische Komponente. Die Mythen, die Rituale, ihre männlichen Bezugspersonen und ihre wichtige Beziehung zum irdischen Königtum waren in allen Kulturen verschieden aber wesensgleich. Männliche Schöpfergötter ohne den Beistand einer Göttin hatten es schwerer, glaubhafte physische Voraussetzungen für die Erschaffung von Göttern und Menschen als Alleinschöpfer glaubhaft zu machen.
Atum, der Schöpfergott des altägyptischen Heliopolis muß seinen Samen verschlucken und wieder ausspeien, um ein Götterpaar in die Welt zu setzen.

Die alten Ägypter verehren neben ihren Göttern wunderbare Göttinnen: Neith und Nut, Hathor und Isis sind wohl die wichtigsten aus der großen Zahl. In schönen Bildern und Mythen erzählen sie von diesen Göttinnen. Da ist Neith, die in der alten Stadt Sais verehrt wird und die sich rühmen kann:„Ich bin alles, das je gewesen ist, das je sein wird, und kein Sterblicher hat je den Schleier gelüftet, der mich verbirgt". (So überliefert bei dem Griechen Plutarch) Neith wird die erste Geburt zugeschrieben. Sie gebiert den Sonnengott Re, den höchsten der Götter. Sie ist auch die Weberin der Weit. Mit ihrem Weberschiffchen umspannt sie den Himmel. Ihr Gewebe ist das Leben.- Sie zeigt den Menschen, wie sie mit den von ihr gewebten Binden die Toten mumifizieren und damit ihre Wiederbelebung bewirken können. Für die große Göttin Nut finden die Ägypter anmutige und bedeutungsvolle Bilder. Ihr großer schlanker Leib beugt sich nach vorn in einem weiten Bogen, die Fingerspitzen und die Zehen berühren die Erde, ihr langes Haar rieselt wie Regen auf die Erde unter ihr. Sie ist die Himmelsgöttin, die vom Luftgott Schu von ihrem Geliebten, dem Erdgott Geb, getrennt wird. So werden Himmel und Erde getrennt. Sie ist die kosmische Mutter. In den reich bemalten königlichen Gräbern finden wir ihr Bild, das zeigt, wie sie allabendlich den Sonnengott Re verschlingt. Er wandert durch sie hindurchund wird am Morgen von ihr erneut geboren. Das Blut, das sie dabei vergießt, wird am Himmel zur Morgenröte. So wird sie die Göttin, die auch dem sterblichen Menschen die Wiedergeburt verheißt. In den Deckeln der Mumiensärge finden wir sie daher als die von Sternen übersäte Mutter, die dem Toten unter ihr mit lang ausgestreckten Armen und Händen Schutz gewährt. Nut gebiert die Göttinnen Isis und Nephtis und die feindlichen Brüder Osiris und Seth.
Die ägyptische Göttin Hathor wurde als große Göttin über lange Jahrtausende verehrt. Ihre facettenreiche Gestalt erscheint als Himmelskuh, die das Universum gebiert. Auch sie ist eine Mutter des Weltalls. Man verehrt sie als Mutter und gleichzeitig Tochter der Sonne, als Löwin, als Baum oder als die Göttin, die auf ihrem Kopf die Mondhörner trägt, in deren Mitte die Sonnenscheibe ruht.
Im Papyrustext 782 heißt es:
„Du Große, die du zum Himmel wurdest, du bist mächtig.
Alle Räume hast du mit deiner Schönheit angefüllt,
die du alles erregst.
Die ganze Erde liegt dir zu Füßen,
du hast von ihr Besitz ergriffen.
In deine Arme schließt du die Erde
und alles, was auf ihr ist, findet sein Leben."
Als Amme des Pharao gibt sie ihm die göttliche Milch, die ihn berechtigt, die Königswürde zu tragen. Sie ist die Patronin der Frauen, sie herrscht über den Himmel und die Unterwelt, so wie alle großen Göttinen. Charakteristisch für sie ist die Liebe zu Musik und Tanz, die Freude der Augen am Schönen, die Freude an Schmuck und

Schönheitspflege und nicht zuletzt die Freude an der Liebe und orgiastischen Festen.
Isis, Tochter der Nut, wird im Laufe der Jahrhunderte zu der am meisten geliebten und verehrten Göttinnen Ägyptens. Ihr Siegeszug überschreitet die Grenzen des Landes bis weit ins römische Reich. Sie ist die liebende Gattin des Osiris. Als sein feindlicher Bruder Seth ihn getötet und zerstückelt hat, ist sie es, die durch ihre beschwörenden Liebes-und Lebenskräfte die Teile seines Leibes zusammenfügt und wiederbelebt. Sie zwingt den Tod in den Dienst des Lebens, indem sie von dem toten Gemahl den Samen für ihren Sohn empfängt. Für ihn, den sie Horus nennt, ist sie die fürsorgliche Mutter. Der Pharao identifiziert sich mit ihm. In der Einsamkeit der Nilsümpfe hat sie das Kind des ermordeten Osiris zur Welt gebracht, versteckt vor den Nachstellungen des feindlichen Seth.
Sie ist die Muttergöttin, deren Verehrung bis weit in die römische und christliche Zeit verbreitet ist. In ihrer Erscheinung mit dem Horusknaben auf dem Schoß oder ihn stillend, aber auch in ihrer Eigenschaft als sich erbarmende, fürsprechende Mutter ist sie am meisten unter allen Göttinnen die Vorläuferin der christlichen Muttergottes. Isis beschützt alles Mütterliche, denn es kommt von ihr. Doch erbarmt sie sich auch der Männer, die sie um Hilfe anrufen. „Die Tausendnamige, die Herrin jeden Landes, die Vielgestaltige, Gnadenspenderin, Heilige, Retterin, Allherrscherin, Meereskönigin, Unbefleckte"..., so preist noch in hellenistischer Zeit der Grieche Apuleius diese mächtige Göttin. „Immer hilfst du den elenden Sterblichen, süße Mutterliebe gewährst du den Leiden der Unglücklichen". Wie später Maria so vertrauen die Menschen der Göttin Isis ihre persönlichen Bitten und Nöte an. Mit ausgebreiteten Flügeln gewährt sie den Toten Schutz bei der gefahrenreichen Übergangsfahrt durch die Unterwelt. Durch die Wiederbelebung ihres Geliebten hat sie allen Sterblichen die Verheißung der Auferstehung gegeben.
Die großen ägyptischen Göttinnen sind Mütter, Mütter der Schöpfung, der Götter, des Kosmos, des menschlichen Lebens. Sie sind Mütter des Totenreiches und Verheisserinnen der Auferstehung. Darin gleichen sie den großen Göttinnen aller alten Kulturen sowohl rund um das Mittelmeer wie im Gebiet des fruchtbaren Halbmonds, aber auch in Indien und Südamerika. Nicht nur in Ägypten ist das Königtum von der Huld der Göttinnen abhängig, von Ihrer Mutterschaft, ihrer Muttermilch oder dem Vollzug der heiligen Hochzeit mit der Göttin. Im mesopotamischen Raum legitimiert Gudea von Lagasch sein Königtum mit dem Gebet an Inanna:
„Eine Mutter habe ich nicht – meine Mutter bist du,
Einen Vater habe ich nicht – mein Vater bist du.
Den Samen für mich empfingst du im Innern,
Du gebarst mich."
Ägyptische Pharaonen wurden über Jahrtausende nur durch eine königliche Gemahlin oder Mutter legitimiert. Eventuell heirateten sie ihre königliche Schwester oder Tochter, wenn ihre Gemahlin gestorben war, um ihre Macht erhalten zu können. Hier spiegelt das irdische Abhängigkeitsverhältnis das himmlische.
Die geschichtliche Entwicklung zeigt mehr und mehr die Loslösung von der Urmacht der Muttergottheit hin zur Betonung der männlichen Götter. Echnaton erfindet den alleinigen Gott und erzwingt die alleinige Verehrung dieses monotheistischen Gottes von seinen Untertanen. Im profanen Bereich geht diese Loslösung von den weiblichen Gottheiten mit der Verleumdung der lebenspenden Macht der irdischen Mütter Hand in Hand. Der hellenistische Geschichtsschreiber Diodor (1. s.vor Chr.) berichtet über die Meinung der Ägypter, das Kind sei im Samen des Vaters enthalten. Es entstehe nicht im Mutterschoß, sondern wachse nur in ihm heran: „Das Leben gibt allein der Vater dem Kind; die Mutter gibt ihm nur Nahrung und Herberge."
Diese Worte erinnern sehr stark an die Verse des griechischen Tragödiendichters Aischylos (525 – 456) in dem Drama „Die Eumeniden". Es handelt von dem Muttermord des Orest, der den Mord rächt, den die Mutter des Orest, Klytemnestra, an seinem Vater begangen hat. Dieses griechische Drama ist eine spannende Auseinandersetzung zwischen Mutter-und Vaterrecht. Der Konflikt wird hochdramatisch ausgetragen einerseits von den Erinnyen, den Rachegöttinnen, die gerade für die Ahndung familiärer Gesetzesbrüche zuständig sind, andererseits von dem Sonnenheros Apoll, dem Vertreter des Patriarchats, und der Göttin Athene, die aus dem Haupt des Vatergottes Zeus „geboren" wurde, nachdem dieser ihre Mutter verschlungen hatte. Athene rühmt sich, keine Mutter zu haben. Die Fronten sind klar, die Rachegöttinnen verurteilen den Muttermörder Orest, sie bilden den eindrucksvollen Chor des Dramas. Als Orest sich verteidigen will und fragt: „Warum hast im Leben du sie, die Mutter, die den Gatten tötete, nicht verfolgt?", ist die Antwort:" Sie war dem Manne nicht blutsverwandt, den sie erschlug". Orest fragt:" Ich aber, sagst du, bin von meiner Mutter Blut?" Die Erinnyen antworten:" Trug denn, du Blutiger, sie dich nicht unter ihrem Herzen! Schwörst du deiner Mutter teures Blut ab?"

Doch der Sonnengott Apoll, der dem Orest den Auftrag zum Mord gegeben hat, tritt mit Athene, der „Vatertochter", auf die Seite des Muttermörders:
„Erzeuger des Kindes ist nicht die Mutter!
Sie ist – so glaubt man – nur die Nährerin des Keimes.
Erzeugen kann allein der Vater. Sie bewahrt
gleichsam ein anvertrautes Pfand. Und sie gibt
es heil dem Eigner wieder
Und dafür höre heilgen Beweis.
Auch ohne Mutter wird man Vater; dies
Bezeugt vor uns das Kind des höchsten Zeus,
Von keines Mutterschoßes Nacht ernährt,
Doch herrlich wie kein andres Götterkind."
Athene, die „Mutterlose", hat keine Bindung an die Mutter zu lösen, sie erkennt das neue Vaterrecht an. Die Erinnyen, die uralten Göttinnen der Rache, vor denen selbst Zeus sich noch fürchtete, klagen Apollon an:
„Wehe, Sohn des Zeus,
Ein Gott voll Lug und Trug,
Der junge Gott hat alle überrannt.
Als Schützling ehrst du
Den gottlosen Mann, der eigne Eltern erschlägt.
Dem Muttermörder half ein Gott hinweg,
Wer nennt dies noch gerechtes Werk
Jüngere Götter herrschen gewaltsam
0 ihr neueren Götter,
Die alten Gesetze,
Ihr tratet sie nieder,
Entwunden sind sie der Hand."
Die Rachegöttinnen stimmen ein Klagelied an:
„Trag ich solche Schmach?
Sinkt das Urgesetz.
Sinkt ewige Weisheit jetzt
Allgehasst ins Grab?
Zorn, Grimm und Wut
Schnauben in meiner Brust
Höre mich schreien Mutter Nacht!
Entblösst stehe ich hier
Von Ruhm, Ehre und Sieg!
Tückisch raubte ein Gott alles mir – um nichts!"
Sie werden nicht erhört, aber Athene weist Ihnen eine Rolle in der neuen Ordnung zu: Die Erinnyen, welche Ironie, werden zu Hüterinnen häuslichen Glücks, zu Wohlwollenden, zu den Eumeniden.
Seiten hat ein Kunstwerk so dramatisch den Wendepunkt einer Weltanschauung, so deutlich den Umbruch einer Weltordnung dargestellt wie das Drama „Die Eumeniden" des Aischylos.
Die Mütter der neuen Weltordnung verlieren ihre Stellung als Trägerinnen des Lebensmysteriums. Das Patriarchat, das ihre numinosen Kräfte überwinden musste, um sie zu beherrschen, versucht den Mann zum alleinigen Lebensspender hinzustellen. Die Frauen werden beraubt, sie bleiben zurück als das leere Gefäß, das der Mann benutzt, um seine Nachkommen austragen zu lassen. Apollon leugnet die Blutsbeziehung zwischen Mutter und Sohn und überträgt sie auf den Vater. Er allein zeugt das Leben, das sie als Pfand bewahrt.
Er verleumdet und vernichtet jetzt, was auch Männer über Jahrtausende verehrt und angebetet hat, von dem sie aber ausgeschlossen waren und das gewiß ihren Neid erregt hat. „Die alten Gesetze, ihr tratet sie nieder ... Jüngere Götter herrschen gewaltsam.... Das Urgesetz, die ewige Weisheit sinkt ins Grab". Die jüngeren Götter herrschen im Himmel, die Göttinnen werden zu betrogenen Gattinnen, zu verführten oder gar vergewaltigten Geliebten der Götter, zu gehorsamen Töchtern. Sie verlieren ihre allumfassenden Kräfte und Herrschaftsgebiete an die männlichen Beherrscher des Olymp. Und auf Erden herrschen entsprechend die jungen Helden mit dem Schwert und dem Logos, den sie den Frauen absprechen. Denen bleibt wie den früher mächtigen Erinnyen nur das Hüten des häuslichen Herds.

Als einige Jahrhunderte später das Christentum seinen Einzug hält, taucht im Laufe seiner Entwicklung mehr und mehr in der sich institutionierenden Kirche das Bild der schönen, mächtigen Muttergöttin, Gottesmutter, Muttergottes, aus dem Dunkel der Zeiten. Sie gleicht der Göttin Isis zum Verwechseln. Sie trägt thronend den kleinen Sohn auf ihrem Schoß, trägt ihren Sternenmantel um die Schultern, setzt den Fuß auf ihren Mond und wird zur erbarmenden und verehrten Muttergöttin der nur männlich bestimmten neuen Religion. Gegen die warnenden Stimmen mancher Kirchenväter und ohne die Legitimation durch Jesu Worte, der seine Mutter nach den vier Evangelisten meistens sehr harsch und zurückweisend behandelt, wird sie von Konzil zu Konzil, von Dogma zu Dogma mehr zur Gottesgebärerin. Wie die alten Göttinnen der früheren Zeiten deckt sie das breite Spektrum menschlicher Verehrung und Bitten ab. Sie ist die Himmelskönigin, der Meerstern, die Himmelsjungfrau, die Fürsprecherin der Bittenden, sie ist die Mater dolorosa, die ihren geliebten Sohn beweint. Sie wird als Wunderschönprächtige besungen und doch – das Mißtrauen der Männerkirche gegen alles Leibliche, Sinnliche und die Dämonisierung der Sexualität haben sie der vollen Kraft der früheren Göttinnen beraubt. Das

Konstrukt der Erbsünde sah jeden lebensspendenden Akt der Vereinigung zwischen Mann und Frau als befleckt mit der Sünde an. Maria mußte von ihren Eltern unbefleckt empfangen werden, ihr Sohn mußte jungfräulich empfangen und jungfräulich geboren werden, damit die Fleischwerdung Gottes nicht durch Sünde besudelt werde. Die Verdrängung alles Geschlechtlichen in der von asketischen Männern bestimmten Kirche beraubte nicht nur Maria ihres vollen Frauseins, auch die Frauen wurden dadurch mit Sünde beladen, man mußte sie meiden, sie waren das Tor des Teufels. Mit der Verehrung der reinen Gottesmutter wurde die Frauenfeindlichkeit verschleiert. Überwog in den früheren Zeiten die Identifizierung der Frauen mit der Gottesmutter, so begann mit der Emanzipation der Frauen die Distanzierung von der keuschen demütigen entsexualisierten Jungfrau der Kirchenlehrer. Aber es lohnt die Erkenntnis, dass die Menschen in den Jahrhunderten ihrer Verehrung ein ganz anders Potential ihrer weiblichen Numinosität in Bildern und Skulpturen, in Gedichten und Gesängen in den Vordergrund gestellt haben. Hier erkennen wir die aus den Tiefen der Erinnerung aufsteigende und ersehnte große Muttergestalt, die unversiegbare Quelle allen Lebens. Zahlreich sind die

Bilder, die die leibliche Präsens der schwangeren und stillenden Maria mit der unverhüllten Brust mit erfrischender Leibbejahung zeigen. Das Verlangen nach dem weiblichem Angesicht der Gottheit ließ wunderbare Bilder der Erinnerung entstehen: die gütige Schutzmantelmadonna, die die Menschen liebevoll unter ihrem Mantel birgt, die stillende junge Mutter mit dem Kind, die thronende Himmelskönigin, die Schicksalsgöttin mit dem Faden und der Spindel, die geheimnisvolle schwarze Madonna, die liebende Göttin mit dem Granatapfel, die trauernde Mutter mit dem gefolterten toten Sohn. „Ich sehe dich in tausend Bildern", dichtet Novalis. Aus ihrem Potential lassen sich auch heute noch neue Sichtweisen schöpfen: die Indios Lateinamerikas machten sie zur Revolutonärin, sie ist die Madonna leone, sie reitet auf einem Löwen und ist der Schutz der Ausgebeuteten und Entrechteten. Ihre subversive Kraft erkannten sie in Marias Lied, dem „Magnifikat": „Machthaber stürzt er vom Thron und Niedrige erhöht er. Hungernde füllt er mit Gutem, und Reiche sendet er leer weg." Das Urbild der mütterlichen Göttin strahlt immer weiter neues Leben aus, denn ihre Schöpferkraft ist allumfassend. Eine Abkehr von ihr bedeutet Verneinung des Lebens und richtet sich gegen uns selbst.

Schutzmantelmadonna Fr. Schramm, bunt, ganz

Literatur

Franz Baumer, Der Kult der Großen Mutter, München 1993

Hans Biedermann, Die Großen Mütter, Bern und München 1987

Julitta Franke, Von der Isis zur Maria lactans, in Brust-Lust-Frust, Katalog Frauenmuseum, Bonn 1999

Joe J. Heydecker, Die Schwestern der Venus, München 1991

Dorothea Sölle in Karl-Josef Kuschel, Und Maria trat aus ihren Bildern, Freiburg 1990

Josefine Schreier, Göttinnen, Wien, München 1987

Jutta Ströter-Becker, Die Muttergottes, Köln 1992

Carola Meier-Seethaler in Gisela Völger, Sie und Er, Frauenmacht und Männerherrschaft imKulturvergleich, Köln 1997

Marie-Luise Kreiss

Mythos Mutter – „eine Erzählung, deren Mittelpunkt ein göttliches Wesen ist"

Frauen besaßen über Jahrhunderte Autorität und Macht und durch das Wissen über Fruchtbarkeit und Geburt waren Frauen als Symbol für die Schaffung des Lebens gleichsam ein Wunder. Sie wurden mit göttlichen Kräften assoziiert und sind Inhalte vieler Mythen; seit Menschengedenken war die Verehrung des natürlichen Rhythmus der Monatsblutung der Frauen Ausdruck hierfür. Der Kampf der Geschlechter brachte im Laufe von Jahrtausenden die Wende. Die Verehrung der Zauberkraft der weiblichen Sexualität wich den tiefen Ängsten der Männer, bedeutungslos zu sein. Hier half den Männern die Schöpfungsgeschichte und es war ein Neuinterpretieren möglich. Eva brachte der Menschheit das Unglück und nun konnten männliche Gottheiten Leben schaffen, während die Frauen zum reinen Behältnis wurden.
Im Christentum wurde Sexualität zu Schmutz und Menstruation, Empfängnis, Schwangerschaft und Geburt waren anstößig. Darstellungen von Maria während der Schwangerschaft, in Wehen und gar bei der Geburt sind Rarität. Die Rolle der Hebammen war gefährlich, da sie den Mythos der sauberen Jungfrauen-Geburt bedrohten.

Der Legende nach betete Bernhard inbrünstig vor einer Marienstatue; plötzlich hob Maria die Hand, nahm ihre Brust, preßte einige Milchtropfen heraus und benetzte damit seine aufgesprungenen Lippen, die vom Gebet ganz trocken waren. Meister des Marienlebens: Maria mit Kind und dem Heiligen Bernhard, um 1480.

Maria mit Kind und dem Heiligen Bernhard, um 1480

Eva und Maria markieren die Spannweite und Grenzen weiblicher Existenz: Eva als Symbol der Versuchung, Maria als Mutter und gleichzeitig Jungfrau. Menschliche Mutterschaft wurde verbunden mit Sünde, Schmerz und Wiedergutmachung und Kinderhaben war Gottes Wille. Die Geburt Jesu wurde mit der religiösen Erotik von Bernhard von Clairvaux zur „anbetenden Ekstase" und diese Frömmigkeitshaltung prägte das Weihnachtsbild bis heute (1), ungeachtet der wechselhaften Bedeutung der Maria in all den Jahrhunderten. Die Kluft zwischen Maria und allen anderen Frauen wurde immer größer. Die Ehe war ein unauflöslicher Bund geworden zwischen Mann, Frau und Gott. Weibliche Tugend wurde gemessen am Verhalten der Frau in Ehe und Sexualität. Frauen, die rebellierten und eigene Wege gehen wollten, wurden unterdrückt, bestraft und gequält. Frauen, die der „Fleischeslust" entsagten, „unbefleckt" blieben oder enthaltsam waren, blieben unbehelligt. Die Bibelfälschung der Gleichsetzung der drei Marien (Martha, Maria von Bethanien und Maria Magdalena) durch Augustin (anders als die Interpretation der orthodoxen Griechen) war „die größte und für die Frauenfrage folgenreichste patriarchalische Geschichtsfälschung des Abendlandes" und wurde erst 1978 getilgt (2). Die „geisteskranke, sexbesessene" Maria Magdalena war die abgespaltene Sündenseite der Maria, auf sie wurden die sexuellen Schuldkomplexe projiziert. Der Magdalenenkult hob später die lasterhafte Hure, die reuige Sünderin, die sich kasteit und satanischen Verlockungen widersteht, zur Himmelsschwester empor. Maria Magdalena, die beliebteste Heilige des Mittelalters, war die wohl rätselhafteste Frau im Neuen Testament: eine selbständige, unabhängige, führende, kämpferische und integrierende Frau; sie war Predigerin, Lieblingsjüngerin Jesu. Sie wurde als Gründerin der christlichen Kirche bezeichnet (3).

Die Katholische Missionierung hat erreicht, dass der mütterliche Aspekt Marias weltweit große Attraktion auf Frauen ausübte. Das Marienbild der letzten beiden Jahrhunderte orientierte sich besonders an der italienischen Hochrenaissance, speziell an Raffael. Die Spaltung von Vernunft und Glauben, der „Kulturkampf" hatte dann Auswirkungen auf die Kunst der Gegenwart: seither gab es kaum Mariendarstellungen. Gleichzeitig aber blühte im Ausgang des 19. und im 20. Jd. die Marienfrömmigkeit wieder auf. Durch Mariendogma, neue Wallfahrtsorte, Erscheinungen und Wundertätige Bilder wurde sie entsprechend der Sehnsucht vieler

Eva und die Gottesmutter – aus dem Stundenbuch der Katharina von Kleve um 1440

Menschen wieder ein zentrales christliches Thema. „Eine Idylle des glücklichen Lebens hat es für Maria nicht gegeben. Vielleicht ist sie darum so sehr die schützende oder wenigstens tröstende Mutter all derer, die unter Gewalt zu leiden haben." schreibt Dorothee Sölle [(4)].

Das Bild der Frau als Mutter und der Mutter als Natur war bis zum 16.Jd. üblich. Als „reine Natur" war die Frau zur Beherrschung durch den Mann bestimmt und kontrollierbar durch die soziale Ordnung. Vom einstigen Frauenideal, das in die naturlose Jungfrau und die naturmächtige Hexe gespalten war (12.Jd.), ging es über die Spaltung des Menschenbegriffs in Mann und Frau (Reformation/Gegenreformation) zur Mystifizierung in Madonnenkult und christlichen Hexenwahn. Der „Hexenhammer", das Hauptwerk für die Begründung der Hexenverfolgung von 1669, war eine Erfindung von Männern, die ihrerseits glühende Marienverehrer waren. Hier wurde die Verantwortung für das Böse klar definiert und die Schuld auf das weibliche Geschlecht projiziert. Der Hexenhammer war in erster Linie „unter dem Gesichtspunkt der Pflicht der Natur und der Fortpflanzung" verfasst. Frauen wurde vorgeworfen, dass sie „für die Erfüllung ihrer bösen Lüste mehr entbrennen als für die Mutterschaft". Die „Siebenfache Hexerei" würde die Empfängnis im Mutterleib verhindern, hieß es [(5)]. Die Autoren konnten sich auf historische Vorbilder berufen: „Jede Frau, die etwas unternimmt, um nicht so viele Kinder zur Welt zu bringen, wie sie könnte, macht sich ebenso vieler Morde schuldig, ebenso wie die Frau, die sich nach der Empfängnis zu verletzen sucht" (Heiliger Augustin, [6]). Kritische Stimmen allerdings hörte man nicht: „Welches Weib würde sich den ehelichen Pflichten unterziehen wollen, wenn sie wüsste oder bei sich bedächte, wie gefahrvoll und schmerzhaft die Entbindung, wie beschwerlich die Erziehung der Kinder sei" (Erasmus von Rotterdam, [7]). Mit Luther wurde der Stand der Ehefrau und Mutter aufgewertet, dennoch blieb die Unterordnung unter den Mann bestehen. Von Eva führte der

Madonna der Niederkunft, Piero della Francesca, um 1450

Weg zur Hexe, d.h. von Lust und Genuss zur Askese.
„...nach Vernichtung des Wissens naturkundiger Frauen, nach Hexenverbrennungen entstanden aus der Asche der Scheiterhaufen Vamp und Maria als unversöhnliche Gegensätze, das leuchtende Dreigestirn Mutter - Maria - Heiligkeit wurde zum Vorbild der Frauen - Sexualität - Vamp - Verderbtheit zur Mahnung vor dem ewigen Untergang"[(8)].

Mit der Aufklärung wurde die „böse Natur des Weibes" dann zur „natürlichen Schwäche der Frau", die „Hexe" wurde die „arme Verrückte", der die „gute Mutter" gegenüberstand.
„Es ist nichts reizender, als eine Mutter zu sehen mit einem Kinde auf dem Arme, und nichts ehrwürdiger, als eine Mutter unter vielen Kindern" (J. W. v. Goethe, [9]).
„Hast du die Mutter gesehen, wenn sie süßen Schlummer dem Liebling kauft mit dem eigenen Schlaf und für das Träumende sorgt, mit dem Leben ernährt die zitternde Flamme und mit der Sorge selbst die sich für die Sorge belohnt"(F. Schiller, [10]).
Jean Jacques Rousseau trug im 18.Jd.entscheidend zur Idealisierung der Mutter bei. Das Ziel war die „Erziehung zur Weiblichkeit nach bürgerlichem Muster", also die Domestizierung der Frau. Es ging um die Erziehung zur Schamhaftigkeit auf der Basis eines scheinheiligen Gleichheitsideals ohne selbstverantwortete Moral; vor allem aber darum, der Frau nicht „den Vorrang zu übertragen, den die Natur dem Gatten gibt"(J. J. Rousseau, [11]).
Die Privat- und Staatsrechtstheorien beschreiben die Mutterschaft als einen passiv und leidend bewerteten Trieb, der nicht als aktiver Beitrag zur Gesellschaft zu werten sei. Die Überhöhung und Überbewertung der Potenz des Mannes dagegen diente als Legitimation seiner Herrschaft in Ehe, Familie und Staat. Die Zuordnung „Mutter - Kind" und „Vater -Staat" sind Sinnbilder für diese Bewertung. Die Rechtsgeschichte gründet u.a. auf aristotelischen Irrtum von der alleinzeugenden Kraft des Mannes. Staatstheoretiker im 16/17.Jd griffen auf Aristoteles und auch auf Thomas von Aquin zurück mit dessen einfacher These: der Mann ist der Erzeuger, das Weib ist mangelhaft.

„Das 19.Jdt. gilt als das Jdt., das die Frauen in Europa endgültig an die Familie fesselt, ja sie auf ihre Aufgabe als Mutter eingeengt hat."[(12)]. Das sentimentale Ideal der Mutterschaft ist ein Produkt der historischen Trennung zwischen öffentlicher und privater Sphäre, der ideologischen Spaltung zwischen Familie und Kultur. Die Kopplung von Mutterschaft, Sexualität und Familie war

Maria in den Wehen, Malta, Kärnten, 14.Jh.

die „patriarchalische Einmischung in Mutterarbeit durch die Konstruktion von Muttermythen [(13)]. Es war die Zeit der Verklärung der bürgerlichen Familie und der Glorifizierung der Mutter. Die Entstehung der „Mutterliebe" wurde zum subtilen Argument, damit Frauen ihre Kinder wieder stillten; allerdings war es bis an die Schwelle des 20.Jdt. besonders in der Oberschicht üblich, dass Mütter ihre Kleinstkinder zur Dauerpflege an Ammen übertrugen. Die Erhöhung der Mütterlichkeit bei gleichzeitiger Abwertung der Frau als Mutter zeigte die traditionelle Aufspaltung des männlichen Frauenbildes. Es gab für Frauen nur die Wahl zwischen Heiliger und Hure.
Der neue Begriff „Mütterlichkeit" bedeutete zunehmend

auch qualifizierte Arbeit von Frauen innerhalb und außerhalb der Familie im sozialen Umfeld und diese Mütterlichkeit hatte nichts mit Gebären zu tun, sondern mit der Mutterfunktion. Die „Mutterliebe" wurde auch auf andere Gesellschaftssysteme übertragen, zu kinderlosen Müttern wurden die Universität: „alma mater", „segenspendende Mutter" oder Institutionen der Kirche: „Mutter Kirche" und „Mutterhaus". Die Verherrlichung der Mutterschaft ist „Beispiel der Mythologisierung, d. h. des Versuchs, eine verlorene Beziehung durch ein Ideal zu ersetzen": wo konkrete Formen mütterlicher Fürsorge und Anerkennung schwinden, findet eine symbolische Beschwörung der Mutterschaft statt (14).

J .J. Bachofens Thesen vom „Mutterrecht" von 1861 trugen ebenfalls zur Mythologie und Mutterverehrung bei. Er öffnete den Blick auf eine Gesellschaft ohne Patriarchat und hatte dabei die romantisch geprägte Sicht auf die „Natur" der Frau. Er war allerdings auch von der geistigen und intellektuellen Überlegenheit eines angeblichen Vaterprinzips über ein angeblich „stoffliches" und rein sinnlich auf Gebären ausgerichtetes Mutterprinzip überzeugt. Bachofens Thesen hinterließen tiefe Spuren in der Psychoanalyse.

In vielen Märchen der Romantik wurde die Trennung gute Mutter – böse Mutter in Gestalt der Hexe als „böse Stiefmutter" der eigenen, verstorbenen guten Mutter gegenüberstellt. Allein in zwölf Märchen der Gebrüder Grimm gibt es die böse Stiefmutter, wobei im Ursprungstext vieler dieser Märchen oft nur von der Mutter die Rede ist. Historisch ist die Zweitmutter nicht ungewöhnlich bei der hohen Sterberate der Mütter im Kindbett. Psychologisch wird die böse Stiefmutter später als die dunkle Seite, als Schatten der Mutter interpretiert, die gute Mutter steht für die vorödipale Zeit bis 3 Jahre, die böse Stiefmutter für die ödipale Zeit, 3 bis 6 Jahre. Allgemein ist die Stiefmutter Sinnbild für den Ablösungsvorgang des Mädchens von der Mutter und das Konkurrenzverhalten beiderseits. „Böse Stiefväter" sind nicht relevant und die Frage nach der Ablösungsproblematik zwischen Vater und Tochter und zwischen Vater und Sohn ist kein Thema. In der psychologischen Forschung wird bis heute Männlichkeit durch Ablösung und Weiblichkeit durch Bindung definiert. Das Bild der guten Mutter macht es bis heute unmöglich, über die böse eigene Mutter zu reden. Weiterhin tabuisiert sind die Themen des möglichen lebenslangen Machtmissbrauchs, der moralischen Umklammerung, Bevormun-

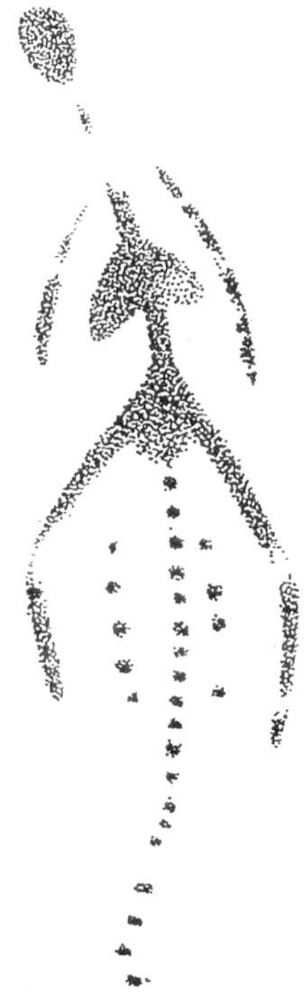

Höhlenzeichnung aus der Ignatiewskaja-Höhle, Ural, 14 000 Jahre alt

nach der Zeichnung aus der Ignatiewskaja-Höhle, Ural, 14 000 Jahr alt

dung und der körperlichen und seelischen Erziehungsgewalt, bzw. der Verwahrlosung, die leibliche Mütter ausüben können.
Anfang des 20. Jhd. wurde das Buch „Das Jahrhundert des Kindes" von Ellen Key aus Schweden in Deutschland zum Bestseller. Sie bezog sich auch auf Bachofen, entwarf aber ein neues Matriarchat innerhalb eines gesellschaftlichen Neuanfangs, wobei es ihr um symbolische und materielle Anerkennung von Mutterschaft ging (15).

Der folgenden Blick auf das 20. Jahrhundert geschieht mit besonderer Berücksichtigung der Frauen und Männer, die halfen, die Entmythologisierung der Mutter voranzutreiben. Der Organisation pro familia, Deutsche Gesellschaft für Familienplanung, Sexualpädagogik und Sexualberatung und ihren BegründerInnen, die sich bereits vor dem ersten Weltkrieg für das Selbstbestimmungsrecht der Frauen einsetzten, kommt dabei besondere Bedeutung zu.

Deutschland um die Jahrhundertwende

Als zu Beginn des 20. Jhd. Deutschland Soldaten brauchte, wurde ein Loblied auf die „neue Mütterlichkeit" gesungen und zugleich setzte eine gefährliche ideologische Überhöhung des Mannes als Soldat und der Frau als Mutter ein. Viele Frauen protestierten gegen den ehe- und strafrechtlich sanktionierten Gebärzwang und einer der ersten Ärzte, der sich öffentlich dagegen wandte, war Fritz Brupacher mit seinem 1903 erschienen Buch „Kinderkriegen – und kein Ende?"(16). Bald darauf sprach man öffentlich von der „Sklaverei der Gebärmutter".
Mit dem Gebärzwang wurde die Idee von der mütterlichen Macht in ihr Gegenteil verkehrt. Paula Modersohn-Becker's Schriftverkehr dokumentiert ihre große Zweifel, den Zwiespalt zwischen Gewissheit über die eigene Berufung und dem Rollenanspruch der Gesellschaft „ wobei sie diesen Widerspruch umso qualvoller verspürte, als die Erwartungen an die Frau wie eigene Bedürfnisse daherkamen". Das Selbstbildnis von 1906 als „Schwangere Frau" malte sie, bevor sie schwanger wurde. Sie starb ein Jahr darauf im Kindbett. Aus Begriffen wie „Engel der Fruchtbarkeit" und der „Fee des Gedeihens" wurde für manche Frau der „Würgengel", ein späteres Bild von Meret Oppenheim (17).

Die Frauenbewegung entwickelte sich in Wellenbewegungen. Im Kampf gegen die Doppelmoral der bürgerlichen Gesellschaft formierte sich die erste Frauenbewegung um 1900. Männer hatten alle Freiheiten und Frauen hatten besondere moralische Verantwortung. Sie allein waren Garantinnen für Ehre, Reinheit des Familienlebens und für den Frieden im Haus. Der Widerspruch zwischen theoretischem und praktisch gelebtem Christentum zeigte sich nirgends so deutlich wie in der Diskriminierung der „verführten" „unmoralischen" Frauen mit ihren unehelichen Kindern.
Heftige Kontroversen prägten die Zeit in vielen Frauengruppen: die Dachorganisation aller bürgerlichen Frauenvereine kämpfte erstmals für die ersatzlose Streichung des § 218, der seit 1871 gesetzlich den Schwangerschaftsabbruch regelt. Unter dem Stichwort „Sittlichkeitsbewegung" wurden viele Frauenfragen thematisiert: Eherecht, Vergewaltigungsurteile, freie Ehe und das Recht auf Liebe für unverheiratete Frauen.
Vor allem setzte sich Helene Stöcker für Frauen ein. 1905 gründete sie den „Bund für Mutterschutz". Es ging ihr um eine „neue Ethik", sie kämpfte für die Gleichstellung unehelicher Kinder und lediger Mütter und um die Anerkennung nichtehelicher Lebensgemeinschaften. Sie forderte staatliche Mutterschaftsversicherung, Sexualaufklärung und Empfängnisverhütung und vor allem: das Recht der Frau auf ihren Körper, ihre Sexualität, auf Freiheit und auf Liebe. 1908 schrieb sie: „Die Bestimmung der Frau ist in erster Linie einmal die Selbstbestimmung" (18). Helene Stöcker war für eine Trennung zwischen Liebe und Fortpflanzung, für eine bewusste Regelung der Geburten und forderte das Recht der Entscheidung für oder gegen eine Mutterschaft. 1908 veröffentlichte sie eine Enquete zur Strafbarkeit der Abtreibung mit Ergebnissen einer Umfrage von 600 bekannten Persönlichkeiten, die überwiegend für eine Milderung, wenn nicht Straflosigkeit eintraten. Helene Lange, eine Kontrahentin H. Stöckers, wetterte gegen die „Feministische Gedankenanarchie"(19), für sie und andere Vertreterinnen der bürgerlichen Frauenbewegung gab es nur die Wahl zwischen Ehe und Beruf, Sexualität oder Enthaltsamkeit. Sie war überzeugt von der „Geistigen Mütterlichkeit" und davon, dass Frauen auch außerhalb des Hauses zu „mütterlichem Wirken" berufen seien und bejahte das Zölibat für Lehrerinnen. Das ehemals „Ewig-Weibliche" wurde gleichgesetzt mit „Mütterlichkeit" und es ging um „weibliche Lebenskonzepte" und „weibliche Räume". Viele Frauen, selbst fortschrittliche Ärztinnen, lösten sich aber nicht vom traditionellen Bild der Frau und alle sprachen vom angeborenen „Willen zur Mutterschaft". Die Frauen der späteren Gegenbewegung, u. a. auch

H. Lange und Gertrud Bäumer, wollten nicht mehr wie Männer sein, sondern betonten die Andersartigkeit und hatten ihren Anteil am Muttermythos. Es entstanden Begriffe wie „mütterlich" und „unmütterlich", Mütterlichkeit galt als der „höchste Beruf der Frau"; „seelische Mütterlichkeit" war Beitrag der Frauen, die biologisch keine Mütter sein konnten. Die bürgerliche Frauenbewegung, „Bewegung der organisierten Mütterlichkeit" und vor allem der Bund Deutscher Frauenvereine setzten sich für „mütterliche Politik" ein. Diese Politik, die im Gegensatz zu den Anfangs-Zielen der Frauenbewegung stand, trug später ihren Teil zum Muttermythos bei.
Die proletarische Frauenbewegung rief mit ihrer Gebärstreikdebatte für das Recht auf Selbstbestimmung und Geburtenkontrolle Zustimmung aber auch Irritationen hervor. Selbst Clara Zetkin hatte aus Sorge um die notwendige Zahl der „Soldaten für die Revolution" die Arbeiterinnen an ihre „heilige Verpflichtungen der Mutterschaft" erinnert (20).

Die Anfänge von organisierter Familienplanung und Sexualberatung liegen in den ersten Jahren des 20.Jhd und weisen auf die grundsätzliche Problematik des staatlichen Anspruchs auf Kontrolle einerseits und dem individuellen Bedürfnis, sich dieser Kontrolle zu entziehen andererseits hin. Historisch lassen sich Phantasien von kontrollierter Reproduktion aber bereits bei Platon nachweisen. Entscheidend war jetzt einmal das Gedankengut des sog. Sozialdarwinismus. Dazu gehörte Sozialeugenik, Erbgesundheitsforschung, Rassenhygiene, Menschenökonomie, Bevölkerungspolitik. Zum anderen sind die ersten Frauenbewegungen bedeutsam, die sich in erster Linie um die Gesundheit von Frauen kümmerten. Hier liegen die Wurzeln von pro familia: in dem Bemühen um die Verbesserung der Lage der Frauen und Kinder.
Anne-Marie Durand-Wever, Kosmopolitin und Pionierin der Familienplanung, wurde unmittelbar vor dem ersten Weltkrieg Frauenärztin. Die engagierte Frau erregte bereits als Studentin viel Widerstand in ärztlichen und kirchlichen Kreisen und war nach dem zweiten Weltkrieg Gründungsmitglied von pro familia.
Der Begriff „Empfängnisverhütung" geht zurück auf die „Übervölkerungstheorie" von Malthus und die „birth control" von Drysdale in England. In Deutschland gab es heftige bevölkerungs- und familienpolitische Auseinandersetzungen u.a. auch wegen des drastischen Geburtenrückgangs zwischen 1900 und 1912. Einerseits war die wirtschaftliche Stärke bedroht, gleichzeitig aber herrschte Angst vor dem Zerfall christlich ethischer Werte. Im Jahre 1900 wurde der „Unzuchtparagraph" erweitert und der Handel mit Verhütungsmitteln unter Strafe gestellt. Zunehmend aber zeigten Arbeiterärzte, Frauenrechtlerinnen und Sexualreformer großes Engagement für die sexuelle und wirtschaftliche Not der Arbeiterschaft und setzten sich für die Vergabe von Verhütungsmitteln ein. Zweifellos war auch immer die bürgerliche Angst vor proletarischer Überbevölkerung vorherrschend.
In Holland, Frankreich und anderen europäischen Ländern wurde ebenfalls für Empfängnisregelung geworben. In den USA erregte 1916 die „Klinik für Geburtenkontrolle" von Margret Sanger, der Wegbereiterin der Entdeckung der Pille, weltweites Aufsehen.

Psychoanalytiker, Zoologen und Ethnologen schufen die neuen Fundamente des Mutterkultes. Man unterstellte einen natürlichen weiblichen unbewussten Kinderwunsch, ging von der monogamen Frau aus, die kein Wissen hat, schon gar nicht über Verhütung, und der die Sexualität nur zur Fortpflanzung dient. „Über Folter, kirchliche Inquisition und Hexenverbrennung lernten die Menschen das bis dahin zweckrationale Fortpflanzungsverhalten aufzugeben und auf Gott vertrauend Kinder für die Gesellschaft zu gebären" (21).
„Mit Freud ...begann die letzte Phase der gesellschaftlichen Entmachtung der Frau.... Ein bis dahin unangetasteter Bereich, in dem Frauen durch ihr Wissen und ihre Erfahrung dominierten, in dem sie als einzige kompetent waren, wurde vermännlicht" (22). Mit Sigmund Freud und Helene Deutsch wurde die Mutter verstärkt verantwortlich gemacht für das Wohl des Kindes, gleichzeitig wurde die Mutterschaft aber abgewertet. Die Selbsterfahrung der Frau, ihre Sexualität, ihr unbefangener Umgang mit dem Kind wurde konfrontiert mit einer fatalen Einstellung zur Sexualität und mit unbewiesenen Theorien über die lebenslangen negativen Folgen dieses Mutter-Kind-Verhältnisses. Die Konsequenz war „eine gewaltige Quelle von Schuldgefühlen, und eine neue Möglichkeit der Erpressung der Frau" (23). Die Koppelung von rigiden Strafen und verinnerlichter intensiver Scham war pädagogisch sehr wirksam, um Frauen zu disziplinieren; sie mussten überzeugt werden, dass die Kontrolle ihrer Körper und ihrer Wünsche eigenem Wohle diene, dass eigene sexuelle Regungen schlecht und verderblich seien. Die Strafen waren wieder doppeldeutig: von der einen wurde Scham verlangt, die andere wurde bestraft. Das Frauenbild klaffte in zwei Teile: einerseits eine erwünschte schamhafte und nur auf Fortpflanzung

reduzierte Sexualität, andererseits die Abwehr der ängstigenden, fordernden, verschlingenden sexuellen Frau, der dunklen „Lulu", einem triebhaften Weibdämon mit einfachstem animalischen Instinkt.
Psychoanalytiker festigten die These, eine Frau ohne Kinderwunsch sei keine reife Persönlichkeit, der Kinderwunsch sei aus dem Penisneid entstanden und Antwort auf ein Empfinden des Mangels. „Die weibliche Situation ist aber erst hergestellt, wenn der Wunsch nach dem Penis durch den Wunsch nach dem Kind entsteht – und – das Glück ist groß ..., wenn das Kind ein Knäblein ist, das den ersehnten Penis mit sich bringt." (S. Freud, [24]). Der Kinderwunsch entwickelte sich angeblich gemäß der „feminin-passiv – masochistischen Einstellung im Seelenleben des Weibes im Sexualakt, der durch eine schmerzvolle Geburt seinen schmerzvollen Abschluss findet" [(25)]. Gleichzeitig aber waren die den Frauen zugeschriebenen Eigenschaften wie Güte, Verantwortung und Fürsorge dieselben Eigenschaften, die sie als defizitär in ihrer Entwicklung auswiesen. „Der Phallozentrismus Freuds gesellte sich nun zu der christlichen Abwertung des Weiblichen" [(26)]. Freud ließ den positiven Einfluss der Mutter im Wesentlichen außer Acht und vernachlässigte die Rolle des Vaters, der in der Gründerzeit noch von Bedeutung war. Wie viele Zeitgenossen war Freud durch eine Gesellschaftsordnung, die sich auf männliche Einschüchterung und Vorherrschaft gründete, selbst in seiner Kindheit verunsichert. Die Ideologie der „Schwarzen Pädagogik" wie Verachtung und Verfolgung des schwachen Kindes, Unterdrückung des Lebendigen, Kreativen, Emotionalen im Kind war um die Jahrhundertwende auf dem Höhepunkt. Freud musste seinen unerwarteten Einblick in die sexuelle Verfügbarkeit im Kindesalter durch Erwachsene mit Hilfe einer Theorie zudecken, in der Diskretion gewahrt wurde und in der alles „Böse" der kindlichen Phantasie zugeschrieben wurde. Je weiter der Verdrängungsprozess des Vaters geriet, umso bedeutsamer wurde die Mutter-Kind-Beziehung. Neben den positiven Aspekten der Theoriebildung zum Verständnis der Entwicklung des Kindes blieb aber die Rolle der Mutter im Laufe des Jahrhunderts unverändert die einer unabkömmlichen, pflichtbewussten Person. Die Väter der Psychoanalyse beobachteten- mit Interesse aber wissenschaftlich unkorrekt und voller Versäumnisse und Fehler – Mutter und Säugling, Frauen wurden vernachlässigt [(27)]. Die Theorie Freuds führte wesentlich zur Ideologisierung der Mutterschaft bei der breiten amerikanischen und europäischen Mittelschicht. Dabei zeigte sich, „...dass die Mutterschaft einer der wichtigsten Punkte ist, an denen die Diskriminierung der Frau immer ansetzte und ansetzt."[(28)]. Gleichzeitig wurde im 20.Jahrhundert das Kind allmählich zum König.
Psychologie und Medizin lieferten nun das „Wissen", nicht Mütter und Großmütter. Die Innovationen auf dem Gebiet der Gynäkologie und Geburtshilfe stammten zunehmend von Männern, die Zugang zur anatomischen Wissenschaft hatten und gleichzeitig auf uralt überliefertes Hebammen-Wissen zurückgreifen konnten; das erste Hebammenbuch erschien bereits 1513 [(29)]. Die Kenntnisse über das Funktionieren weiblicher Körper wurden zum Instrument von Herrschaft und den Frauen wurde ihre Kompetenz entzogen, besonders deutlich sichtbar am Widerstand der Gynäkologen gegen das Recht auf Selbstbestimmung über den eigenen Körper und die Verweigerung des Schwangerschaftsabbruchs.

Weimarer Republik

Für Frauen war der Krieg eine Befreiung aus der ökonomischen Abhängigkeit von Mann und Familie. Er löste eine Entwicklung aus, die möglicherweise lange auf sich hätte warten lassen. Die alte Moral war bereits durch die Industrierevolution neuen Vorstellungen gewichen. Die Erotisierung der Kriegspropaganda und das Elend des Krieges lockerten die Maßstäbe der Sexualmoral erheblich; Ungewissheit und die Todesahnung ließen dem Bedürfnis der Sinne freien Lauf. Besorgte Kreise sprachen von „sittlicher Anarchie", und während der Kriegsbegeisterung war die Geburtenziffer erheblich angestiegen. „Das einzige Ergebnis des Krieges und der Revolution war die Emanzipation der Frau" (C. von Ossietzky, [30]). In den „wilden zwanziger Jahren" war die „Neue Frau"- ein Produkt der Weimarer Verfassung- gleichberechtigt und hatte Wahlrecht erhalten. Durch Kriegserfahrungen als Alleinversorgerin der Familie und als Berufstätige (75 % aller erwerbsfähigen Frauen waren 1918 beschäftigt) hatte sie neues Terrain erobert. Auch der Mensch sollte neu werden, Hygiene und Gesundheit gewannen an Bedeutung und die Geschlechtsaufklärung der Jugend stand unter dem Motto „Aufklärung statt Abtreibung" [(31)].

Die „Sexuelle Revolution der 20er Jahre" ist verbunden mit Namen wie Magnus Hirschfeld, Max Hodann, Wilhelm Reich, Helene Overlach, Martha Rieben-Wolf, Helene Stöcker und der Ärztin Anne-Marie Durand-Wever. Sie eröffnete 1917 eine Praxis in München, arbei-

tete in der „Vertrauensstelle für Verlobte und Eheleute", klärte über Geburtenregelung und Empfängnismethoden auf und schrieb mehrere Aufklärungsbücher. 1927 eröffnete sie in Berlin eine Praxis, wurde Vorsitzende des überparteilichen „Frauenbundes zur Reform der Sexualgesetzgebung" und Vorstandsvorsitzende im Deutschen Ärztinnen-Bund und pflegte engen Kontakt zu Margret Sanger, USA. 1919 gründete M. Hirschfeld das erste „Institut für Sexualwissenschaft" in Berlin als Lehr- und Forschungsstätte und als „Heilungs- und Zufluchtort" – eine umfassende Beratungsstelle mit medizinischen Angeboten. 1924 wurde in Hamburg von Helene Stöckers Mutterschutzbund die erste Ehe- und Sexualberatungsstelle gegründet. Es folgten zahlreiche Beratungsstellen, auch „Schutzmittelstellen", „Eheberatungsstellen" und „Frauenberatungsstellen" verschiedener Träger in ganz Deutschland: über 400 Sexualberatungsstellen zwischen 1919 und 1932. Es zeigten sich deutlich die kontroversen Meinungen zu den verschiedenen Beratungsstellen und deren unterschiedlichen Zielsetzungen: Sozialeugenik; Rassenhygiene, Menschenökonomie und Bevölkerungspolitik; Sozialdarwinismus.
Die Sexualberatungsstellen waren von Beginn an konservativen Ärzten ein Dorn im Auge. Entgegen den offiziellen Zielen, erbgesunden Nachwunsch zu fördern, stand in den meisten Sexualberatungsstellen allerdings die Gesundheit der ratsuchenden Frauen im Vordergrund: es ging um Aufklärung, Verhütungsmittelvergabe, und vor allem um Beseitigung der sexuellen Doppelmoral. Obwohl in der Geschichte Geburtenkontrolle lange Zeit durch die Männer erfolgte, hatten die meisten Erfahrungen zu allen Zeiten die Prostituierten – das Bidet war bereits in mittelalterlichen Bordellen üblich. Zur Verhütung von Schwangerschaften wurde nun den Frauen unterschiedliches Gerät angeboten: der „Irrigator" , die „Mutterdusche" und die „Frauenfreude". Weiterhin blieb aber für die meisten Frauen das Thema Verhütung ein großes Problem.
Die Medien verbreiteten Aufklärungszeitschriften und -bücher, es wurden Filme gedreht, Vorträge und Diskussionsrunden veranstaltet. Das Problembewusstsein um die sozialen Dimensionen des § 218 kam in Kunst und Literatur zum Ausdruck. Der Film „Kreuzzug des Weibes"(1926), der Roman „Maria und der Paragraph" , die Kunstausstellung „Frauen in Not" und schließlich 1929 die Aufführungen des Theaterstücks „Cyankali" des Arztes Friedrich Wolf wiesen auf die vielfältigen Widersprüche der Zeit hin und es setzte eine breite Solidarisierung mit den Frauen ein. Die Kampagne gegen den § 218 zeigte deutlich die gesellschaftliche Problematik: Klassenfrage, Geschlechterproblem, Not der abhängigen Frauen, insbesondere der Arbeiterinnen, Mangel an Aufklärung und Verbot von Verhütungsmitteln. Der § 218 wurde damals der „Klassenparagraph" genannt. 1926 kam endlich die Reform des Strafrechtsparagraphen: aus „Verbrechen" wurde „Vergehen", aus „Zuchthaus-Strafe„ wurde „Gefängnis-Strafe„. Die Zahl der jährlichen Abtreibungen wurde auf 1 200 000 geschätzt (32). 60 000 Frauen standen zwischen 1919 und 1932 vor Gericht, weil sie abgetrieben hatten; 40 000 Frauen starben jedes Jahr an den Folgen einer Abtreibung; 50 000 blieben nach dem Eingriff zeitlebens krank. „Dieselben Rechte will ich wie die Reichen, die ungestraft zum Abtreiber schleichen – Warum will mich denn keiner befrein? Laßt mich schrein! Laßt mich schrein!" (Kurt Tucholsky, 33). Immer wieder flammten Diskussionen um den § 218 auf; die konservative Mehrheit war letztlich gegen die Abschaffung des § 218 und so kam vor dem zweiten Weltkrieg keine Strafrechtreform zustande.

1924 gründete die Ärztin Else Kienle die einzige Beratungsstelle und Klinik für Abbrüche des Reichsverbandes für Geburtentregelung in Stuttgart; sie lernte den Arzt Friedrich Wolf kennen, arbeitete mit ihm und kämpfte für Geburtenregelung und gegen den § 218. Die Katholische Kirche griff dann energisch ein: 1930 lehnte Papst Pius in der Enzyklika Verhütung und Abtreibung scharf ab; es wurde jetzt der „Wille zur Mutterschaft" propagiert und jede Schwangerschaft in das „Glück der gewollten Mutterschaft" verwandelt (34). 1931 leitete Else Kienle eine Kampagne gegen die päpstliche Enzyklika und wurde kurz darauf mit Friedrich Wolf verhaftet.
1925 wurde in Berlin unter Leitung von Prof. Wilhelm Liepmann, Inhaber des ersten Lehrstuhls für „Soziale Gynäkologie als Frauenkunde" an der Technischen Universität, das „Volksmuseum für Frauenkunde" errichtet. Mit den Ehe- und Sexualberatungsstellen gehörte es zum sozialhygienischen Konzept der Krankenkassen. Liepmann hatte einen biologistischen Ansatz und betonte die starke Polarität der Geschlechter. „Der Seelentrieb der normalen Frau ist die Mütterlichkeit...
Die Mütterlichkeit ist der Frau was dem Manne sein Werk" (35).
Er sah die vorrangige Rolle des Museums in der Funktion, die Frau in ihrer Mutterrolle zu bestärken, die Frau

sei als wichtigstes Kapital aller Staaten zu verstehen. Das Museum wurde auch „Mutterschafts-Museum" genannt, es repräsentierte aber nur einen Teil der gesellschaftlichen Realität, die Emanzipationsbestrebungen waren ausgeblendet. Frauen, die nicht Mutter werden wollten, hatten einen „defekten Fortpflanzungswillen", denn Liepmann glaubte, Frauen hätten den „heiligsten Wunsch zur Mutterschaft". Gegen Ende der Weimarer Republik wollten viele den Gesundheits- und Sexualreformen ein Ende bereiten. Die Deutsche Gesellschaft für Gynäkologie zeigte sich entrüstet über die Sexualberatungsstellen, die den Frauen ein Stück Selbstbestimmung über ihren eigenen Körper einräumten. 1933 wurde das Museum aufgelöst und Liepmann, ein Jude, musste emigrieren. Seine Mutterideologie aber wurde vom nationalsozialistischen Staat vereinnahmt und funktionalisiert.

Viele Künstler und Künstlerinnen engagierten sich in den Jahren für die Situation der Frauen, prangerten den unhumanen Gebärzwang an, die Unvereinbarkeit von Selbstständigkeit und dem „subtil verordneten Zwangszusammenhang von Frau und Mutter" (36). Die Künstlerin Hannah Höch erlebte mehrere unfreiwillige Schwangerschaften und Abtreibungen und litt unter Depressionen und Angstattacken. Ihr Bild „ Frau und Saturn" 1922 zeigt die bedrohliche Situation, der sie sich ausgesetzt sah und den Zwiespalt zwischen Kinderwunsch und dessen Unerfüllbarkeit.
In den Bildern von Max Ernst wird die Mutter-Sohn Beziehung problematisiert, der alte Muttermythos verfremdet und dekonstruiert, etwa in „Die Jungfrau züchtigt das Jesuskind vor Zeugen". Insgesamt wurde durch antibürgerliche und antiklerikale Kritik in Kunst und Literatur der Muttermythos nach dem ersten Weltkrieg brüchig. Beispiele sind „Der Kaukasische Kreidekreis" von Bertold Brecht oder auch Gedichte von R. M. Rilke (37). Kinder und Männer begannen sich gegen die Über-Mütter zur Wehr zu setzen.

In der Weimarer Republik gelang die patriarchalische Einmischung in „Mütterarbeit" durch die Konstruktion von Muttermythen, die als Leitbilder von pädagogischen und psychologischen Theorien Mütter bevormundeten. „Die Frau ist weder politisch noch ökonomisch noch geistig ein sichtbarer Faktor irgendwelcher Tragweite ... Es entspricht ihrer Natur, als ein selbständig wollendes und verantwortliches Ich im Hintergrund zu stehen..., um ihm so zu seiner Verwirklichung zu verhelfen." (C. G. Jung, 38).

Das Dritte Reich

Der Nationalsozialismus knüpfte an den Sozialdarwinismus an und übernahm die Konzepte für seine Idee von Volk und Nation im deutschnationalen Größenwahn, dessen grauenhaftes Ergebnis u.a. Zwangssterilisation und Massenmord war. Die „Freie Sexualmoral" der Weimarer Zeit wurde durch die Nazi-Ideologie von einem eher asexuellen doppeldeutigem Frauen-Mutterbild abgelöst. Es war die Zeit, als die „naturalisierte Reproduktion in einen staatlich gelenkten Fortpflanzungswahn umschlug, das Geschlechtsleben zum Heiligtum verklärt und ein Mutterkult ins Leben gerufen wurde, der Frauen einerseits zu Reproduktionsmaschinen erniedrigte, sie anderseits aber erhöhte und heroisierte" (39). „Das neue Deutschland wird die Frau an jene Pflicht zurückführen, die ihrem Wesen entspricht: der Familie, dem Volk, der Rasse Kinder zu gebären" schrieb Johanna Haarer in „Die deutsche Mutter und ihr erstes Kind", dem Standardwerk der Nazi-Zeit (40) und weiter: „Es gilt, die eine, vom Schöpfer gestellte Aufgabe zu bewältigen und das Mutterschicksal zu erfüllen"(41). Alle Bemühungen um sexuelle Selbstbestimmung und sexuelle Befreiung lagen am Boden, denn es ging um „Völkischen Nachwuchs". „Wer es unternimmt..., die natürliche Fruchtbarkeit des deutschen Volkes ...künstlich zu hemmen, wird wegen Rassenverrats mit Zuchthaus, in besonders schweren Fällen mit dem Tode bestraft"(42). Der Verkauf von Verhütungsmitteln wurde verboten, 1933 wurden die Sexualberatungsstellen verwüstet, zerstört, geschlossen, und Bücher öffentlich verbrannt. Die meist jüdischen Ärzte und Ärztinnen wurden verhaftet, viele wurden in Konzentrationslagern umgebracht und viele mussten fliehen. Anne-Marie Durand-Wever verlor ihre Beratungsstelle, alle sozialpolitischen Ämter und auch ihre Bücher wurden verbrannt. Sie konnte nur noch als Ärztin in ihrer Praxis arbeiten. Das Nazi-Regime betrieb Rassenhygiene zur Aufwertung und Auslese – einerseits galt das Abtreibungsverbot, andererseits Zwangsabtreibung und Zwangssterilisation. Erbgesundheitsgerichte und Gutachterstellen wurden zur Kontrolle eingerichtet und viele Sexualberatungsstellen wurden umfunktioniert zur „Erb- und Rassenpflege".

Es herrschte wieder das Bild der geteilten Frau vor, der guten Mutter und der schlechten Hure. Sexualität wurde tabuisiert, man betrieb strikte Geschlechtertrennung und es galt die Devise „Ablenkung statt Abklärung und Aufklärung". In neu gegründeten „Mütterschulen" gab es nun „Muttervorbereitung". 1933 erklärte die Reichsfrauenführerin Scholtz-Klinck: „ Die tiefste Berufung, die uns zuteil werden kann, ist die zum Muttertum" und Adolf Hitler erklärte, das Programm der NS-Frauenschaft enthalte nur einen einzigen Punkt: „...das Kind" (43). 1933 wurde der „Muttertag" – ursprünglich der erste Tag des Mars zum Geburtstag des Kriegsgottes als „Matronalia", Fest der Mütter und Matronen – von den Nationalsozialisten zum nationalen Feiertag erklärt. Dieser Tag war 1923 in Deutschland vom Blumenhändlerverband eingeführt worden. Nun erhielten Mütter das „Ehrenkreuz der Deutschen Mutter", auch „Karnickel-Orden" genannt, das gestalterisch auf ein sakrales Vorbild zurückgriff; es sollte gebärwillige Frauen locken, denn „das Kind adelt die Mutter" hieß es (44). „Die höchste Aufgabe der Frau ist und war immer das Mutter-Sein"(45). Die Frau sollte wieder zu jener Pflicht zurückgeführt werden, die ihrem Wesen entspricht. Mütter sollten „erbtüchtig" und „deutschblütig" sein (46) mit dem Ziel, dem „Vaterland" Kinder zu schenken. „Heilig sein soll uns jede Mutter guten Blutes"; schließlich sollte „jedes Mädel ...dem Führer ein Kind schenken"(47). Die „deutsche Heldenmutter ist die Quelle der Nation, Hüterin der Kraft und ewigen Größe der Nation, Wegbereiterin des Sieges"(48), es ging also um nichts weniger als um die „Germanische Heiligkeit der Volksgebärerin" (49). Der Schöpfer, das Vaterland und schließlich der Führer wurden bemüht. Die Doppeldeutigkeit und das patriarchalische Denken zeigte sich exemplarisch an den 1935 unter Rassengesichtspunkten geschaffenen Zeugungsstätten im „Lebensborn" („Rassengestüte", „Edelpuff der SS") mit der Idee der Einführung von Doppelehen. „Jedes Kind, das sie zur Welt bringt, ist eine Schlacht, die sie besteht für das Sein oder Nicht-Sein ihres Volkes" und „eine Frau, die sich der Mutterschaft entzieht, begeht Fahnenflucht" sagte Hitler (50). Er sah das Kindbett als „Schlachtfeld der Frauen", den Kreißsaal als „Arbeitslager der Mütter", denn es ging um „Menschenmaterial" (51). Gewollte Kinderlosigkeit der Frau wurde im Mutterkult als widernatürlich diffamiert. Dagegen gehörte Hetzte gegen die „ungezügelte" Fruchtbarkeit der Nicht-Arier zur Propaganda und Schwangerschaftsabbrüche galten bei Nicht-Ariern als „Dienst am Volk". Der Schwerpunkt der Nazi-Ideologie lag in der Verhinderung und Vernichtung „unwerten Lebens". 1940 gab es den Geheimerlaß zur „Ermächtigung von Abbrüchen in besonderen Fällen" und 1943 offiziell die „Verordnung zum Schutz von Ehe, Familie und Mutterschaft", die in bestimmten Fällen sogar die Todesstrafe vorsah (52).

Eine „gute Mutter" war in Deutschland zuallererst eine Vollzeit-Mutter, denn Kinderbetreuung war Vollzeitbeschäftigung; Mutterschaft hieß Frausein und bedeutete Beschäftigung auf Lebenszeit und als Lohn gab es höchstens eine Medaille. In der ganzen Menschheitsgeschichte waren Mütter nie ausschließlich mit den Kindern befasst und immer waren auch andere Personen an der Betreuung beteiligt.

An S. Freud orientierte Anthropologen machten die Stillpraxis zur monokausalen Erklärungsgrundlage für die Entwicklung eines Individuums. Die Stillfähigkeit einer Mutter ging vom „Stillzwang" bei J. J. Rousseau nun zur „Stillwilligkeit" über. Seit den 40er Jahren führte der Psychoanalytiker René Spitz Kleinkind-Untersuchungen durch und die Interpretationen war die folgenreichste „Waffe in der Hand der Freudianer", denn seine „Forschungen" wurden zur Grundlage (53). Der Verhaltensforscher Konrad Lorenz beschrieb 1935 erstmals das Phänomen der Prägung des Grauganskükens durch seine Graugansmutter, das Psychologen, Ethnologen und Zoologen begeistert übernahmen und auf die Mutter-Kind-Beziehung übertrugen. Obwohl aber gerade die Psychologen wiederum vor den Folgen einer zu starken Bindung der Mütter an die Kinder warnten, war ihr Mutterbild an einem animalischen Modell orientiert. Menschen mutierten so zu „Muttertieren" und der Begriff ´Affenliebe´ weist darauf hin, „...dass sie gar nicht anders können als ihre Brut tierisch zu lieben" (54).

Unter den kulturfeindlichen Nationalsozialisten fand die Diffamierung sozialkritischer Künstler ihren Höhepunkt; sie vernichteten ihre Werke, verfolgten und ermordeten sie. Frauenbilder von Künstlern der Avantgarde z.B. wurden in der Ausstellung „Entartete Kunst", einem Höhepunkt der Kunstdiktatur, als gezielte Falschinterpretation mit „Verhöhnung der deutschen Frau" und „Das Ideal-Kretin und Hure" betitelt. Nur wenige Künstler setzten sich weiterhin mit dem Thema Mutter und Kind auseinander. Salvador Dali wurde von S. Freud und prähistorischen matriarchalischen Bildern inspiriert, besonders die destruktiven Anteile der Mutter-Sohn Problematik in seinen surrealistischen Werken darzustellen: die Frau als geheime Herrscherin und die Furcht vor animalischer und todbringender Mutterliebe. Große Faszination übte die ´Gottesanbeterin´ auf ihn aus, weil dieses Tier das Männchen nach dem Koitus verschlingt. Assoziationen zum Mythos Mutter machen die psychischen Ambivalenzen deutlich und die todbringende

Mutter wurde dann auf fatale Weise benutzt zur Rechtfertigung schlimmsten unmoralischen politischen Handelns und brutalster kriegerischer Zerstörungen (55).

Nachkriegszeit und 50-er Jahre

Obwohl beide Weltkriege erheblich zur Auflockerung der Moral beigetragen haben, dominierten nach dem 2. Weltkrieg wieder konservative Einstellungen. Direkt nach dem Krieg gab es einen relativ freien Zugang zu Verhütungsmitteln. Sehr bald aber überwog eine restriktive und restaurative Sexual- und Familienmoral. Ungewollte Schwangerschaften nach Vergewaltigung, Massenvergewaltigungen während des Krieges und auch in der Besatzungszeit waren ein verheerendes Elend für unendlich viele Frauen. Es gab nur noch begrenzte Möglichkeiten der Verhütung, Schwangerschaftsabbruch war bei Strafe verboten, dennoch gab es über 1 Million Abbrüche im Jahr (56). Der § 218 aber wurde wieder als Mittel zur Manifestierung des Märchens vom „natürlichen weiblichen Kinderwunsch" benutzt. Am 14.3.1945 erging der „Erlass zur Unterbrechung von Schwangerschaften nach Vergewaltigung durch die Sowjetische Armee". Die Ideologie hieß jetzt: Russen sind rassisch minderwertig, westliche Alliierte nicht, also gab es hier keine Strafverfolgung bei Vergewaltigung. Es zeigten sich Parallelen zu dem „Erbgesundheitsgesetz" der Nazis, das Ausnahmen aus rassenhygienischen Gründen gemacht hatte. Nicht das Elend der Frauen war der Grund, nicht die Forderung nach Selbstbestimmung über ihren Körper, sondern der Widerstand politisch konservativer Kreise bezüglich des Abtreibungsparagraphen in den Westzonen. Insbesondere die katholische Kirche aber hielt an einem völligen Abtreibungsverbot bereits im Mai 1945 fest.

Unmittelbar nach Kriegsende richtet Anne-Marie Durand-Wever in einem Bunker in Berlin eine poliklinische Ambulanz ein und es kamen 500 vergewaltigte Frauen. Sie spach sich eindeutig gegen gewaltsame rassistische Anwendung von Rassenhygiene aus und setzte als Mitglied im „Juristischen Ausschuss zur Änderung des § 218" die befristete Anerkennung der „sozialen Indikation" durch. 1946 hob der Alliierte Kontrollrat als erstes die verschärften Bestimmungen, die Todesstrafe, des noch gültigen NS-Rechts auf und der § 218 galt wieder in der Fassung von 1926. Eine Reform wurde aufgrund der sinkenden Volksmoral nach dem Krieg allerdings abgelehnt.

Die Frauen kämpften in einem kurzen politischen Aufbruch in West und Ost für die Reform des § 218, die Proteste halfen dennoch nicht, auch wenn sie in der „Neuen Zeitung" aus Frankfurt als „...selbstbewusster, eindeutiger und mutiger als vor 1933" bezeichnet wurden (57).

In der Sowjetisch Besetzten Zone / DDR wurde 1950 der § 218 wieder eingeführt und eine Bevölkerungspolitik in der Nachfolge der Nazi – Tradition betrieben. Die sozialistische Gesellschaft ist „... in jeder Beziehung, ökonomisch, sittlich, geistig noch behaftet mit den Muttermalen der alten Gesellschaft, aus deren Schoß sie herkommt" (Karl Marx, „Kritik des Gotaer Programms" (58). In der Anfangsphase ging es Politikern und Sexualwissenschaftlern vorrangig um die Sorge vor sexuell übertragbaren Krankheiten. Es gab dann bald sexualpädagogische Ansätze zum Thema Aufklärung in Schulen, die 1947 in den Lehrplan für Biologie, zunächst nur für die höheren Klassen, aufgenommen wurden. Gängige Titel lauteten: „Woher kommen die Kinder", „Aufklären rechtzeitig und richtig". 1949 erging der Erlass zur Gründung von Ehe-, Familien- und Sexualberatungsstellen, in denen zunächst der Bevölkerung nur Beratungen in Gruppen durch Ärzte und Laien angeboten wurden (59).

In der BRD versuchte man in der Nachkriegszeit an die Weimarer Republik anzuknüpfen, um dem Missbrauch von Keuschheits- und Mutterschaftsideal zu entgehen in der Sehnsucht nach Wiederherstellung des gesunden Volksempfindens. Die Familie wurde als „Keimzelle der Gesellschaft" beschworen. Das Sexuelle wurde scheinbar vernünftig und planvoll gezügelt und die Moral war getragen von „Anständigkeit". Papst Pius verurteilt Anfang der 50-er Jahre die Enthaltsamkeit bei Ehepaaren nicht mehr explizit- sie bleibt aber die einzige zulässige Verhütungsmethode.
Ein neues Bild ehelicher Solidarität wurde Vorbild, aber dieses Ideal der sogenannten „Partnerschaftsehe" wurde nicht eingelöst, denn die Mütter blieben nun zu Hause isolierter und abhängiger als je zuvor. „Hochzeit...bedeutet doch die Aufgabe der eigenen Persönlichkeit um ein neues, dem Partner gewidmetes Dasein zu führen. Aus dem Ich wird ein Wir..." schrieb die Zeitschrift „Brigitte" 1954 (60). Der Widerspruch ist unübersehbar. „Die Ungleichheit zwischen Männern und Frauen am Arbeitsplatz und zu Hause untergräbt unentwegt jene Intimität und Solidarität, die doch in der Theorie Ziel der modernen Ehe ist" schreibt die Psychoanalytikerin Jessica

Benjamin (61). Wieder erwies sich die Aufspaltung in öffentlichen und privaten Bereich hauptsächlich zum Nachteil der Frau, die treusorgenden Hausfrau und Mutter wurde täglich 24 Stunden für die Kleinkinderziehung für unentbehrlich erklärt. Eine „Mutter ist die emotionale Kläranlage der Familie...sie „liefert den unsichtbaren Leim, der Haushalt und Familie am Laufen hält, indem sie als ´Service-Station´ für alle Bedürfnisse der Familie dient."(62). Die aufblühende Haushaltsgüterindustrie in den 50-er Jahren trug wesentlich zur Verherrlichung des Hausfrauenberufes bei. Aus Sicht der Politiker war Erwerbstätigkeit von Frauen schädlich und zerstörerisch für die Familien. „Für Mutterwirken gibt es keinen vollwertigen Ersatz" verkündete CDU-Minister Würmeling (63). Die alten Vorstellungen von Mutterschaft und richtigem Frau-Sein behielten ihre Gültigkeit und die Idealisierung der Mutterschaft spiegelte sich begrifflich in den sogenannten „drei K": Kinder, Küche, Kirche.

Revolutionär für die Mutter-Kind-Beziehung war die „Bindungstheorie" des Psychologen John Bowlby, der mit Kollegen Säuglings- und Kleinkind-Forschung betrieb und allein den Müttern die Verantwortung für Fehlentwicklungen von Säuglingen zuschrieb. Damit lud man ihnen eine neue Bürde auf und zelebrierte von nun an nun den „Tanz um das goldene Kind"(64). Bowlby bestätigte mit seinen Untersuchungen zur Mutter-Kind-Beziehung die Aussagen von René Spitz aus den 40er Jahren. Die Weltgesundheitsorganisation, WHO, berief sich 1951 auf die Interpretationen dieser beiden Forschungen. Es hieß nun weltweit, kindliche Entwicklungsschäden seien die Folge der Deprivation der Mutter-Kind Beziehung. Nach klassischer psychoanalytischer Lehrmeinung blieb die Mutter jetzt endgültig die zentrale Figur für das kleine Kind, der Vater hatte weiterhin keinerlei Bedeutung. Der Psychologe Erich Fromm glaubte: „Die meisten Frauen wünschen sich Kinder....Es hat den Anschein, als lägen die Wurzeln zu dieser Haltung in einem Instinkt, den man bei Tieren genauso antrifft wie bei der menschlichen Mutter". Er war davon überzeugt, dass man mütterliche Liebe bedingungslos erfährt, väterliche Liebe dagegen sich verdienen muss (65). Der Verhaltensbiologe Harry F. Harlow machte Experimente mit Affen, um die Thesen von R. Spitz und J. Bowlby über den Mutter-Bedarf zu überprüfen und er kam nun zu dem klaren Ergebnis, dass weiche Gefühle auf der Haut wichtiger als orale Befriedigungen durch die Mutter sind.

1952 wurde pro familia, die „Deutsche Gesellschaft für Ehe und Familie" in Kassel gegründet, u.a. von Anne Marie Durand-Wever und Ilse Lederer, die in Kassel eine Beratungsstelle gegründet hatte und mit Unterstützung von Margret Sanger. Diese hatte 1950 in den USA den Chemiker Pincus, dem „Vater der Pille", von der Notwendigkeit eines hormonalen Verhütungsmittels überzeugt, seine Forschungen an der Pille forciert und mitfinanziert und die amerikanische Organisation „Planned Parenthood" gegründet. Das Ziel von pro familia war die „Normal-Familie", privates Glück, bewusste Elternschaft und „Wunschkinder". Es gab widersprüchliche Vorstellungen zum Begriff „Geburtenkontrolle", den man durch „Familienplanung" ersetzte, öffentliche Diskussionen über Verhütungsmittel fanden nicht statt. pro familia setzte sich mit den Vorurteilen der Kirche und der ablehnenden Haltung der Ärzte auseinander. Im Gegensatz zu A. M. Durand-Wever, die Beratung über Empfängnisverhütung durch Ärzte und sexualpädagogische Angebote für Eltern forderte, waren die meisten offiziellen Gründer-Väter eher konservativ und nicht frei vom Gedankengut des Dritten Reiches, die Gründer-Mütter blieben lange unerwähnt. Prof. Hans Harmsen, erster Präsident von pro familia, verlor aufgrund seiner Nazi-Vergangenheit später seine Ehrenmitgliedschaft. Auf der Tagung der inzwischen international tätigen „International Planned Parenthood Federation" (IPPF) in Berlin forderte aber auch Ilse Brandt von pro familia 1957 noch: „Unsere Mädels müssen wieder lernen, dass ihr erster und eigentlicher Beruf der der Mutter ist..."(66). pro familia engagierte sich vor allem in der Öffentlichkeitsarbeit, bei der Schulung der Ärzte und im Kampf gegen die Gesetze, die Familienplanung behinderten. Erst Ende der 50-er Jahre setzte in Deutschland zaghaft eine öffentliche Auseinsandersetzung zur Frage von Sexualität, Familienplanung, Sexualmoral und Sexualerziehung ein, die später in die „Sexwelle" mündete.

60-er Jahre

In den 60-er Jahren, der Zeit der Visionen und Ideen, war die Gesellschaft „voller Aufbrüche und neuer Kommunikationsformen, der Nachkriegstraum vom kleinen Glück in der abgeschotteten Familienidylle war passe´ „und die „dritte sexuelle Revolution" brachte vieles in Bewegung (67). In der BRD kam 1961 die „Pille", die in den USA 1960 offiziell als Verhütungsmittel freigegeben worden war, auf den Markt; zunächst aber nur als Mittel

zur Behebung von Menstruationsbeschwerden; ab 1965 war sie in der DDR erhältlich. Die Pille hat wesentlich zur Emanzipation der Frau beigetragen,
„... zum ersten Mal war für Frauen denkbar, dass Sex nicht umgehend mit unerwünschter Fruchtbarkeit bestraft würde"[68]. Dabei wurde die grundsätzliche Bejahung des Willens zum Kind nie bezweifelt und die herrschende Sexualmoral sollte keinesfalls unterlaufen werden. Für Frauen galt zunächst weiterhin Fortpflanzungszwang. Kinderlosigkeit blieb nach wie vor ein Tabu, galt als unnatürlich, als Krankheit, Unglück und vor allem als Versagen. Die Idee, dass Kinderlosigkeit gewollt sein könnte, gab es nicht. Bis 1969 galten in einigen Bundesländern immer noch die Himmler´schen „Polizeiverordnungen zur Bekämpfung der Schwangerschaftsverhütung" aus dem Dritten Reich, das Verbot der Mittel zur Familienplanung, der Import und die Propagierung. Bis weit in die 60er Jahre herrschte Angst vor der weiblichen Sexualität; die viel diskutierte Frage, ob auch unverheiratete Frauen und Mädchen die Pille verschrieben bekommen sollten, zeigte die Angst vor Zügellosigkeit und Enthemmtheit. Die Vorstellung, dass die Sexualerziehung die Jugend vor unsauberen Einflüssen schützt, vor Verführung bewahrt und traditionelle Werte über Ehe und Familie vermittelt, blieb vorherrschend.

Mit dem Jahr 1968 traf die Welle der neuen Sexualeinstellung aus den USA in Deutschland ein und führte zu heftigen Diskussionen. Die Zeit der Liberalisierung der Sexualmoral hatte begonnen und die gesellschaftliche Biederkeit wurde erschüttert. Mit seinem Buch „ Deine Frau, das unbekannte Wesen" klärte Oswald Kolle die Nation auf und in seinem Film „Helga" wurde zum ersten mal eine Geburt öffentlich dargestellt. Das Aufbegehren von Schülern und Studenten gegen autoritäre Strukturen war zunächst unpolitisch. „Viele Jugendliche hielten Erotik für das Kostbarste, was menschliche Beziehungen zu bieten hatte" [69] und forderten freie enttabuisierte Sexualität. Man propagierte nun „Gesunden Sex". Die Sexwelle wurde dann von linken Gruppen aufgegriffen, die sich zunehmend im Kampf gegen politische Unterdrückung in sozialen Bereichen einsetzten, getragen von der Idee, „freie Sexualität" würde gesellschaftlichen Fortschritt vorantreiben. Mit der Sexwelle setzte nun auch die emanzipatorische Sexualerziehung ein.
S. Freud´s Theorie über die Sexualität des Kindes wurde wiederentdeckt, „sexuelle Aufklärung" war das neue Stichwort und „Prävention" galt der Vermeidung von Problemen im Umgang mit Sexualität. Das Modell der „antiautoritäten Erziehung" aus England machte Schlagzeilen, die Ideen wurden theoretisch und praktisch von Vertretern neuer Lebensformen aufgegriffen („Kinderladen"- Bewegung, „Wohn-Kommune" etc).
Die bewussten Ideale der Erziehung änderten sich – Gehorsam, Zwang, Härte, Gefühllosigkeit galten nicht mehr als absolut anerkannte Werte. Die Diskussionen um autoritäre und antiautoritäre Pädagogik zeigten einen deutlichen Wertewandel.

Die Frauenbewegung erwachte wieder, es ging ihr generell um die Stellung der Frau, um Gleichberechtigung in Beruf, Gesellschaft und Ehe und um ihr verändertes Verhalten auf dem Gebiet der Sexualität. Die Umfrage-Ergebnisse des „Kinsey-Reports" in den USA von 1948 mit erstmals öffentlich zugänglichen Informationen über das Liebesleben wurden nun in Deutschland heftig diskutiert und rüttelten an den moralischen Grundfesten [70].
S. Freuds Interpretation des weiblichen Sexualorgans, der Mythos vom vaginalen Orgasmus, einer „Zwangsvorschrift", einem perfekten Instrument der Unterdrückung der weiblichen Sexualität, wurde erstmals in Frage gestellt durch die Ergebnisse der Umfrage des Gynäkologen William H. Masters und der Psychologin Virginia E. Johnson von 1966, die nachwiesen, dass die Klitoris das zentrale Sexualorgan der Frau ist [71]. Dieses Wissen setzte sich in Deutschland nur langsam durch, das Thema war immer noch tabuisiert und unzählige Frauen simulierten den Orgasmus.
Erst Ende der 60-er Jahre begannen große Veränderungen im erotischen Leben der Frau und langsam schien die männliche Doppelmoral zu verschwinden. Im Zuge der Liberalisierung war bei kollektiver Entlastung gleichzeitig „die entzauberte Sexualität herausgekommen" [72]. Das Klima wurde offener, doch mit der Enzyklika von Papst Paul VI „Humanae vitae" und ihrem Verbot jeglicher Empfängnisregelung – insbesondere aber der Pille – versuchte die Kirche sofort die Entwicklung zu stoppen. Konservativen Kreisen kamen wissenschaftliche Theorien der Soziologie aus den USA gelegen, die das während des Wirtschaftswunders auch in der BRD vorherrschende traditionelle Familienmodell weiterhin untermauerten: Vater als Haupternährer, Mutter und Kind zu Hause. Der Wille zum Kind war allerdings geringer als je geglaubt: der „Pillenknick" Ende der 60-er, Anfang der 70-er Jahre brachte Aufregung und viele Diskussionen um mögliche Konsequenzen des Geburtenrückgangs für den Schul-, Arbeits- und Rentenmarkt. Politiker in der

BRD besannen sich- anders als in der DDR, wo ca.90 % der erwerbsfähigen Frauen berufstätig waren- erst jetzt, als Arbeitskräfte gebraucht wurden, auf das weite Spektrum von Fähigkeiten der Frauen. Es begann eine neue Diskussion der Mutterrolle und nun sollten auch Mütter in das Erwerbsleben einsteigen.

„Die heutige Frau steht im Begriff, den Mythos vom Frauentum zu erschüttern. Sie beginnt, ihre Unabhängigkeit in die Tat umzusetzen" glaubte S. de Beauvoir. Ihre Schrift „Das andere Geschlecht" zählt mit Betty Friedan ´s „Der Weiblichkeitswahn" zu den verfrühten Einzeltriumpfen der Frauen- doch sie bleiben in Deutschland noch ohne Folgen (73).

In der DDR begann man Anfang der 60-er Jahre mit diversen sexualpädagogischen Forschungsarbeiten, die Ergebnisse wurden in der „Forschungsgemeinschaft Sexualpädagogik", die beim Ministerium für Volksbildung angesiedelt war, gebündelt und ausgewertet. Anders als in der BRD gab es in der DDR keinen speziellen Lehrgang für Sexualkunde in den Schulen, sondern das Thema wurde als Bestandteil der Allgemeinerziehung verstanden.
1964 wurde in der DDR die Organisation „Sektion Ehe und Familie" gegründet (ab1967 Mitglied bei der IPPF) mit dem Ziel Öffentlichkeitsarbeit zu machen, Fortbildung für Berater anzubieten und fachlichen Austausch zu ermöglichen. Beratung wurde nur innerhalb des staatlichen Gemeinwesens organisiert, 1965 wurde das Familiengesetz erlassen und ein flächendeckendes Netz von Ehe-, Familien- und Sexualberatungsstellen aufgebaut mit der Aufgabe, die Menschen auf Ehe und Familie vorzubereiten und den Willen zum Kind zu fördern. Die Thematisierung von Sexualität war nur im Rahmen von Partnerschaft und Familie möglich, Aufklärung wurde im Dienst der Volksgesundheit gesehen. Im Bereich der schulischen Sexualerziehung ging es um die Verbesserung der Vorbereitung der Jugend auf Liebe, Ehe und Familie. Die sexuelle Frage wurde weiterhin als „Teil der großen sozialen Frage" verstanden (August Bebel, 74). 1966 wurde das Gesetz erweitert und die Beratungsstellen nur noch mit Fachpersonal ausgestattet und erstmals Einzelberatungen angeboten. 1966 wurde der medizinische Teil neu geregelt und 1968 gab es die Strafgesetzbuchänderung, u.a. den Wegfall des § 176, der Homosexualität unter Strafe stellte, dennoch wurde das Thema Homosexualität stark tabuisiert.

Die Gesellschaft in der BRD aber war auf dem Weg zur Emanzipation der Frau. Für pro familia hießen die Ziele: Individualität und Verantwortung in der Partnerschaft und bei der Erziehung der Kinder. „Pille auch an Unverheiratete?" – pro familia propagierte diesen Fortschritt und teilte nicht die gesellschaftlichen Ängste um den Verlust der Sexualmoral und die Ordnung der Geschlechter, orientierte sich ebenso wenig an bevölkerungspolitischen Absichten. pro familia wurde erstmals öffentlich gefördert und es begann die Phase der Ausweitung und Konsolidierung. Als 1968 auf internationaler Ebene „Familienplanung zum Menschenrecht" erklärt wurde in der „Menschenrechtsdeklamation", bestand in der pro familia diese Überzeugung bereits seit langem (75). pro familia schlug viele Schlachten für die Frauen; die Themen waren Sexualerziehung, selbstbestimmte Sexualität und Schwangerschaft, Einsatz für Unterprivilegierte. „Abtreibung nein, Familienplanung ja" war das neue Credo für viele Ärzte, die sich in Familienplanung fortbildeten.

70-er Jahre

Zu Beginn der 70-er Jahre traten feministische Frauengruppen mit vielfältigen Aktivitäten an die Öffentlichkeit, am stärksten mit der Mobilisierung gegen den § 218 und Parolen wie „Mein Bauch gehört mir" – „Mein Körper gehört mir" und „Kinder oder keine entscheiden wir alleine" (76). Die Kampagnen nach gesellschaftlichen Veränderungen betrafen weite Teile der Gesetzgebung. Forderungen nach Abschaffung des § 175 (Homosexualität), des § 132(Kuppelei), des § 164 (Verbreitung unzüchtiger Schriften) führten dazu, dass 1973 im Rahmen der Strafrechtsreform das Sexualstrafrecht einschneidend verändert wurde. 1974 wurde die Reform des § 218 vom Bundestag verabschiedet; die SPD/FDP Koalition vertrat die Fristenlösung, die Opposition forderte die Indikationslösung. Auf Antrag von Baden-Württemberg und Bayern erließen Verfassungsrichter eine einstweilige Verfügung gegen das Gesetz und 1975 wurde das Gesetz für verfassungswidrig erklärt. 1976 wurde der § 218 modifiziert, es galt nun Straffreiheit bei Indikation. Der „Schutz des Lebens", auf den sich die Kirche berief, bedeutete aber für viele Frauen weiterhin, Schwangerschaft als Strafe zu erleben. „Die Suppe, die sie sich eingebrockt hat, die soll sie auch auslöffeln" sagte der Vater einer 16-jährigen (77). Das war die Meinung vieler Bürger.

Die traditionelle Ehe-Ethik verlor allmählich an Bedeutung; das Modell „Lebenspartnerschaft" wurde zur „Lebensabschnittspartnerschaft". Partnerschaften ohne Trauschein wurden hoffähig; die erste Welle der Ehescheidungen rollte über das Land, die überwiegend von Frauen ausging. Das von der UNO proklamierte „internationale Jahr der Frauen" 1975 löste viele kritische Reaktionen aus und die Frage stellte sich: war das nur eine neuerliche Diskriminierung? Die Novellierung des Scheidungsrechts 1977 löste das „Schuldprinzip" durch das „Zerrüttungsprinzip" ab, bis dahin „waren die Ehefrauen die letzten Sklavinnen des 20.Jahrhunderts, wenn sie ihre Männer verließen, verloren sie die Kinder, den Unterhalt und den Zugewinn" (78). 1979 erweiterte das „Gesetz zur Einführung eines Mutterschaftsurlaubs" die Mutterschutzregelungen mit der Einführung des Mutterschaftsgeldes und einer Arbeitsplatzgarantie. Das waren deutliche Verbesserungen, die insgesamt dennoch weit hinter anderen europäischen Ländern blieben. Die Politiker sprachen im Dritten Familienbericht der Bundesregierung von 1979 weiterhin von „naturwüchsigem Kinderwunsch" der Frauen und darüber hinaus hieß es: „Frauen sollten nach Erfüllung ihrer Familienpflichten bevorzugt eine Tätigkeit im sozialen Bereich ausüben als ehrenamtliche oder nicht marktgerecht bezahlte Tätigkeit".(79).

Anders als in der BRD galt in der DDR seit 1972 im Falle eines Schwangerschaftsabbruchs die Fristenlösung ohne Indikation. Daher wurde vom Staat versucht, ideologisch auf das Reproduktionsverhalten einzuwirken. Nach drastischem Geburtenrückgang wurde mit aktiver Bevölkerungspolitik erfolgreich gegengesteuert und Ehe- und Sexualberatungsstellen vor allem zur Aufklärung und zur Senkung der Abbrüche errichtet. Verhütungsmittel waren kostenlos, dennoch wurde die Pille z.B. bei weitem nicht so viel genutzt wie in der BRD, da Jugendliche kaum die Beratungsstellen aufsuchten. Das Alter der Mütter in den 70-er und 80-er Jahren war in der DDR auffallend niedrig. Die DDR-Führung schaffte ein breites Angebot von Dienstleistungen zur Unterbringung und Versorgung von Kindern, u.a. wurde das „Babyjahr" eingeführt und die Zahl der Geburten stieg wieder. „Die Durchsetzung der Gleichberechtigung der Frau ist eine der wichtigsten zentralen Aufgabe der Partei- und Staatsführung. Sie betrifft nicht nur staatsrechtliche, ökonomische , gesellschaftlich-soziale Aspekte, sondern außerdem die Schaffung von Arbeitsplätzen..." hieß es (80). Mit wachsendem Selbstbewusstsein der Frau wollte man die Überwindung des tradierten Geschlechterrollenklischés erreichen, es ging um die Rechte der Frau auf die Teilnahme am politischen Leben, nicht um ökonomische Unabhängigkeit vom Mann. „So besteht die Verpflichtung der Gesellschaft darin, den Frauen die Einheit der genannten Rechte mit dem Recht auf eigenverantwortliche Entscheidung über ihre Mutterschaft und die damit verbundenen spezifischen Aufgaben als Mutter und Partnerin zu sichern" (81). Die Kinderversorgung und der Haushalt blieben dennoch weiterhin Frauensache. 1976 wurde Sexualerziehung im Parteiprogramm zum gesamtgesellschaftlichen Anliegen erklärt und in den Schulunterricht integriert. Die provozierenden öffentlichen Thesen der westlichen Sexualerziehung wurden allerdings strikt abgelehnt. Literatur zum Thema Sexualität gab es kaum, viele Themen wurden tabuisiert und dennoch steckte hinter der starren Moral oft mehr Ungezwungenheit und Freizügigkeit als vermutet.

In der BRD entwickelte sich die akademische Frauenbewegung mit Frauenstudium und Frauenforschung. Frauen initiierten autonome Frauenprojekte und eröffneten das erste Frauenhaus, eine Zufluchtstätte vor gewalttätigen Männern. Frauen gründen die Arbeitsgemeinschaft der sozialdemokratischen Frauen mit dem Ziel der Integration der Frauen in Gesellschaft und Partei. Die sexuellen Aufklärungskampagnen wurden immer mehr politischer Einstieg zur Offenlegung gesamtgesellschaftlicher Konflikte und so wurden auch Forderungen nach Veränderungen im Bereich gesetzlicher Bestimmungen laut. Die Sexualmoral erfasste weite Bereiche der Gesellschaft und überall entwickelten sich alternative Lebensformen. In vielen großen Städten entstanden Sexläden, die Werbung entdeckte die Geschlechterrolle der Frau und vermarktete ihre Sexsymbole als attraktiven Warenartikel. Die Situation der Frauen in Bezug auf ihre Würde und Autonomie verschärfte sich. Gleichzeitig entstanden viele Beratungsstellen, die sich mit dem Thema Familienplanung und Sexualität beschäftigten. Den eigentlichen Umbruch für die Frauen brachten aber nicht die großen intellektuellen Auseinandersetzungen etwa über „Sexualität und die Triebe" sondern die Verbreitung der „Pille". „Der Bann ist gebrochen – die Antibabypille hat sich durchgesetzt" schrieb „Der Spiegel"(82). „Mit der Einführung der Pille hat sich die Sexualität von der Fortpflanzung getrennt" (83). „Die Kultur des abendländischen Liebeslebens hat zweifellos gewonnen. Es hat ganz sicher seit Menschengedanken kein so fröhliches, angstfreies und beide Partner- auch die zumeist zu kurz gekommenen Frauen- befriedigenderes Liebesleben gegeben wie heutzutage" schreibt Richard Huber (84). Zum Höhepunkt der feministischen Bewegung gehörten Frauen wie Alice Schwarzer („Der kleine Unterschied und seine Folgen") und Esther Vilar („Der dressierte Mann") als stärkste Konkurrentinnen, Verena Stephan („Häutungen"), Marieluise Janssen Jurreit („Sexismus"), Anne Koedt („Der Mythos vom vaginalen Orgasmus") und Karin Struck („Die Mutter") (85). Es ging um den „Kampf gegen den Widerspruch zwischen Zusicherung von mehr Gleichberechtigung und Bevormundung bzw. Kontrolle der Sexualität der Frauen und ihrer Fähigkeit, Kinder zu gebären" (86).

Die Vorteile moderner Verhütung lösten innerhalb der Frauengruppen auch viele Diskussionen um die Nachteile aus: der weibliche Körper schien ständig „verfügbar", sexuelle Freiheit wurde plötzlich verordnet und es ging nicht um die allgemeine Anerkennung weiblicher Sexualität. Nach dem „Pillenboom" setzte Nachdenklichkeit und Angst vor Nebenwirkungen ein und alternative Verhütung wurde populär. Frauen verfolgten weiter die Idee von weiblicher Sexualität und erhoben Anspruch auf eigene, wenn sie wollten folgenlose, Lust; die Planung individueller Biografien wurde möglich und alleingelassene, alleinerziehende und unverheiratete Frauen waren nicht mehr mit Makel behaftet. In der Zeit gab es „eine geradezu manische Beschäftigung mit den fast alltäglichen sexuellen Problemen...", es geht um Orgasmusstörungen der Frau, Frigidität, Impotenz und vorzeitiger Samenerguss des Mannes (87). Die neue Moral war getragen vor allem von der Wiederentdeckung der Klitoris brachte mit der Befreiung aber auch Verwirrung: alte und neue Normen mischten sich und häufig waren Erfolgszwang und Versagensängste die Folge.
„Familienplanung" und „Geburtskontrolle" wurden bald Verpflichtung zu verantwortungsvoller Geburten-, Familien- und Sexualitätsplanung. So brachte die Freisetzung aus traditionellen Rollen für die Frau neuen moralischen Druck und Selbstzwänge. Es ging jetzt allerdings nicht mehr um Scham sondern um hohe Verantwortung. Das Credo war nun: der aufgeklärte Mensch, die „richtige" Sexualität durch kontrollierten Geschlechtsverkehr, gesellschaftlich erwünschte (verhütete) und unerwünschte (nicht verhütete) Sexualität.

Insgesamt zeigt die Frauenbewegung der 70-er Jahre eine starke Polarisierung: einerseits die radikale Seite mit scharfem Protest gegen Zwangsmutterschaft und Muttermythen und andererseits die Gruppe, die eine „neue Mütterlichkeit" als Chance sah, spezifisch weibliche Fähigkeiten zu entwickeln. Ihr war es wichtig, „...die vormals abgewerteten körperlichen Vorgänge von Frauen, wie beispielsweise die Gebärfähigkeit nicht als Stigma, sondern als identitätssichernde Potenz zu begreifen und zugleich als weibliche Erfahrung" (88). Gleichzeitig wurde der Kindheit wieder emotionale Bedeutung zugewiesen und vor den verheerenden Folgen von Erziehung, hinter der sich Machtausübung verbirgt, gewarnt. Neue Stichworte wie „biologische" und „soziale" Mutterschaft entstanden. Die Gegensätze waren z.B. deutlich bei dem Thema Ernährung: „natürliche" Muttermilch contra „unnatürliche" Flaschenernährung. Die eine Seite forderte von den Müttern die gesamte Zuständigkeit für Ernährung und Erziehung in Kindheit und Jugend; die andere Seite sah in der Ernährung nur sekundäre Bedeutung, die Bezugsperson müsse außerdem nicht die biologische Mutter sein. Mütterlichkeit sei keine angeborene sondern anerzogene Eigenschaft und Mutterliebe keinesfalls immer notwendige Folge der Mutterschaft und auch nicht auf biologische Mütter zu begrenzen. Die „biologische Mutter" für neun Monate steht der lebenslangen „sozialen Mutter" gegenüber (89). In diesen Jahren kam erstmals die Frage nach Vereinbarkeit von Familie und Beruf auf; ebenso der Gedanke an die Einbeziehung der Väter- vor allem mit der Tendenz, Väter sollten sich nun den Müttern anpassen.
Der Psychoanalytiker Erik H. Erikson sah den Kinderwunsch als Ausdruck der Zeugungsfähigkeit in Zusammenhang mit natürlichem Streben nach Selbstverwirklichung..., „die kann einfach Ausdruck eines allgemeinen Verpflichtungsgefühls (beim Knaben) sein, sich als stark und aggressiv, als beweglich und unabhängig in der Welt zu zeigen und einen ´hohen´ Standard zu erreichen. Die Darstellung häuslicher Interieurs durch Mädchen würde dann bedeuten, dass sie sich auf die vorempfundene Aufgabe konzentrieren, ein Haus zu führen und Kinder großzuziehen."(90). Margret Mead dagegen war überzeugt, Kinderwunsch und Kinderlosigkeit würden gelernt, „wenn diese Bedürfnisse sozial gewünscht sind" (91).
Die zweifelhafte biologistische These, dass Mutterliebe in der Evolution begründet sei und der genealogische Mythos, Menschen hätten noch Reste aus der tierischen Vergangenheit in sich, ließ dann Konrad Lorenz selbst beispielhaft zum „menschlichen Muttertier" werden.
Erneut wurden die Theorien von J. Bowlby und R. Spitz aus den 50er Jahren diskutiert: Emotionen beim Säugling

entstünden nur durch die auf seine Sinnesorgane einwirkenden äußeren Reize und hier sei allein die Verantwortung der Mutter gefragt. An S. Freud orientierte Wissenschaftler arbeiteten an der Wiederbelebung der Freudianischen Schuldgefühle und appellierten an das Gewissen der Mutter gegenüber dem Kind (92).
Im Laufe des 20.Jh. wurden zahlreiche Theorien der Mütterlichkeit geschrieben und weiterhin alle uralten männlichen Klischés aufbereitet mit Begriffen wie: „Mutterinstinkt" (Erikson) (93),„Muttertrieb",„primärer reproduktiver Trieb"(Benedek),„primäre Mütterlichkeit"(Winnicott) (94),„triebhafte Mütterlichkeit"(Balint), „mütterliche Gefühle infolge früher vaginaler Empfindungen" (Kestenberg). Pannen bei der Säuglingserziehung, bei Produktion von Mutter-Milch und Mutter-Liebe wurden zur individuellen Schuld der Frau, Nicht-Stillen als egoistisch unterstellt. Die Mutterbrust ihrerseits hatte in der Theorie quasi dämonische Eigenschaften: sie war das „introjizierte böse Objekt"(95). Wissenschaftliche Untersuchungen über die Auswirkungen der Mutterschaft auf die Mutter, auf den extremen Belastungszustand, den einseitigen psychischen Stress und die mögliche Folge auch für ihre Kinder gab es nicht. Die Tatsache, dass die generelle Abwertung der Mutterschaft zudem auch fatale Folgen für die Kinder beiderlei Geschlechts hat, interessierte die Wissenschaftler ebenso wenig.

Pro familia intensivierte Anfang der 70er-Jahre die Bemühungen, in verschiedenen Modellprojekten Sexualpädagogik auf emanzipatorischem Hintergrund anzubieten; erst Mitte des Jahrzehnts gelang es, dafür staatliche Gelder zu erhalten. „Prävention" war das neue Stichwort und es kam eine pädagogisch-psychologische Berufsauffassung in den ehemals stark ärztlich bestimmten Verband. Mit der Änderung des Untertitels der pro familia in „Deutsche Gesellschaft für Familienplanung und Sexualberatung" wurde der Erweiterung der Arbeit Rechnung getragen und der Zusammenhang von Familienplanung und Sexualverhalten deutlich. Es ging um das Ermöglichen von Zeugung, Schwangerschaft und Geburt, um Kinderkriegen und Kinder- Nichtkriegen. In dieser Zeit wurde der Beruf der Psychologen, Ehe- und Sexualtherapeuten populär und pro familia bildete als erste Organisation SexualberaterInnen und SexualpädagogInnen aus.
Mitte der 70-er Jahre kam durch die Reform des § 218 eine neue Aufgabe für pro familia: die vom Gesetz vorgesehene Beratungstätigkeit. Familienplanungsberatung, der traditionelle Schwerpunkt, nahm zugunsten der Schwangerschaftskonfliktberatung ab, die zunächst als freiwillige Beratung im „Fristenmodell" angeboten wurde, ab 1975 dann zur obligatorischen Zwangsberatung wurde und somit nicht dem eigentlichen Konzept des Verbandes entsprach. In den Zeiten radikaler Frauenbewegungen stand pro familia im klassischen Zwiespalt von Hilfe und Kontrolle. Die politisch heißen Zeiten spiegelten sich in Auseinandersetzungen innerhalb des Verbandes um das Engagement für die Frauen und ihr Selbstbestimmungsrecht im Beratungsprozess. pro familia hat sich aber immer auf die Ratsuchenden eingelassen ohne moralische Belehrung. Staatliche Förderung machte in diesen Jahren die Ausweitung der Arbeit von pro familia möglich und nötig. Unter den Ratsuchenden waren zunächst viele ledige Studentinnen. Die Zahl der ausländischen Ratsuchenden stieg sprunghaft. Neben der vorgeschriebenen Schwangerschafts- Konfliktberatung nahm die Paar- und Sexualberatung ständig zu. Vermehrt kamen verheiratete Frauen mit Kindern mit Fragen rund um die „natürliche Geburt", nach neuen Verhütungsmitteln und nach Sterilisationsmöglichkeiten. Auch die sehr tabuisierte Frage nach Sexualität und Behinderung wurde zunehmend thematisiert. In sozialen Brennpunkten machten Beraterinnen Hausbesuche und verteilten kostenlos die Pille. pro familia erstellte als einzige Institution in Deutschland Aufklärungsbroschüren in sechs verschiedenen Sprachen. Für Eltern wurden Gruppen zum Thema Sexualität bei Kindern und Jugendlichen angeboten und für Lehrer veranstaltete pro familia vielfältige Fortbildungsveranstaltungen zu diesem Themenkomplex. Pro familia ging es um den verantwortlichen Umgang mit dem „Feuer", einem heißen Thema, das immer wieder empörte Kritik hervorrief. pro familia mischte sich weiterhin in die gesellschaftspolitische Entwicklung ein und legte den Finger in offene und versteckte Wunden.

Gegen Ende der 70-er Jahre revolutionierte die Entwicklung der künstlichen Befruchtung mit unübersehbaren Konsequenzen die menschliche Fortpflanzung. 1978 wurde in London das erste „Retortenbaby" geboren. „Vom Kinderwunsch zur Kopfgeburt" hieß der Titel eines pro familia Artikels (96) – zwischen Hoffen und Bangen schien es, als ob Kinder nunmehr im Kopf und nicht mehr im Bauch entstehen würden. Eine neue Entwicklung des Mutter-, Vater- und Kindschaftsverhältnisses begann.

80-er Jahre

Mit der Regierungsübernahme der unionsliberalen Koalition 1982 setzte eine geistig-moralische Wende ein. Viele Reformen wurden von konservativen Kreisen wieder in Frage gestellt. Bundeskanzler Helmut Kohl leitete die „Reform der Reformen" ein, die Maßnahmen zur veränderten Familienpolitik zeigten die Tendenz zurück in die 50-er Jahre.
Die Familie sollte als eigene Institution wieder stärker aufgewertet werden. Die sozial-liberale Koalition dagegen hatte schwache Familienmitglieder sozial unterstützt, und die Kinderzahl war durch sozialpolitische Maßnahmen nicht beeinflusst worden. Helmut Kohl aber erfüllte der Geburtenrückgang mit Sorge: „Ich glaube, alle müssen dazu beitragen, dass wir wieder ein kinderfreundliches Land werden"(97). Für H. Kohl war der „Dreiklang Familie, Kinder, Zukunft" ein Synonym „für eine glückliche Entwicklung unseres Vaterlandes" (98). Er lobte die Mütter: „Meine Hochachtung unseren Müttern, die ein Leben lang ihre Pflicht getan haben, ohne zu protestieren..., die aufopfernd diese ungeheure Leistung vollbracht haben" (99). „Mütterlichkeit" wurde zum neuen Programm der Konservativen, die Mutter-Kind-Beziehung war die soziale Beziehung schlechthin. Nach den 70-er Jahren , in denen Mutterschaft kritisch beurteilt worden war, entstand nun wieder eine emphatische Überbewertung der Mutterschaft. Offiziell wurden bevölkerungspolitische Maßnahmen abgelehnt, dennoch gab es Regelungen, die nicht „bevölkerungsneutral" waren (etwa das Rentenrecht und die Kindererziehungszeiten). Über das Steuerrecht wurde unauffällig vieles wieder rückgängig gemacht, was vorher für Frauen erkämpft war. So gab es dadurch beispielsweise gravierende Auswirkungen für Frauen im Arbeitsleben, für die meist geringer verdienenden Frauen schien Arbeit nicht zu lohnen (100). Ein geschiedener Mann wurde nach der Trennung wieder allein veranlagt, auch wenn er seiner Exfrau und den Kindern Unterhalt zahlte (101). Mit der Reform des Scheidungsrechts von 1977 sollte die wirtschaftliche Eigenverantwortlichkeit gestärkt werden. Das änderte sich nun und aus Angst vor dem Verfall der Institution Ehe wollte man den Ausstieg durch hohe Unterhaltsbelastungen erschweren. Dies ist bis heute ein Problem und oft ist nicht die Ehe sondern sind die Scheidungsfolgen ein „Bund für`s Leben".

Auch in der DDR wurden in diesen Jahren sozialpolitische Maßnahmen ergriffen zur Steigerung der Geburtenrate, so gab es etwa das Anrecht auf bezahlte Freistellung von Müttern für ein Jahr. Im Bereich der Sexualaufklärung waren weiterhin nur zaghafte Erfolge zu verzeichnen, öffentliche Diskussionen über Liebe und Sexualität fanden kaum statt. Erst gegen Ende der DDR war eine moralische Öffnung festzustellen, so waren für die Zeit ab 1992 neue Lehrpläne geplant und die Themen umfassten endlich auch Probleme sexueller Minderheiten.

In der BRD versuchte die katholische Kirche mehr Einfluss auf die gesellschaftspolitische Entwicklung zu nehmen. 1980 predigte der Papst in Köln zum Thema „Ehe und Familie" und die anschließend veröffentlichte Broschüre „Orientierung zur Erziehung in der menschlichen Liebe" untermauerte alle konservativen Thesen. Sexualität blieb weiterhin mit Angst und Schuld besetzt, außer- und vorehelicher Geschlechtsverkehr waren verboten, Familienplanung wurde zum Gebot, wirksame Methoden der Empfängnisregelung wurden geächtet und ein Schwangerschaftsabbruch verdammt. Kardinal Ratzinger bezog das Synodenwort „Terrorismus der Kontrazeption" auf die Situation in der BRD (98) und Kardinal Höffner bezeichnete Abtreibung als „Massenmord" (102).

Die Selbstbestimmung der Frau wurde weiter verhindert, indem ihr wieder ein unbewusster Kinderwunsch als biologische Konstante unterstellt und durch strafrechtliche Normen sanktioniert wurde. Dennoch war seit den 70-er Jahren die Zahl der kinderlosen Paare stetig angestiegen. Besorgte Politiker reagierten: 1981 wurden die konservativen „Leitsätze zur Familie" von Norbert Blüm in der Christlich Demokratischen Arbeitnehmerschaft, CDA, verabschiedet, in denen u.a. die „Selbstheilungskräfte der Familie" und ihre „sanfte Macht" wieder beschworen wurden. Es hieß dort: „Zu einer menschlichen Gesellschaft gehören Werte, die ihre Heimat in der Familienkultur haben, wie Liebe, Natürlichkeit, Treue, Hüten, Verzicht, Vorsorge für kommende Generationen. Mütterlichkeit ist das Symbol für diese Werte...", „Mutterarbeit ist mehr als Erwerbsarbeit" und „Mutterarbeit führt zur Selbstverwirklichung der Frau"(103). Gleichzeitig wurde Kritik geübt an „Emanzipationsbestrebungen", am „Gleichheitsideal", am „Überzogenen Expertentum", an Erziehungs-, Ehe und Familienberatern, Sozialarbeitern und Pädagogen. Einrichtungen zur Entlastung von Familien wurden nicht mehr gefördert, dafür gab es nun „Erziehungsgeld". Gleichzeitig aber fehlten wesentliche Sozialmaßnahmen, z.B. wurden Muttergeld und Renten für Erziehungszeiten reduziert. Politisch war das klassische Rollenmodell wieder angesagt: Mutter bleibt zuhause am Herd. „Aus der Spezies `Frau´ wurde die Gattung ´das Mutti´, besondere Kennzeichen: bieder, belastbar, besorgt; das Mutti ist streng geschlechtsneutral und kommt überall auf der Welt vor" (104). Gleichzeitig wurde das höchst fragwürdige bevölkerungspolitische Ziel der Regierung unübersehbar: mehr deutsche Kinder sollten geboren werden, weniger ausländische – und wieder wurde die Familie zum ideologischen Kampfplatz. Das „Heidelberger Manifest" von 1982 war ein berüchtigter Aufruf zahlreicher Professoren gegen das Schreckgespenst der Überfremdung „zum Erhalt unseres Volkes" (105).

1984 demonstrierten 15 000 Frauen in Bonn unter dem Motto „Putz in Bonn" und „Aktion Muttertag – Nicht nur Blumen, Rechte fordern wir" ,initiiert von pro familia. Sie wandten sich gegen die Rechtswende der Regierung und demonstrierten für die Verteidigung der Frauenrechte. Im gleichen Jahr übte Minister Geißler Zensur und ließ das Medienpaket „Betrifft Sexualität" von der „Bundeszentrale für Gesundheitliche Aufklärung" einstampfen, Aufklärungsmaterial für Schülerinnen und Schüler, die von allen Experten positiv bewertet worden waren. Dazu gehörten sieben Filme, 80 000 Arbeitsmappen für Pädagogen und 219 Filmkopien. Diese nach dem Nazi-Regime nie da gewesene Bücherverbrennung richtete sich wieder insbesondere gegen die Arbeit von pro familia. Wieder wurden heiße Diskussionen geführt um § 218 und Familienminister Heiner Geißler richtete 1984 die Stiftung „Mutter und Kind" ein. pro familia war gegen diese „Almosenverteilung ohne Rechtsanspruch, die im Konfliktfall die Entscheidung für ein Kind erbringen soll", daraufhin wurde pro familia mit Streichung der öffentlichen Förderung gedroht. Konservative Kreise wollten weiterhin die Verschärfung des § 218 und nun wurde vor allem um das Verständnis von Beratung gestritten. 1987 wurde das „Bundesberatungsgesetz für Schwangere" geplant – daraufhin folgten erneut heftige öffentliche Protestaktionen. 1986 ermittelte der Staatsanwalt in Memmingen gegen mehrere hundert Frauen wegen Schwangerschaftsabbruch, und weit über hundert wurden zu Geldstrafen verurteilt. 1988 wurde der Arzt Dr. Theissen wegen nicht rechtmäßiger Abtreibung angeklagt und 146 Frauen wurden als Zeuginnen gesucht. Das Argument der Richter hieß, es wäre den Frauen zuzumuten gewesen, die Schwangerschaft auszutragen und das Kind dann zur Adoption freizugeben; die Idee vom Zwang zum Austragen teilten in diesen Jahren verschiedene Richter in ähnlichen Rechtsfällen in Deutschland. Die interministerielle Arbeitsgruppe zum „Schutz des ungeborenen Lebens" forderte bereits 1983 „die bestehenden Vorurteile und Hemmnisse gegen eine Adoption abzubauen" (106) und in den Medien wurde immer wieder mit schwerwiegenden Folgen nach einer Abtreibung gedroht.
1989 fanden erneut große Demonstration mit mehr als 7 000 Menschen statt; die Zeitschrift „Der Stern" startete eine große Aktion zum Thema „Ich habe abgetrieben" und im Fernsehen wurde der inzwischen preisgekrönte Film „Mit unnachgiebiger Härte" (Heike Mindzek) gesendet (107).

Konservative Psychoanalytiker schwammen mit dem Strom: „Durch die Industrialisierung ... hat sich die Bedeutung der Frau sehr vermindert. Die Freiheit der Frau droht so zur Freiheit zu werden, auf dieselbe Weise ausgebeutet zu werden wie der Mann. Ihre möglicherweise von den Versachlichungszwängen des Kapitalismus unabhängige Chance, ihr Selbstgefühl durch Haus- und Kinderarbeit zu gewinnen, wird ihr auf diese Weise genommen." (Wolfgang Schmidbauer, 108). Weiterhin lieferte der Freudianer R. Spitz mit seinen „Forschungs"-Ergebnissen aus den 50-er Jahren der CDU Schützenhilfe z.B. in der Argumentation gegen Kindergärten und Kinderkrippen. Ursula Lehr, Psychologie-Professorin in Bonn, zweifelte mehrfach die wissenschaftlichen Konsequenzen aus der Untersuchung an und lieferte bereits in den 60-er Jahren Argumente dagegen. „In keiner dieser Studien zeigt sich die zwingende Evidenz, dass negative Auswirkungen der Institutionalisierung Folge fehlender mütterlicher Zuwendung sind" (109). Andererseits predigten Psychologen ein Mutterverhalten, das weiterhin an einem animalischen Modell orientiert war. Ausgerechnet die Tiefenpsychologie betonte aber auch die Gefahr der Überidentifizierung von Frauen mit ihren Kindern, die denen einen unermesslichen Schaden zufügen kann. Innig intime Gefühlsbetontheit war noch vor 200 Jahren eher ungewöhnlich, ein Zuviel davon ergab möglicherweise das „Muttersöhnchen". Mutterliebe wurde nun wieder als ursprünglichste und stärkste Form der Liebe angesehen und entsprechend gesellschaftlich erwartet und streng beobachtet, Verletzungen dieser „Selbstverständlichkeit" bedurften der Rechtfertigung.
Die Bedeutung des Kindes stieg, es war stärker denn je auf die Mutter verwiesen und die Beziehungs- und

Erziehungsarbeit nahm für Frauen zu. Durch die gesellschaftliche Idealisierung wurden die Konzepte der Mutterliebe sehr anspruchsvoll und auch unerfüllbar, denn Mütter waren nun für alles verantwortlich. Zahllose populärwissenschaftliche psychologische Bücher führten allen Lesern vor Augen, welche entscheidende Bedeutung der mütterliche Einfluss in der frühen Kindheit hat. Alle Kinder, erst recht Wunschkinder haben ein Recht auf eine gute Mutter. Wissenschaftliche Fragestellungen waren weiterhin nur an dem Wohl des Kindes orientiert und so wurden Angst, Schuldgefühle und schlechtes Gewissen kontinuierliche Begleiter zahlloser junger Mütter.

Seit Beginn der 80er Jahre rückte mit der ökologischen Bewegung und einem allgemeinen neuen Körperbewusstsein auch die körperliche Beschaffenheit von Frauen ins Blickfeld. Schwangerschaft und Geburt – einst tabuisiert – erfahren großes Interesse in den Medien. Dennoch war die Einstellung der Frauen zur Mutterschaft deutlich ambivalent. „Die Wiederbelebung des Muttermythos ist eine Reaktion auf die Identitätsunsicherheit der Frauen, auf den partiellen Verlust der alten weiblichen Identität."(110). Es bildete sich eine neue Frauenbewegung mit scharfem Protest gegen die Frauen aus den 70-er Jahren, die einst gegen Zwangsmutterschaft und Muttermythen angingen. „Mutter" wurde zum Reizwort für neuen Streit und offenes Auseinandersetzung. Neben der konservativen Mutter gab es nun die neue feministisch geprägte Mutter, diese pries die „neue Mütterlichkeit" und sah darin ihre Chance. Dazwischen stand die „Rabenmutter", dieses Wort gibt es bezeichnenderweise nur in Deutschland. Sie galt als egoistisch und karrieresüchtig, da sie am männlichen Rollenbild festhielt. Mit den alten Erklärungsversuchen, der Kinderwunsch von Frauen sei in ihrem natürlichem Wesen begründet, stellten die Frauen sich nun selbst die Falle, da sie damit die Trennung von Müttern und Frauen betrieben. Mit der Andersartigkeit des weiblichen Körpers zu argumentieren bedeutete, das alte Bild der geteilten Frau wieder zu beleben: Mutter und Hure. Eigene weibliche Sexualität ist nicht vorstellbar, da weiterhin die Idee existiert, dass Mütter ihre Sexualität naturgemäß leben, Frauen dagegen nur zu ihrer eigenen Lust. „Ich glaub` in ihrem früheren Leben war Mutti eine Frau..." (Karikatur von Fee Zschocke,111).

In der Literatur spiegelte sich die Vielfältigkeit. Die Titel reichen von „Mütter – die besseren Frauen"(Marion Meier und M. Oubaid) zu „Mutter und Emanzipation – kein Widerspruch"(Elisabeth Bannas) über „Die Mutterliebe" (Elisabeth Badinter) und „Die böse Mutter"(Catherine Herriger) zu „Hau ab, du bist nicht meine Mutter" (Ina Fritsch und H. Sanders). Simone de Beauvoir ließ sich hinreißen zu dem Satz: „Mutterschaft ist eine böse Falle für die weibliche Selbstverwirklichung" (112). Viele Frauen der Frauenbewegung der 70-er Jahre, der ersten Generation mit wirksamer Empfängnisverhütung, hatten eigene Mütter, die vom Mutterkult der Nazis geprägt waren und in den 50-er Jahren „Nur- Hausfrauen" waren. Mutterschaft erschien diesen Töchtern oft als Ende selbstbestimmten Lebens. Sie selbst blieben vielfach kinderlos, nicht immer freiwillig, denn oft entstand ein Kinderwunsch zu spät, und viele wurden auch „späte Mütter". Das Thema der ungewollten oder gewollten Kinderlosigkeit blieb aber immer noch tabuisiert.

Frauen gründeten in den 80-er Jahren in vielen Städten „Mütterzentren", sie argumentierten gegen Tagesmütter und Krippenplätze und forderten Lohn für Hausarbeit. „Mutterschaftsurlaub", eine zynische Umschreibung von harter Arbeit, wurde gern genommen – damit war garantiert, dass die Mutter sich voll auf das Baby einlassen konnte. 1986 fand der „Mütterkongress" der Grünen Partei statt, 1987 wurde das „Müttermanifest" verfasst. In weiten Teilen wurde die Utopie einer Gesellschaft entwickelte, die sich vorrangig am Interesse von Müttern und Kindern orientierte, Mütter in der alleinigen Zuständigkeit für Kinder sah und Vätern eine unwesentliche Rollen zuwies. Kinder waren der Mittelpunkt, oft waren sie ohne Grenzen erzogen worden und wer dagegen protestierte, galt als kinderfeindlich. Bei zahlreichen Frauen herrschte eine große Begeisterung für das Bild einer ideologisch verklärten Mutterrolle, einer omnipotenten grenzenlosen Mütterlichkeit. Selbsterfahrungsgruppen entstanden, die Pille geriet in Verruf, die Lebendigkeit des Zyklus sollte erfahrbar werden, natürliche Verhütung wurde propagiert und die „bewusste Geburt" war ein wichtiges Thema. Frauen gründeten „Schwangerengruppen" und „Stillgruppen" mit deutlicher Betonung der biologischen Mutter und forderten, dass die männlich dominierte Gynäkologie wieder in „Frauenhand" gehen sollte. Der Gebärvorgang wurde romantisiert, sollte ein wunderbares Ereignis werden, „sanfte Geburten" wurden durch das Lernen von richtigem Atmen und Pressen versprochen und „Hausgeburten" mit Hebammen wurden populär. Die Ent-

deckung der „Großen Mutter" und der Matriarchate, in denen Mutterschaft als gesellschaftliche Macht und Stärke galten, förderten diesen Gedanken. Der Rückgriff auf romantische Ideen, das Natürliche sei weiblich und gut, ignorierte die Realität von Schwangerschaft und Geburt oft und weckte falsche Erwartungen. Viele Mütter erlebten aber durchaus beim Stillen Ambivalenz, die erfüllte Liebe war keineswegs immer das vorherrschende Gefühl und so waren oft Selbstzweifel, Enttäuschung und wieder Schuldgefühle die Folge.
Gleichzeitig entwickelte sich die Technik und Apparate-Medizin rasant und Frauen halfen in ihrer Unsicherheit selbst dabei, dass die Gynäkologen immer mehr Raum in ihrem Leben eroberten. Die Zahl der Gynäkologen verdreifachte sich seit den 60-er Jahren. Je mehr der Blick nach innen möglich wurde, desto mehr verschwand die Frau. In keinem medizinischen Gebiet wurden so viele überflüssige Operationen durchgeführt wie in der Frauenheilkunde. Allein 1989 wurden 148 000 Gebärmütter entfernt, 80 % der Operationen waren offenbar überflüssig. „Mit keinem Organ wird so fahrlässig umgegangen wie mit der Gebärmutter"[(113)]. Auch zahllose Operationen an den Brüsten waren häufig nicht nötig, selbst bei Verdacht auf Krebs, der wiederum extrem oft Folge von medizinisch verordneter Hormongabe war. Die Operation der Brust ist der massivste Angriff auf das Symbol der Weiblichkeit. Zunehmender „patriarchalischer Zynismus" war spürbar bei vielen Wissenschaftlern, vor allem Medizinern, die sich mit der Sexualität von Frauen beschäftigten. „Ausgesprochen mütterliche Frauen empfinden häufiger eine Abnahme der Libido ... als aktive und egoistische" [(114)]. Die einst „dunkle Lulu", das penislose Über-Ich-schwache „Triebwesen, das die männliche Welt der Ordnung und des Geistes zerstört", war eine „phallische Übermutter" geworden, die im Laufe des „Jahrhunderts des Kindes" zu einem „Gefängnis ewiger Opferbereitschaft und Schuldgefühlen verurteilt" wurde [(115)].

pro familia äußerte sich weiterhin lautstark zu gesellschaftspolitischen Themen und forderte Menschenrechte für alle: auch Ausländer sollten Rechte haben zu ungehindertem Zugang zu Information und Methoden der Geburtenregelung. pro familia gab neue Aufklärungsmaterialien heraus z.B. den aufsehenerregenden „Kinderspiegel", „Mädchenspiegel" und „Männerspiegel". Ab 1982 häuften sich massive Angriffe konservativer Kreise gegen pro familia. Dennoch startete der Verband mehrfach Pressekampagnen u. a. zum Abbau sozialer Leistungen durch die neue Regierung, der überwiegend zu Lasten der Familien ging. Neue Diskussionen entflammten um den § 218 und in diesem Zusammenhang erfolgten 1984 erneut heftige Attacken auf pro familia u.a. von Minister H. Geißler. „Diese Angriffe sind Bestandteil eines umfassenden Konzepts, den Frauen die Wahrnehmung ihrer Rechte unmöglich zu machen" schrieb die Frankfurter Rundschau [(116)]. Die Gegner meinten die Emanzipation der Frau und prügelten pro familia. Sogenannte „Lebensschützer" griffen die Vorsitzende pro familia 1986 sogar mehrmals tätlich an.
Unbeirrt bot pro familia in den 80-er Jahren allen Ratsuchenden Information und Beratung an. Nachdem es nun mehr niedergelassene Frauenärztinnen gab, änderten sich die Fragestellungen. Es kamen vermehrt ältere Frauen und auch Männer und neben der Nachfrage nach Partnerschaftsberatung stieg die allgemeine Schwangerenberatung und Familienplanungsberatung wieder an. Es ging den Frauen um die optimale Persönlichkeitsentwicklung des Kindes und häufig war Angst vor Folgen von Umwelt- und Erziehungsseinflüssen ein Schwerpunkt. pro familia warnte vor der Gefahr des Missbrauchs neuer Technologien und gab Information und Beratung zu den vielfältigen Fragestellungen wie Intensiv-Medizin, Gen-Technik, künstliche Befruchtung, und möglicher Schwangerschaftsabbruch nach genetischen Untersuchungen. Die Themen der Einzel-, Paargespräche und der Gruppenveranstaltungen waren folgende: Pille pro und contra, Alternative Empfängnisverhütung, Mutter werden, Vater werden, Unser erstes Kind, Ein Kind bekommen ohne Trauschein, Kinderwunsch, Geburtsvorbereitung für Paare, Hausgeburt, Sanfte Geburt, Stillen, Wohnen mit Kindern, Mangelnde Kinderbetreuung, Soziale Hilfen, Arbeitslosigkeit, Sexualerziehung im Elternhaus, Homosexualität, Gewalt und sexueller Missbrauch. Pro familia bot Selbsterfahrungsgruppen an für Frauen, für Mädchen, für Männer und Frauen, für Frauen mit sexuellen Problemen, für Frauen in der Lebensmitte, für Frauen in Trennungssituationen. Seit Ende der 80-er Jahre stieg die soziale Not vieler Ratsuchenden, besonders drastisch war die Situation für viele Asylantinnen und ihre Familien. Im Rahmen der Sexualpädagogik stieg die Nachfrage seitens der Schulen und gegen Ende der 80-er Jahre erhielt die Arbeit von pro familia durch die Krankheit Aids innerhalb der Prophylaxe eine neuen Schwerpunkt. Das Ziel von pro familia war weiterhin insbesondere den Frauen zu eigenverantwortlichen Entscheidungen verhelfen.

90-er Jahre

Die 90-er Jahre brachten mit der Wende viele Träume und auch Ernüchterung mit sich. „Wende und kein Ende mit dem § 218": 1990 protestierten 20 000 Frauen gegen den § 218 und es gab erstmals eine Gegendemonstration von den „Lebensschützern". Erneut fanden heftige Kämpfe innerhalb der Parteien und in der Öffentlichkeit statt. In Deutschland begründete das Schwangeren-Familien- Hilfe- Gesetz (SFHG)von 1992 erstmals das Recht von Mann und Frau, sich beraten zu lassen „in Fragen der Sexualaufklärung, Verhütung und Familienplanung". 1991 wurde der Frauenarzt Dr. Theißen rechtskräftig verurteilt. 1992 verabschiedete der Bundestag den Antrag zur Fristenlösung beim § 218 mit Beratungspflicht; die katholische Kirche sprach von einer „Niederlage der Menschlichkeit" und auf Betreiben konservativer Kreise erfolgte dann eine einstweilige Anordnung durch das Bundesverfassungsgericht, die Regelung sei verfassungswidrig. Seit dem Einigungsvertrag zwischen Ost- und Westdeutschland blieb es bezüglich des § 218 zunächst bei unterschiedlichem Recht in Ost und West, es galt das „Wohnort- und Tatortprinzip": Frauen im Osten wurden bis Ende 1992 bei Schwangerschaftsabbruch nicht bestraft. Nach einer „Übergangsregelung" wurde 1995 das Schwangeren- und Familienhilfeänderungsgesetz (SFHGändG) verabschiedet. Dieses ist das einzige Gesetz in Deutschland, das sich ausschließlich an Frauen richtet, der Erzeuger wird mit keinem Wort erwähnt. Auch im Eherecht, das bis nach 1990 gültig war, betraf die „eheliche Pflicht" nur die Frau. 1994 wurde auf der Internationalen Konferenz für Bevölkerung und Entwicklung in Kairo das „Aktionsprogramm zur Gleichstellung der Geschlechter" verabschiedet, erstmals eine überregionale Übereinkunft.

Politiker horchten wieder auf, als die Geburtenzahlen sanken. Um die deutsche Familie zu erhalten, versuchten sie verstärkt, familienpolitischen Einfluss auf die Entwicklung zu nehmen. Wieder verfügten offenbar nur Politiker über das Wissen, was sexualpädagogisch und sexualpolitisch richtig ist, Aufklärung blieb weiterhin unerwünscht, ja gefährlich und musste mit allen Mitteln unterbunden werden. „Let´s talk about sex", eine Aufklärungsbroschüre zur Prävention sexuell übertragbarer Krankheiten wie HIV u.a. wurde zurückgezogen, der Druck der neuen Broschüre für Mädchen und Jungen „Ich mag mich" verhindert und die Broschüre „Starke Mädchen" von Gesundheitsminister Seehofer verboten und eingestampft. Die Herstellung und der Druck dieser Materialien waren öffentlich finanziert worden (117). Heftige Proteste u.a. auch von pro familia konnten die Entscheidung nicht beeinflussen.

„Wir befinden uns mitten in einer sozialen Revolution" hieß es. Man sprach vom „Geschlechterbeben", denn gleichzeitig erfuhren die Ikone „Mutter" und die Ikone „Familie" einen gravierenden Wandel (118). In den auf dem freien Büchermarkt nicht so einfach zu zensierenden Büchern „Gute Mädchen kommen in den Himmel, böse überall hin" und „Wieviel Mutter braucht der Mensch" wurden mutig große Tabuthemen behandelt (119). Seit den 60-er Jahren waren Veränderungen der Leitbilder festzustellen von der bürgerlichen Normalfamilie zu einer Vielfältigkeit der Lebensformen. Von der „Bürgerlichen Ehe", seit 1875 auch „Zivilehe" genannt, die zum kirchlichen Dogma wurde, ging der Weg über die „Liebesehe" zur „nichtehelichen Lebensgemeinschaft". Jetzt ist eine Gefühlsbindung entscheidend für die Partnerschaft, und wenn die emotionale Grundlage entfällt, wird die Ehe beendet. Die Möglichkeiten der bewussten Entscheidung für oder gegen ein Kind prägten ein neues Mutterbewusstsein. Der Wunsch nach einem Leben mit Partner und Kind war zwar allgemein groß, dennoch wurden Selbständigkeit und Selbstverwirklichung durch den Beruf entscheidend für die meisten. Die Vorstellungen vieler junger Frauen und auch die geschlechtsspezifischen Erwartungen an Mädchen hatten sich verändert und die persönliche Erfüllung lag nicht mehr unbedingt im Kinderkriegen. „Ehrgeiz ist das beste Verhütungsmittel" schrieb S. Fanks (120) und weiter „Die Ideen des Feminismus gehören heute zum Allgemeingut" (121). Die bewusste Entscheidung gegen Kinder galt aber in weiten Teilen der Bevölkerung immer noch als Verstoß gegen die Weiblichkeit. Die allgemein anerkannten Ziele waren: Persönlichkeitsentwicklung und Kindererziehung mit hoher Verantwortung der Elternschaft. Dabei war unterlag die Bedeutung von Kindern einem Wandel von ursprünglich mehr ökonomischen zu psychischen Motiven der Eltern.
Die Lebenswelten von Mädchen und Frauen hatten sich angenähert – allerdings nur bis zum Eintritt der Mutterschaft. „In Beruf, Gesellschaft und Politik schätzt man immer mehr die selbstbewusste Frau, verantwortungsvolle Kollegin und die entscheidungsfreudige Partnerin. Sie wird aber selbst wie ein unmündiges Kind behandelt, wenn sie ein Kind erwartet"(122).
Immer noch sind viele geschlechtsbezogenen Stereotype

„...direktes Erbe aus der Steinzeit" und die „gute Mutter" wurde weiterhin erwartet wie vor 50 Jahren: „Zuhause nichts neues"(123). Die gute Mutter, d.h. Vollzeitmutter gab es in den 90-er Jahren in der Realität aber nur noch in einem Fünftel der Familien. Der „gute Vater" allerdings war offenbar weit oben im Himmel.
Die „weiblichen Lebensentwürfe" – ein neues Wort, das Wahlfreiheit vorgibt- standen in krassem Gegensatz zu den realen Möglichkeiten der Vereinbarkeit von Familie und Beruf. Der Leistungsdruck, sich intensiver um Kinder zu kümmern und eine gute Mutter zu sein, wurde immer größer; Kinder hatten immer mehr Rechte und die verfügbare Zeit für die Mütter wurde dabei geringer. Das System Ehe und Familie wurde dabei immer störanfälliger, man trennte sich schneller und es entstanden neue Beziehungsgeflechte mit neuen Verpflichtungen. „Patchwork"-Familien mit Stiefmüttern, Stiefvätern und Stiefgeschwistern aus den getrennten Ursprungsfamilien ergaben vielfältige neue Probleme. Die Bindung an Kinder galt oft als letzte nicht aufkündbare Primärbeziehung – das „Ja zum Kind" bedeutete nicht immer das „Ja zum Vater", und die Zahl der Alleinerziehenden stieg ständig. Dennoch war die romantische Verklärung und die Tendenz zum Bewahren alter Familienmuster groß. „Der Mythos vom Ursprünglichen, Frieden, Harmonie zwischen Mensch und Natur und Schönheit wird zum Therapeutikum für die vom Alltagsstress und Verwertungszusammenhängen geplagte Psyche und Körper der Großstadtmenschen" (124).

Nach der Wende erfolgte 1991 der Zusammenschluss von pro familia mit der ehemaligen Organisation „Ehe und Familie" der DDR. Groß war die Hoffnung, etwas von der Gesundheitsversorgung der DDR zu retten, und z.B. auch die alte Regelung des § 218 mit der Fristenlösung zu übernehmen. Es begann in den neuen Bundesländern der Aufbau von verlässlichen Beratungsstrukturen. Die Zahl der Beratungsstellen stieg auf insgesamt über 160. pro familia hatte durch viel Überzeugungsarbeit den politischen Weg mit geebnet, die Formulierung des Gesetztes blieb aber weiterhin Angriffspunkt konservativer Kreise. Pro familia forderte u.a. 1994 öffentlich: „Schutz und Würde der Frau müsse gewährleistet sein". Die Kritik galt nun vor allem dem bis heute einheitlichen Beratungsverständnis der pro familia Mitarbeiterinnen: ohne moralische Belehrung den Frauen zu begegnen. pro familia will Frauen als mündige Frauen annehmen, und ist der Überzeugung, dass der Schutz des werdenden Lebens nur mit der Frauen, nicht gegen sie wirksam erreicht werden kann. Mit dem Schwangeren- und Familienhilfeänderungsgesetz von 1995 war erstmals eine gewisse Beruhigung sowohl für Beraterinnen als auch für die betoffenen Frauen eingekehrt und der Anspruch auf Hilfe und Beratung in Fragen der Sexualaufklärung, Verhütung
und Familienplanung gesetzlich festgeschrieben. Alle Beratungsstellen von pro familia wurden staatlich anerkannt.
1995 unterzeichnete pro familia als Gründungsmitglied der IPPF die „Charta der sexuellen und reproduktiven Rechte" (siehe Anhang). Diese umfassen u.a. das Recht jeder Frau auf Selbstbestimmung, auf Gleichheit der Geschlechter, auf Gesundheitsversorgung, auf ungehinderten Zugang zu gesundheitlich verträglichen Kontrazeptiva, auf Hilfe bei Fertilitätsproblemen, Schutz vor Misshandlungen und auf den Nutzten wissenschaftlichen Fortschritts.
Auch Ende der 90-er Jahre stieg der Kinderwunsch in Deutschland an, doch weiterhin blieb für viele Frauen und Mütter vor allem die soziale Notlage ein Hauptthema, insbesondere war immer noch die Wohnungsnot für junge Familien erschreckend groß. Eine Schwangerschaft erschien insgesamt planbar und ungewollte Schwangerschaften wurden abhängig von der Rigidität des Lebenskonzeptes immer häufiger als zutiefst verunsichernd und beängstigend erlebt. Umfassende multiprofessionelle Hilfe von pro familia war weiterhin sehr gefragt. Die Themen der medizinischen, psychologischen und familienrechtlichen Beratung waren weiterhin: Sexualität, Empfängnisregelung, unerfüllter Kinderwunsch, Schwangerschaft und Geburt, Fragen vor, während und nach pränataldiagnostischen Untersuchungen, Fragen zur Präimplantationsdiagnostik, Partnerschaft, Trennung und Scheidung.

Jahrtausendwende

Das „Jahrhundert des Kindes" war auch das „Jahrhundert der Mütterlichkeit" und die neuen Schlagzeilen lauteten: „Das 21. Jahrhundert gehört den Frauen – die Zukunft ist weiblich" (125), „Die Sehnsucht nach Familie wächst"(126) und „der Kinderwunsch ist bis heute relativ konstant" (127). Neue Medien eroberten den Markt, die eine unübersehbare Fülle von Material zu Fragen von Frauen und Männern über Sexualität und Partnerschaft und zur Fortschrittsmedizin lieferten. Vorbilder wurden suggeriert, in denen Normalität vorgetäuscht wird, die der Realität der einzelnen meist nicht entsprechen kann.

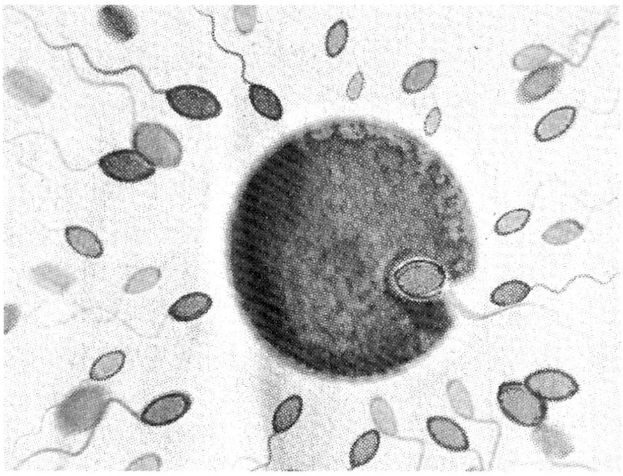
Natürliche Befruchtung

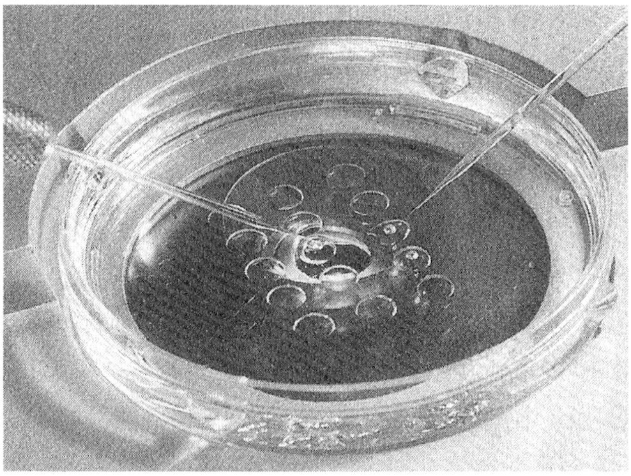
„ Petrischale"

Der Erste Frauengesundheitsbericht der Bundesregierung von 2001, erstellt auf Initiative der WHO, war ein Meilenstein der deutschen Frauengesundheitsforschung und wies auf frauenrelevante Krankheitsbilder hin. Erstmals wurden Themen für Frauen wie: Menstruation, Familienplanung, Verhütung, Schwangerschaft, Geburt und Wechseljahre aufgegriffen und endlich nicht mehr als Krankheit sondern als natürliche Vorgänge interpretiert.
2001 wurde eine große Untersuchung über Jugendliche und Sexualität durchgeführt – im Ergebnis wurde von der „neo-sexuellen Revolution" gesprochen. „Sexualität wird heute nicht mehr so stark überschätzt wie zur Zeit der sexuellen Revolution, ist mehr zu einer allgemeinen Selbstverständlichkeit geworden" heißt es [128].
Konservative gesellschaftliche Gruppen aber leugnen sexuelle Aktivitäten Jugendlicher und verhindern eine angemessene Sexualaufklärung und Wahrung und Anerkennung ihrer Rechte. Nach ihren Maßstäben sollten junge Menschen Enthaltsamkeit üben.

Die Titel großer deutscher Zeitungen spiegeln 2004 die Ängste vieler Menschen: „Der letzte Deutsche", „Land ohne Lachen", „Das kinderlose Land", „Deutschland ist Schlusslicht bei der Geburtenrate"[129 und 130]. Bei allen Parteien erhält die Familie wieder einen hohen Stellenwert, vor den Wahlen wird den Familien das Paradies versprochen. Familienpolitik soll zur gesellschaftlichen Modernisierung beitragen; dabei geht es um rein ökonomische Bedürfnisse der Gesellschaft, weniger um Gleichberechtigung. Die aktuellen Diskussionen im Rahmen von bevölkerungspolitischen Maßnahmen erinnern aber z.T. fatal an Zeiten des Nazi-Regimes, und werden u.a. an den Themen Migrationspolitik, Renten- und Gesundheitspolitik festgemacht. Gewollte Kinderlosigkeit wird öffentlich als „geistiger Verarmungsprozeß" und „moralische Verwahrlosung" bezeichnet [131].
Kinderbetreuungseinrichtungen, Ganztagsschulen sind inzwischen in aller Munde, letztlich fehlt es aber am Willen zur Durchsetzung. Kinderlosigkeit dürfe nicht das Schicksal beruflich erfolgreicher Frauen bleiben, wie dies derzeit bei jeder zweiten Akademikerin der Fall sei, sagte Sozialministerin Fischer, NRW [132]. Junge Leute müssten zur Familiengründung ermutigt werden, bevor sich Torschlusspanik breit macht. Aber „Deutschland ist im europäischen Vergleich Schlusslicht bei sämtlichen Betreuungsmöglichkeiten" [133]. Dabei gab es ein „Lob für den Osten" – die OECD-Studie mahnt einen deutlichen Ausbau der Kleinkinderbetreuung in Westdeutschland an und fordert bessere Ausbildung und Bezahlung der ErzieherInnen. Die ehemalige DDR sei Weltspitze beim Angebot von Krippen- und Kindergartenplätzen, „...die neuen Länder profitieren vom vorhandenen Netz an Krippen und Kindergärten und vom modernen Frauenbild" (Krippenplätze: 37 % in den neuen Bundesländern; 2,7 % in den alten Bundesländern; Hortplätze: 67,6 % in den neuen Ländern, 6,4 % in den alten Ländern; Kindergartenplätze: 105 % in den neuen Ländern, 88% in den alten Ländern). Nur 0,42 % des Bruttosozialprodukts wird in Deutschland für Kinderbetreuung ausgegeben [134].

Die Deutsche Bischofskonferenz äußerte sich gleich gegen die von der Regierung geplante Ganztagsschule, sie dürfe nicht zum „Einstieg in eine vom Staat verwaltete Kindheit werden“(135). Der Papst kritisierte den Feminismus und wand sich gegen Bestrebungen, die Unterschiede zwischen den Geschlechtern herunterzuspielen, er plädierte dafür, Familie und Beruf für Frauen vereinbar zu machen, die Gesetzgebung solle den „den Anforderungen der Sendung der Frau innerhalb der Familie“ gerecht werden. Die Familie werde in Frage gestellt und darum müsse das Miteinander von Mann und Frau auf der Anerkennung der Verschiedenheit beider basieren (136). Groß ist bei vielen konservativen Männern die Angst vor einer neuen Familienform, in der staatliche Erziehung – als Entlastung der Eltern, vor allem der Frauen – angeblich ausschließlich zu Lasten der Kinder gehen würde. Für viele Kinder bedeutet staatliche Betreuung dagegen eine Chance, die sie vor der Erziehung ihrer Eltern schützt. Das aber wird vielfach geleugnet, da es die Idylle der guten Mutter und heilen Familie zerstört.

„Keine große Koalition für Kinder“ – die Regierungsparteien beschließen ohne die CDU und FDP ein Gesetz für bessere Kinderbetreuung ab 1.1.2005, wieder „schlägt die Stunde der Bedenkenträger“(137) und „Betreuung statt Geld“ (138) schreibt die Presse. Familienministerin Schmidt will angesichts niedriger Geburtenraten ab 2008 die Babypause für Mütter und Väter attraktiver machen. „Kürzere Elternzeit soll mit höherem Zuschuss belohnt werden“. Große Widersprüche werden sichtbar: für die Arbeitnehmer wird Mutterschaft als Produktionsbremse gesehen; in der Gesamtheit der Arbeitgeber wird aber Mutterschaft gefordert, denn nur eine steigende Konsumentenzahl ist die Voraussetzung für wirtschaftliches Wachstum und Gewinnmaximierung. Einzelne Vertreter der Wirtschaft sind aus ökonomischen Erwägungen nun auch an kurzen Babypausen interessiert. Paare sollen sich die Babyzeit teilen wie in Schweden: dort sind zwölf Monate Elternzeit für den Vater verbindlich (139). Und Frankreich „liebt seine Kinder, aber vergöttert sie nicht. ...dieser rosarote Kitschkult um das Kind ist den Franzosen fremd. Französinnen haben ein Privileg: Die Gewissheit, Beruf und Familie vereinen zu können, denn niemand stellt das Recht der Frauen auf einen Beruf in Frage. Die Französinnen vertreten heute „einen reifen, die Gegensätze vereinenden Feminismus“ heißt es in der „Zeit“(140).

Das große Dilemma der Generationen bleibt: „ Job versus Kind, Autonomie versus Verantwortung; Frau versus Mutter“ (141). „Mutterrolle rückwärts“, „Urknall Kind“ . „Unübersehbar lockt der Kinderblick die Frauen zurück ins Haus“ (142), so sind Titelgeschichten in der Mitte des Jahrzehnts überschrieben. Das 50-er Jahre Modell hat immer noch große Anziehungskraft. „Aus der Anatomie der Frau...werden bis heute ihre sozialen Wünsche abgeleitet“ (143) und Frauen werden weiterhin vorwiegend als Mutter wahrgenommen. Kindererziehung aber geht nicht beiläufig, sondern ist längst ein ehrgeiziges Unternehmen geworden, dem alles andere untergeordnet wird. Kritisch werden verschiedene Modelle von Vollzeitmutter, Teilzeitmutter und Karrieremutter betrachtet und da Solidarität unter den Frauen in der Regel fehlt, kämpfen viele Frauen allein. In der Presse heißt es:

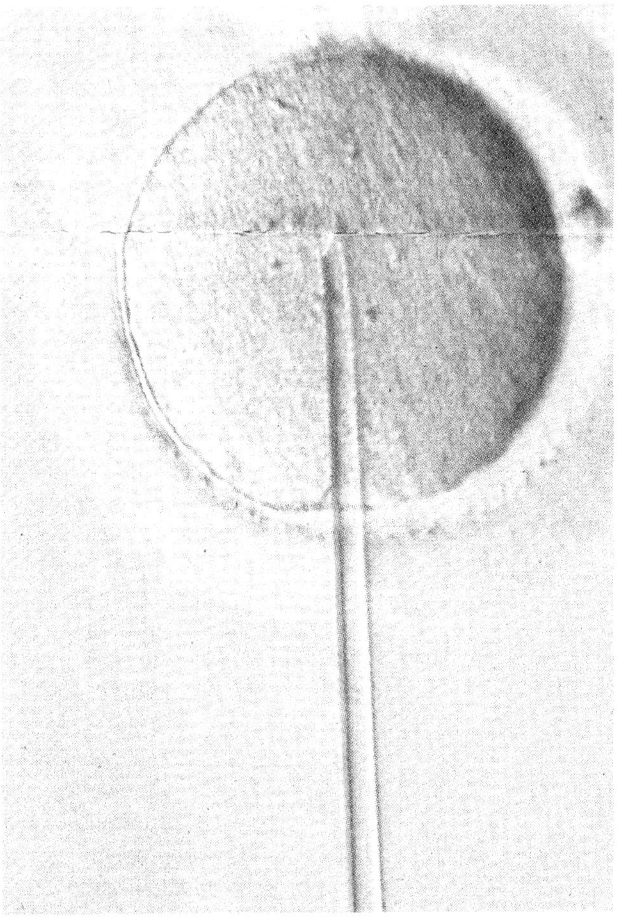

Künstliche Befruchtung

„Steinzeit 2004";„cool bleiben – ein Job, zwei Kinder, Lust auf Abenteuer... tägliche Balance – Akte" (144). In der Werbung lockt einerseits der junge Mann mit Baby auf dem Arm, andererseits der ältere heiratslustige Eroberer mit der jungen (dritten oder vierten) Frau (145). Das perfekte „Mannsbild" ist muskulös, mit gestähltem Körper, der mütterlich sorgende „Superpapa". Andererseits erscheinen Glamour-Mütter in der Regenbogenpresse mit verzweifeltem Kinderwunsch und Opferbereitschaft – diese Mütter sind mütterlich und gleichzeitig sexy. Das alltägliche „Weibsbild" aber wirkt aufopferungsvoll, dumm, oft grausam, scheitert und fühlt sich schlecht (146). Das Bild der Mutter kennt weiterhin nur Extreme, und die unübersehbare Ratgeber- Literatur beruht auf der Grundannahme mütterlicher Unfähigkeit. Tipps aus dem Internet bieten da Hilfe an:„ www.halte durch mama.de". In „Neue Mütter hat das Land" wettert Ulrike Horn gegen die „Power-Frauen" und ruft dazu auf, den Mythos Mutterschaft voll auszukosten: in der Berufswelt mussten Frauen ihre männlichen Züge einsetzen, als Mutter könnten sie nun typisch weibliche Eigenschaften zur Geltung bringen (147). Die Frau bleibt weiterhin die Dumme: mit Kind zu Hause gilt sie als tumbe Hausfrau; ist sie mit Kind erwerbstätig, als Rabenmutter; hat sie kein Kind, ist die egozentrisch.

Die Psychoanalytikerin Nadja Bruschweiler-Stern beklagt in „Geburt einer Mutter" die große Unsicherheit von Müttern. „Tief sitzt in Deutschland die Berufung zum Bemuttern", mit der Tendenz zur „Übermutter" (148). Die Mehrheit der westdeutschen Frauen glaubt immer noch an die Theorie, dass jede Trennung für das Kind traumatisch sei (Familienforscherin Jeanne Fagnani,149). Dieser Glaube entbehrt jeglicher Grundlage; er enthält kleinen Kindern sogar wichtige Entwicklungsmöglichkeiten vor, sagt der Familienforscher Wassilis Ftenakis (150). In Westdeutschland herrschen immer noch „antiquierte Ansichten, dass kleine Kinder nicht abgeschoben werden dürften." (OECD- Studie, 151).
Gleichzeitig werden konservative Stimmen lauter: „Es fehlt bei den jungen Frauen Selbstaufgabe der eigenen Person, Liebe, Zuwendung, Hintanstellung der eigenen Person, das, was sie in der Figur der Maria in der Bibel als Vorbild verehrt. Maria ritt auf einem Esel, der geführt wurde, die jungen Frauen fahren Auto..."(152). „Mama-Mania" und „Rosa-Schleifchen-Mentalität" erscheinen als Ergebnis der Emanzipation" und „Feminismus wird wieder zum Schimpfwort" (153). Mit ihrer Polemik „Die deutsche Mutter" rügt Barbara Vinken die Regression von Müttern in die Welt der Kinder unter dem Deckmantel der Verantwortung. „Das Kind wird in Deutschland nicht in das Leben integriert, sondern es wird zum Sinn und Zweck des Lebens der Mutter – eine religiös anmutenden Verkehrung", sie spricht vom„ ...deutschen Sonderweg, der von Luther über Pestalozzi bis hin zu den Nazis den Mutterkult gefördert hat" (154). Das Hingabebedürfnis hat damit ein neues Objekt gefunden:„jetzt verlieren die Frauen sich an ihre Kinder; vernünftige Frauen verwandeln sich in Sklaven; der Mann wird degradiert" sagt die Frauenärztin Angelika Held (155).
Die Gesellschaft begünstigt die Konstruktion von Mutterschaft, während für die Konstruktion von Vaterschaft die soziale Unterstützung fehlt. „Familie als Karrierehemmnis – unsere Gesellschaft belohnt nur Kinderlosigkeit" schreibt eine Zeitung (156). „Die strukturelle Rücksichtslosigkeit Familien gegenüber dokumentiert sich immer noch in der geltenden Steuersystematik und in besonderer Weise in den umlagefinanzierten ozialversicherungssystemen"(157). Und entsprechend fehlen für die heutige Generation berufstätiger Mütter Vorbilder.

„Aus der Stressforschung ist bekannt, dass Frauen in der Entscheidungsphase `Beruf und/oder Kinder` häufig seelisch erkranken."(158). Die psychische Gesundheit von Frauen setzt aber vor allem eine Lebensqualität voraus: die Erfahrung von Würde, Schönheit und Wert, die Fähigkeit sich selbst und andere zu lieben (Mental Health Agenda, 159).
Vor der Schwangerschaft versuchen viele Männer und Frauen, ein Modell zu etablieren, das auf Gleichberechtigung beruht. „Es ist jedoch das kurzlebigste Modell, das es gibt. Wenn das Kind kommt, bricht es zusammen"(160) und beide fallen in das alte Rollenmuster zurück. Dann sind Mutter und Baby „mutterseelenallein" und, herauskatapultiert aus ihrem alten Leben, erdulden sie das häufigste Leiden junger Mütter: die Einsamkeit." (161).
Noch immer sind Frauen für die Kinder- und Familienarbeit zuständig. „Das Grundproblem der Mütter heißt Hausarbeit, nicht Kinder" schreibt Marion Meier (162).
80 % der Haushalts- und Fürsorgearbeit in Familien leisten Frauen,„Männer scheuen Hausarbeit und Unterhaltsverpflichtungen"; für das Kind eine Berufspause einzulegen befürworten heute zwar 73 % der Männer, konkret entscheiden sich aber nur 5 % der Männer dafür (163). Frauen, nicht Männer sehen Probleme mit der Vereinbarkeit von Kind, Familie und Beruf.
Bei vielen jungen Eltern nehmen Schwierigkeiten in der

Beziehung zu und sie haben darüber hinaus oft auch sexuelle Probleme: „die Sex-Kurve geht steil nach unten...und Männer gehen in die innere Immigration" so W. Fthenakis (164). Die Zahl der Scheidungen erreicht neueste Höchstmarken von 50 % in den Großstädten und jedes 7.Kind wächst 2004 bei allein Erziehenden auf (165).

„In einer enttraditionalisierten Gesellschaft, in der Sexualität überall ohne Auflagen verfügbar ist, sinkt der Marktwert derjenigen, die zusätzlich belastet sind, zum Beispiel durch einen Kinderwunsch"(166). Eine neue Art Klassenkampf entsteht: Kindseltern und Kinderlose streiten, dabei wird genau unterschieden zwischen ungewollter Kinderlosigkeit und bewusster Kinderlosigkeit. Das Tabu der Kinderlosigkeit ist heute weitgehend gebrochen, dafür entsteht neuer Rechtfertigungsdruck, die moralische Verpflichtung zur Fortpflanzung. Besonders bei vielen Akademikerinnen wird der Kinderwunsch bis hinter die biologischen Grenzen verschoben, die sogenannten „last-minute- Mütter" (167). Eine Studie ergab, Akademikerinnen bleiben häufiger kinderlos als Frauen mit Hauptschulabschluss, denn offenbar entscheiden sich diejenigen, die es sich materiell am wenigsten leisten können noch vergleichsweise am häufigsten zur Familiengründung – „gespaltenes Fertilitätsverhalten" nennt das Uta Meier (168). Männer unter vierzig sind deutlich häufiger kinderlos als Frauen. 52 % der Akademikerinnen und 59 % der Akademiker zwischen 30 und 35 Jahren sind (noch) kinderlos; 34 % der Akademikerinnen und 41 % der Akademiker zwischen 35 und 40 Jahren sind (noch) kinderlos (169). Es ist kaum erforscht, warum Männer keine Kinder haben; eine Umfrage ergab 2004: bewusste Kinderlosigkeit ist vor allem bei Männern zu finden und heute ist nicht Gebärstreik, sondern Zeugungsstreik das Thema (170). „Der blinde Fleck sind die Männer"(171). Gleichzeitig stieg die Zahl derjenigen Frauen, die sich Kinder wünschen: 10-15 % der Paare haben Probleme mit dem Elternwerden. Sie geraten unter den Druck der Versprechungen und Möglichkeiten der Reproduktionsmedizin: die „baby- take- home" Rate, d. h. der Erfolg pro Versuch liegt deutlich unter 20 % (172). Die Medizin lässt sie psychische Seite der hochgradig belasteten Paare weitgehend außer Acht und der Bedarf nach psychosozialer Beratung ist sehr groß. Familienplanung im dritten Jahrtausend droht viele Menschen zu überfordern – „Technische Verfahren werden immer sicherer und die Menschen immer unsicherer" (173). Bei aller Planbarkeit und Machbarkeit stellt sich aber immer wieder die Frage nach der Autonomie der Frauen. Die Technik der Ultraschallbilder erlauben heute u.a. eine frühe Geschlechtsbestimmung mit der möglichen Konsequenz, sich für oder gegen das Kind zu entscheiden. Durch die Bilder rückt der Fötus immer näher: „Nichts scheint uns mehr von dem Kind zu trennen. Wir sind ergriffen und wollen nach ihm greifen" (174). Es entstehen Wunschkinder und Wunschfamilien, wobei es häufig nicht mehr um das Kind geht, „sondern um die Optimierung des medizinisch diagnostizierten Schwangerschaftsprodukts". Das Internet hilft mit: „www.kinderwunsch.de" und „www.wunschkinder.de". „Mit der Befruchtung im Reagenzglas trennt sich heute ...auch die Fortpflanzung von der Sexualität" heißt es (175). Spektakuläre Ergebnisse des Fruchtbarkeitswahns mit Hilfe der Reproduktionsmedizin erscheinen zunehmend normal zu werden: „Rumänin wird mit 66 Mutter" (176) und „55-Jährige trägt für ihre Tochter Drillinge aus"(177).

Die Entwicklung von der These „mein Bauch gehört mir" über „mein Körper gehört mir" zu „mein Leben gehört mir" in Deutschland im 20.Jahrhundert hat für das Patriarchat große Folgen (178). „Sexualität und Fruchtbarkeit beleben bis heute die archaischen Ängste der Männergesellschaft, die angetreten ist, sich die Natur untertan zu machen"(179). Auch im Jahr 2005 äußerte sich die Katholische Kirche wieder zur Abtreibung: Kardinal Meisner setzte in einer Predigt ungewollt schwangere Frauen, die sich für eine Abtreibung entscheiden, mit Herodes, Hitler und Stalin gleich. „Frauenbild von Verachtung geprägt" schrieb pro familia dazu in einer Pressemitteilung (180).

pro familia war einst gegründet worden mit dem Ziel, das Menschenrecht auf Familienplanung durchzusetzen. Zur Jahrtausendwende sind diese Ziele zwar auf dem Papier erreicht, pro familia setzt sich aber weiterhin beharrlich für die Umsetzung der IPPF- Charta der sexuellen und reproduktiven Rechte ein. pro familia sieht wie keine andere Organisation die Familienplanung in dem persönlichen, sexuellen, gesundheitlichen und sozialen Bezugsrahmen von Frauen und Männern.
Ein Schwerpunkt der Arbeit bleibt die Förderung und Unterstützung benachteiligter Gruppen in der Bevölkerung, insbesondere von Frauen. Von der ursprünglichen Idee, Familienplanung als Konzept der Verhinderung ungewollter Schwangerschaften über das Programm sexueller Emanzipation führte der Weg zur geplanten verantworteten Elternschaft.

Madonna mit Kind, Die neue Rolle der Pop-Ikone

„Familienplanung heißt, fast ein Leben lang mit dem Widerspruch zu leben, Sexualität verhüten zu müssen und sie andererseits zu begehren."(181). Es geht vorrangig um das Recht von Frauen und Männern, selbst zu bestimmen, ob und wie viel Kinder sie haben wollen; es geht darum, ein Leben mit und ohne Kinder angemessen zu ermöglichen und es geht nicht um die „Steigerung der Reproduktionsrate". – pro familia gehört in Deutschland mit heute 170 Beratungsstellen zu den bedeutendsten Organisationen, die Sexualpädagogik, Familienplanungs-, Sexual- und Schwangerschaftsberatung anbieten.

Bei der Diskussion um Mutterschaft in Deutschland müssen endlich neue Wege beschritten werden. Die Mutterrolle in Deutschland bedeutete viel zu lange eine „Sonderrolle – entweder sich damit zu übernehmen oder sich als etwas Besonderes herauszunehmen" (182). Es wird Zeit, die mythische Überhöhung der deutschen Mutter zu beenden, sowohl das Bild von ozeanischer Mutterliebe durch „Supermütter" als auch von sträflicher Vernachlässigung durch „Rabenmütter" endgültig über Bord zu werfen. Es wird Zeit, sich zu lösen von dem Teil der Psychoanalyse, der die Beziehungsqualitäten nur auf der frühen Ebene der Symbiose fixierte. Es wird Zeit, die Mutterrolle nicht mit Selbstaufgabe gleich zu setzen. Die sich aufopfernde Frau und Mutter erhält ihre zweifelhafte Bedeutung in der Macht der Unentbehrlichkeit, sie macht andere von ihrer Zuwendung abhängig und hindert insbesondere ihre Kinder an wesentlichen Entwicklungsmöglichkeiten. Hingabe und Fürsorge sind verbunden mit Herrschaft und Kontrolle und ein Übermaß weist auf die eigene Bedeutungslosigkeit und das mangelnde Selbstbewusstsein vieler Frauen und Mütter hin. Auch hinter der märtyrerhaften Mutter, die mit sanfter Herrschaft durch psychische und physische Krankheit starken moralischem Druck ausüben kann, verbergen sich oft eigene nicht wahrgenommene und nicht ausgelebte Unzufriedenheit, Ohnmacht, Wut und Aggression.

Das Thema Mutter hat die Dimension von Menschsein mit allen Zeichen von Stärke und Schwäche, Angst und Sicherheit, Autonomie und Authentizität. „Nur Mutter zu sein ist ein verlorenes Ideal" meint Ilka Piepgras (183). Es wird Zeit, das Verhalten „guter" und „böser Mütter" zu analysieren und Mütter und Kinder aus der negativen Umklammerung zu lösen. Die Frauen selber müssen sich von der Faszination der Ideale lösen und sich in ihren Widersprüchen wieder als Ganzheit fühlen. Sie müssen sich Foren schaffen, um über ihre Ambivalenzen bezüglich der Mutterschaft zu reden. Frauen sind als Mütter nicht unersetzbar, müssen nicht alles alleine und am besten können. Männer und Väter müssen als gleichwertige Bezugspersonen einbezogen werden. Neueste wissenschaftliche Untersuchungen zeigen, dass Väter weit mehr als bisher angenommen ihre Kinder prägen, sie sind sogar durch ihren emotionalen Beitrag entscheidend für die Kindesentwicklung. Mütter und Väter verfügen über gleiche biologische Kompetenzen, „Väter – die gigantische emotionale Reserve" heißt es (184). Aber auch beim Vaterbild halten sich hartnäckig noch viele Mythen.
Nur starke, selbstbewusste, sich selbst und anderen gegenüber kritische und offene Frauen können als Mütter ihren Kindern ein Vorbild sein und sie aufmerksam machen auf ihre Rechte. Im Konflikt zwischen

Mutterschaft und Selbstverwirklichung darf es nicht um ein entweder oder gehen, für alle Frauen, die es wollen, muss die Vereinbarkeit von Beruf und Familie möglich sein. „Frauen sollten nur Mütter werden, wenn sie zugleich auch anders bleiben, sein und werden können" schreibt Herrad Schenk (185). Dazu ist die Selbstbestimmung der Frau über ihren Körper unerlässlich. Im Zeitalter der Familienplanung sind persönliche Entwicklung und gesellschaftliche Identität heute möglich.

Die Trennung in die gute und böse Mutter ist eine Mystifizierung, die Darstellung eines Phänomens als natürliche Gegebenheit. Lange war eine Frau der Mutterschaft wegen verherrlicht, das Sexuallebens wegen verachtet, ihres Geschlechts wegen benachteiligt, mit ihrer Sexualität bestraft, in der Geburtenkontrolle entmündigt und mit der Verantwortung für die Kinder alleingelassen. „Die Existenz der `Frau´ kann nur über die Entheiligung der ´Mutter` erreicht werden. Ihre Herrschaft hat die Frauenfeindlichkeit des Mannes und die Eifersucht der Frau erzeugt" (186). Solange sich die Bilder von Eva und Maria, Heiliger und Hure nicht verbinden lassen, bleibt der Mythos Mutter erhalten: eine Erzählung von Göttern(Göttinnen) und Heroen (Heroinnen).

„Ob die Weiber Menschen seyn?"
fragte 1595 ein anonymer Autor.

Menschenrechte sind universell und gelten für alle.

Familienplanung und sexuelle Selbstbestimmung sind Menschenrechte der Frau.

Literaturverzeichnis

1 Schiller, Gertrud: Ikonographie der christlichen Kunst, Gütersloh 1969, S. 86

2 Moltmann-Wendel, Elisabeth: Ein eigener Mensch werden, Gütersloh, S. 88

3 Walker, Barbara: Das geheime Wissen der Frauen, Frankfurt 1993, S. 677

4 zitiert nach Haag, Herbert u.a.: Maria, Freiburg 2004, S. 241

5 Simmel, Monika: Weibliche Sexualität, Braunschweig 1987, S. 8

6 zitiert nach Roth, Brigitta: Die Frau in Zitaten der Welt, Esslingen 1995, S. 405

7 zitiert nach Roth, B. a.a.O. S. 388

8 Kuntz-Brunner, Ruth: Kinder, die gottgefällige Entscheidung, zitiert nach Pro Familia Magazin, Deutsche Gesellschaft f. Familienplanung, Sexualpädagogik + Sexualberatung, Frankfurt, 4/1992, S. 3

9 in: Wilhelm Meisters Lehrjahre, zitiert nach Roth, B. a.a.O. S. 412

10 in: Der philosophische Egoist, zitiert nach Roth, B. a.a.O. S. 412

11 in: Emile oder über die Erziehung, zitiert nach Simmel, Monika, a.a.O., S. 9

12 Juliane Jacobi: Mütterlichkeit als Beruf in „Macht und Fürsorge", Ausstellungskatalog, Trinitatiskirche Köln, 1999, S. 60

13 Meier, Marion u. Oubaid, Monika: Mütter, die besseren Frauen, Braunschweig 1987, S. 22

14 Benjamin, Jessica: Die Fesseln der Liebe, Frankfurt 1993, S. 199

15 Baader, Meike S. : War am Anfang ein Muterrecht? Zitiert nach „Macht und Fürsorge" a.a.O. S. 64

16 zitiert nach Soden, Kristine von: Die Sexualberatungsstellen der Weimarer Republik, Berlin 1988, S. 16

17 in „Unter anderen Umständen", Ausstellungskatalog Dt. Hygiene Museum, Berlin 1993, S. 138 und 151

18 zitiert nach Oertzen, Monika von: Das Volksmuseum für Frauenkunde, in „Unter anderen Umständen a.a.O. S. 57

19 zitiert nach Gerhard-Teuscher, Ute: Frauenbewegung und § 218 in „Unter anderen Umständen" a.a. O.S. 109

20 ebenda S. 110

21 Knieper, Barbara: Thesen, im Pro Familia Magazin 2/1981, S. 3

22 Janssen- Jurreit, Marielouise: Sexismus, München 1976, S. 467

23 ebenda S. 467

24 in: Einführung in die Psychoanalyse, zitiert nach Katalog „Zur Situation der Frauen in Deutschland", Dt. Gesellschaft für Verhaltenstherapie, dgvt, Tübingen 1996, S. 26

25 Meier, Marion a.a.O. S. 51

26 Walker, B. a.a.O. S. 762

27 Janssen-Jurreit, M. a.a.O. S. 467

28 Nadig, Maya: Mutterbilder in zwei verschiedenen Kulturen, in Psychoanalytisches Seminar Zürich: Bei Lichte betrachtet wird es finster, Frankfurt 1987, S. 81

29 zitiert nach Heinrichs, Jürgen in Pro Familia Magazin, a.a.O.1/1984

30 zitiert nach Westphal, Hannelore: Die Liebe auf dem Dorf, Braunschweig 1988, S. 67

31 ebenda S. 61

32 Gerhard-Teuscher, Ute a.a.O.S. 111

33 in: Die Leibesfrucht, zitiert nach Roth, B. a.a.O. S. 404

34 zitiert nach Soden, Kristine von: § 218 – streichen, nicht ändern in „Unter anderen Umständen" a.a.O. S. 42

35 zitiert nach Oertzen, Monika von, a.a.O. S. 53

36 Dech, Julia: Ex Voto- Der Würgeengel in „Unter anderen Umständen" a. a. O. S. 141

37 Heubach, Friedrich W.: Was der Soldat im Manne ist, ist in der Frau die Mutter, in „Macht und Fürsorge", a.a.O. S. 84

38 in: Die Frau in Europa, zitiert nach „Zur Situation der Frauen in Deutschland", a.a.O. S. 135

39 Behrend, Heike: Unmütterliche Mütter in „Macht und Fürsorge", a.a.O. S. 79

40 zitiert nach Soden, Kristine von, a.a.O. S. 162

41 zitiert nach Piepgras, Ilka: Büro & Klammern, in „Die Zeit" Nr. 20 vom 20.06.04, S. 52

42 zitiert nach Pro Familia Landsverband Niedersachsen: § 218 1871-1995, Braunschweig 1996, S. 10

43 zitiert nach Hervé, Florence u.a.: Das Weiberlexikon, München 1996; S. 363

44 zitiert nach Westphal, Hannelore, a.a.O. S. 89

45 zitiert nach Hervé, Florence, a.a.O. S. 62

46 ebenda S. 367

47 Westphal, Hannelore a.a.O. S. 90

48 zitiert nach Pro Familia Landesverband Niedersachsen:3 218 a.a.O., S. 11

49 Schönfeldt, Sybil von: Kein Platz für Sex, in Pro Familia Magazin a.a.O.,2/1982; S. 5

50 zit.nach Heubach, Friedrich W.: Was der Soldat im Manne, ist in der Frau die Mutter, in „Macht und Fürsorge" a.a.O. S. 81

51 zitiert nach „Frauen unterm Hakenkreuz", Elefantenpress, Berlin 1983, in pro familia Magazin a.a.O. 6/1988, S. 7

52 zitiert nach Pro Familia Landesverband Niedersachsen, a.a.O. S. 12

53 Janssen-Jurreit, Marielouise, a.a.O. S. 482

54 Bilstein, Johannes: Muttertiere in „Macht und Fürsorge" a.a.O. S. 96

55 Held, Jutta : Psychologisierung statt Politisierung des Bildes der Mutter in „Macht und Fürsorge", a.a.O., S. 86

56 Simmel-Joachim, Monika: 40 Jahre Pro Familia, in Pro Familia Magazin, a.a.O., 2/1992, S. 2

57 zitiert nach Gerhard-Teuscher, U,a.a.O. S. 113

58 zitiert nach Bach, Kurt. R: Sexualerziehung in der DDR, in Pro Familia Magazin a.a.O., 6/1987,S. 8

59 ebenda

60 „Brigitte" Heft Nr.10/54 Berlin 1954, S. 3

61 Benjamin, Jessica: Fesseln der Liebe, Frankfurt 1993, S. 200

62 Franks, Suzanne: Das Märchen von der Gleichheit, Frankfurt 2002, S. 129

63 zitiert nach Hervé, Florence, a.a.O. S. 363

64 Borgeest, Bernhard: Mutterrolle rückwärts, in „Focus" Nr. 21, 17.05.2004,S. 140

65 zitiert nach „Die Kunst des Liebens" in: „Zur Situation der Frauen in Deutschland" a.a.O. S. 26

66 zitiert nach Zeh, Barbara: Und rollt und rollt, in Pro Familia Magazin, a.a.O., 6/1988, S. 15

67 Kuntz-Brunner, Ruth: Der Gesellschaft den Spiegel vorhalten, in Pro Familia Magazin a.a.O., 3/1996, S. 7

68 Simmel-Joachim, Monika, a.a.O. S. 3

69 Westphal, Hannelore, a.a.O. S. 110

70 Schmidt, Günther, Befreiung und Kontrolle, in: Pro Familia Magazin 6/1984, S. 3

71 ebenda

72 Schmidt, Günther, zitiert nach Westphal, Hannelore, a.a.O. S. 114

73 Krebs, Margarit: Jahr der Frau, in Pro Familia Informationen, Frankfurt, 4/1975, S. 2

74 „Die Frau im Sozialismus" zitiert nach Bach, Kurt E.: Sexualerziehung in der DDR, in Pro Familia Magazin 6/1987, S. 9

75 Simmel-Joachim, Monika, a.a.O. S. 3

76 Meier, Marion: Mütter -die besseren Frauen, in Pro Familia Magazin 1/1983, S. 7

77 zitiert nach Krebs, Margarit, a.a.O. S. 3

78 Rosenkranz, Stephanie: Der Rosenkranz „„Stern" 45/2004, S. 70

79 Dritter Familienbericht der Bundesregierung 1979, zitiert in pro Familia Magazin a. a. O, 5/1981, S. 25 und 2/1983, S. 16

80 zitiert nach Bach, Kurt R., a. a. O. S. 9

81 ebenda

82 zitiert in Pro Familia Informationen 1/1973; 35

83 Häußler- Scepan, Monika: Vom Kinderwunsch zur Kopfgeburt, in Pro Familia Magazin a.a.O., 2/2001, S. 6

84 Huber, Richard, in Schmitt, Dirk: Eine kleine Geschichte der Empfängnisverhütung, Internet 30.6.2004

85 Meier, Marion: Mutter, in. Pro Familia Magazin 1/1983, S. 7

86 Gerhard- Teuscher, U.a.a.O., S. 104

87 Schmidt, Gunter: Befreiung und Kontrolle, in Pro Familia Magazin a.a.O. 6/1984, S. 3

88 Palm, Kerstin: Der Lebensbegriff in den Gender Studies, in Pro Familia Magazin a. a. O., 3/2002, S. 8

89 Scheu, Ursula: Wir werden nicht als Mädchen geboren – wir werden dazu gemacht, Frankfurt 1987

90 in: Kindheit und Gesellschaft, zitiert nach „Zur Situation der Frauen in Deutschland", a.a.O., S. 26

91 in: Mann und Weib, zitiert nach Meier, Marion, a.a.O., S. 51

92 Janssen -Jurreit, M., a.a.O., S. 476

93 ebenda S. 468

94 Nadig, M., a.a.O., S. S. 86

95 Janssen- Jurreit, M., a.a.O., S. 472

96 Häußler -Scepan, M.a.a.O.,S. 6

97 zitiert in Pro Familia Landesverband Niedersachsen, a.a.O., S. 17

98 zitiert in Haag, H. u.a., a.a.O., S. 37

99 zitiert in Hervé, F., a.a.O., S. 363

100 Schwelien, Michael: Wie man in Deutschland Kinder erzieht, in „Die Zeit" Nr.51, 2003, S. 37

101 Heinrichs, Jürgen: Nach dem Papstbesuch, in Pro Familia Magazin, a.a.O., 1/1981, S. 11

102 zitiert nach Pro Familia Landesverband Niedersachsen, a.a.O., S. 19

103 Langer-El Sayed, Ingrid: Konservative familienpolitische Rezepte – Die Chance der Krise nutzen?, in Pro Familia Magazin a.a.O., 2/1983, S. 16

104 Zschocke, Fee: Das Mutti, in „Brigitte" 3/1888, S. 130
105 zitiert in Pro Familia Magazin a.a.O., 3/1982, S. 31
106 zitiert nach Sadrozinski, Renate: Wundermittel Adoption, in Pro Familia Magazin a.a.O., 5/1988, S. 29
107 Pro Familia Landesverband Niedersachsen, a.a.O., S. 21
108 zitiert in „Zur Situation der Frauen in Deutschland", a.a.O., S. 26
109 zitiert nach Janssen- Jurreit, M, a.a.O., S. 485
110 Schenk, Herrad: Wieviel Mutter braucht der Mensch, Köln 1996, S. 220
111 Zschocke, Fee, a.a.O., S. 130
112 zitiert nach Schenk, Herrad, a.a.O., S. 215
113 Schindele, Eva: Pfusch an der Frau, Frankfurt 1996, S. 77
114 Simmel, M, a.a.O., S. 19
115 ebenda
116 Frankfurter Rundschau, zitiert nach Holtzmeyer, Gerd: Waren das die gebotenen Konsequenzen? in pro Familia Magazin 5/1984, S. 15
117 Landeszentrale für Gesundheitsförderung Rheinland-Pfalz: „Let´s talk about sex", 1993 und Bundeszentrale für Gesundheitliche Aufklärung: Starke Mädchen, 1994
118 Franks, S. , a.a.O., S. 27
119 Ehrhardt, Ute, Frankfurt 1994 und Schenk, Herrad a.a.O.
120 Franks, S. a.a.O., S. 27
121 ebenda S. 34
122 Frankfurter Rundschau vom 17.09.1991, zitiert in Pro Familia Landesverband Niedersachsen, a.a.O., S. 26
123 Franks, S. , a.a.O.,S. 125
124 Schumacher- Chilla, Doris: Mutter Natur -Antiker Mythos und Container, in „Unter anderen Umständen", a, a, O., S. 97
125 „Süddeutsche Zeitung", 25.04.2003
126 „Bonner General-Anzeiger" 20.08.2003
127 „Der Spiegel" 2/2004, S. 41
128 Sigusch, Volkmar: Von der Wollust zur Wohllust, in Pro Familia Magazin a.a.O., 3/2003, S. 6
129 „Der Spiegel" 2/2004
130 „Bonner General-Anzeiger" 20.08.2003
131 „Der Spiegel" 2/2004, S. 39
132 zitiert nach „Bonner General-Anzeiger" 30.11.2004
133 ebenda 30.10.2003
134 Lüke, Stephan: Das Lob für den Osten, in Bonner General-Anzeiger 01.12.2004
135 „Bonner General-Anzeiger" 14.03.2003
136 ebenda 31.08.2004
137 ebenda 29.10.2004
138 ebenda 09.11.2004
139 ebenda
140 Mönninger, Michael: Demografie als Volkssport in „Die Zeit" Nr.10, 2004, S. 8
141 Borgeest, B. in „Focus" Nr.21, 17.05 2004, S. 132
142 Schlaffer, Hannelore: Ehret die Männer, in „Die Zeit" Nr. 6, 2004, S. 37
143 Meier, M., a .a.O., S. 49
144 „Brigitte" 11/2004, S. 312 und 100
145 Schlaffer, H.a. a. O., S. 37
146 Piepgras, Ilka in „Die Zeit" Nr.20, 06.05.2004, S. 51
147 Borgeest, B., a.a.O., S. 142
148 Piepgras, I.a.a.O., S. 51
149 Henkel, Imke: Adieu, Rabenmutter, in „Süddeutsche Zeitung", 29.10.2004
150 ebenda
151 in „Bonner General-Anzeiger", 1.12.2004
152 ebenda 22.06.2004
153 Rudolph, Clarissa: Von der Frauen- zur Mütterpolitik", in Pro Familia Magazin 3/2002, S. 13
154 zitiert nach Piepgras, I., a.a.O., S. 51
155 zitiert nach Borgeest, B., a.a.O., S. 140 und 142
156 „Bonner General-Anzeiger 25.06.2003
157 Günter, Markus: Familienpolitik oder Bevölkerungspolitik? In pro Familia Magazin 01/2004, S. 14
158 Bundeskoordination Frauengesundheit (BKF): Frauen, Leben, Gesundheit, Brinkum 2003; S. 9
159 zitiert nach „Zur Situation der Frauen in Deutschland" a.a.O., S. 27
160 Borgeest, B. a.a.O., S. 144
161 ebenda S. 137
162 Meier, M., a.a.O., S. 28
163 „Bonner General-Anzeiger", 20.09.2004
164 Borgeest, B., a.a.O., S. 144
165 „Bonner General-Anzeiger", 13.05.2004
166 Gaschke, Susanne: Das kinderlose Land in „Die Zeit" Nr. 4, 2004, S. 3
167 Heubach, Friedrich W., a. a. O.,S. 82
168 Untersuchung von Uta Meier, zitiert nach Gaschke, S. , a.a.O., S. 3
169 Statistisches Bundesamt, ebenda S. 3
170 „Der Spiegel"Nr.2/ 2004, S. 42
171 Rudolph, Clarissa, a.a.O., S. 11, 15
172 Spiewak, Martin: Die Uhr tickt unerbittlich, in „Die Zeit" Nr.8, 2004, S. 9
173 Häußler-Scepan, M. a.a.O., S. 6
174 Frommel, Monika: Nicht gegen ihren Willen, in Pro Familia Magazin 4/2001, S. 25
175 Sonderausstellung des Deutschen Hygiene Museums: Sex – vom Wissen und Wünschen, Dresden, 2001, in Pro Familia Magazin 4/2001, S. 20
176 „Bonner General-Anzeiger", 17.01.2005
177 ebenda 30.12.2004
178 Meier, M. a.a.O., S. 42
179 Simmel, M. a.a.O., S. 7
180 Pressemitteilung 1/2005 pro familia Bundesverband Frankfurt
181 Thoß, Elke: Plädoyer für ein Programm sexueller Kultur in Pro Familia Magazin, a.a.O. 2/1992, S. 13
182 Lehn, Brigitta, Leserbrief in „Die Zeit" Nr.23, 2004, S. 70
183 Piepgras, I.,a.a.O., S. 52
184 Kucklick, Christoph: Was Vatersein so besonders macht, in „Geo" 1/2001.S. 172
185 Schenk, H. a.a.O., S. 228
186 Olivier, Christiane: Jokastes Kinder, in Roth, B., a.a.O., S. 58

Familienplanung und Verhütung sind Menschenrechte

1595 „Ob die Weiber Menschen seyn?" (anonym)

1848 „Wir fordern nur einfach unser Recht, unser Menschenrecht" (Louise Otto)

1948 Allgemeine Erklärung der Menschenrechte von der UN

1979 UN- Resolution zur Beseitigung jeglicher Diskriminierung der Frau

1994 Aktionsprogramm der Internationalen Konferenz für Bevölkerung und Entwicklung zur Gleichstellung der Geschlechter in Kairo

1995 Charta der sexuellen und reproduktiven Rechte der IPPF (International Planned Parenthood Federation), unter Mitwirkung von pro familia formuliert, von der UN und der WHO anerkannt

1996 Erklärung zu den Menschenrechten von Frauen auf der Vierten Weltfrauenkonferenz Peking

2005 Ziel erreicht ?

Charta der sexuellen und reproduktiven Rechte von 1995

Das Recht auf *Leben*, was unter anderem bedeutet, dass das Leben keiner Frau durch Schwangerschaft einem Risiko oder einer Gefahr ausgesetzt werden darf.

Das Recht auf *Freiheit und Unversehrtheit der Person*, welches anerkennt, dass alle Personen das Recht haben, sich an ihrem sexuellen und reproduktiven Leben zu erfreuen. Es selbst zu gestalten und keiner erzwungenen Schwangerschaft, Sterilisation oder Abtreibung ausgesetzt zu sein.

Das Recht auf *Gleichheit* und darauf, auch im sexuellen und reproduktiven Leben keiner Form der Diskriminierung ausgesetzt zu sein.

Das Recht auf *Privatsphäre*, was bedeutet, dass alle Dienstleistungen in Zusammenhang mit sexueller und reproduktiver Gesundheit vertraulich sein sollten und dass alle Frauen das Recht auf autonome Wahlmöglichkeiten im Zusammenhang mit ihrer Fortpflanzung haben.

Das Recht auf *Gedankenfreiheit* einschließlich des Rechts darauf, keiner einschränkenden Interpretation religiöser Texte, Glaubensrichtungen, Philosophien und Sitten ausgesetzt zu sein, die dazu benutzt werden, die Gedankenfreiheit im Zusammenhang mit der sexuellen und reproduktiven Gesundheitsversorgung und anderen Fragen einzuschränken.

Das Recht auf *Information und Bildung* in Bezug auf die sexuelle und reproduktive Gesundheit und Sicherstellung der Gesundheit und des Wohlergehens von Personen und Familien.

Das Recht auf *Freie Entscheidung für oder gegen Ehe und die Gründung und Planung einer Familie.*

Das Recht auf *Freie Entscheidung, ob und wann die Geburt eigener Kinder erwünscht ist.*

Das Recht auf *Gesundheitsversorgung und Gesundheitsschutz* einschließlich der Rechte der Klientinnen und Klienten auf Information, Zugang, Wahlfreiheit, Sicherheit, Schutz der Privatsphäre, Vertraulichkeit, würdevollen Umgang ,Wohlbefinden, Kontinuität und Entscheidungsfreiheit.

Das Recht auf *Nutzen des wissenschaftlichen Fortschritts*, welsches das Recht aller Klientinnen und Klienten der sexuellen und reproduktiven Gesundheitsversorgung auf Zugang zu neuen Reproduktionstechnologien anerkennt, die sicher und akzeptabel sind.

Das Recht auf *Versammlungsfreiheit und politische Beteiligung,* was unter anderem bedeutet, das Recht zu haben, das Ziel zu verfolgen, Regierungen dahingehend zu beeinflussen, dass diese der sexuellen und reproduktiven Gesundheit und entsprechenden Rechte Priorität einräumen.

Das Recht auf *Schutz vor Folter und Misshandlung* einschließlich der Rechte von Kindern auf Schutz vor sexueller Ausbeutung und sexuellem Missbrauch und des Rechts aller auf Schutz vor Vergewaltigung, sexuellem Missbrauch und sexueller Belästigung.

Dr. Claudia von Werlhof

Die Wurzeln weiblicher Solidarität

Beim Begriff „Solidarität' denkt man zunächst eher an ein männliches Verhalten, nicht ein weibliches. Die Solidarität von und vor allem unter Männern wird generell auch als politisches Handeln verstanden. Bei weiblicher Solidarität wird diese politische Dimension aber nur dann gelten, wenn es sich um eine Solidarität von Frauen mit Männern handelt. Wie aber, wenn es eine weibliche Solidarität unter Frauen, also von Frauen für Frauen gibt? Hat auch sie einen „politischen" Charakter? Nach allgemeinem Verständnis ist dies sicherlich nicht der Fall. Worin unterscheiden sich also weibliche und männliche Solidarität? Worauf richtet sich Solidarität überhaupt? Es kann ja nicht jede Solidarität, z.B. Solidarität mit Verbrechern gemeint sein. Also worum handelt es sich? Wer ist solidarisch mit wem oder mit was, bei welcher Gelegenheit, also unter welchen Umständen, in welcher Gesellschaftsordnung? In der heutigen oder in einer anderen? Es gab ja auch schon andere Gesellschaftsordnungen.

Der Begriff Solidarität ist eigentlich ein moderner Begriff, der erst in der industriellen Massengesellschaft wirklich zum Zuge kommt. Es ist ein Begriff anonymer Solidarität von sich nicht kennenden Menschen, die als Masse oder als Klasse gemeinsame Interessen vertreten, ohne aber in einem konkreten unmittelbaren Lebenszusammenhang miteinander stehen zu müssen.

Es gibt noch andere Formen, sich dem Begriff Solidarität in einem positiven Sinne zu nähern. Man könnte sagen, sie besteht in einer Gegenseitigkeit, einem Handeln, das auf einer Art Reziprozität beruht, einem zueinander Stehen, einer „Konvivialität", würde z.B. Ivan Illich sagen, also einem Zusammenleben und darin Handeln. Man könnte also sagen, es muß Begriffe von Solidarität geben, die sich von moderner Solidarität, die immer in Zusammenhang steht mit abstrakter „Partizipation" oder „Gleichheit% unterscheiden. Denn der Begriff Solidarität, der hier mit „weiblicher Solidarität' gemeint ist, muß auch ein älterer sein, also irgendeine ehemalige Gemeinsamkeit, eine Kultur ausdrücken, wobei der Begriff Kultur von cultura, d.h. bauen, bebauen, pflegen, stammt. Es würde also um eine Pflege des miteinander Tuns, eine Kooperation gehen.

Ich will trotzdem im weiteren zunächst den Begriff Solidarität in einem positiven Sinne verwenden, um nicht so sehr zu verwirren. Aber ich komme darauf, daß es etwas anderes als die heute bekannte männliche Solidarität auf der weiblichen Seite gegeben haben muß, denn *meine These ist: Die Frauen sind das solidarische Geschlecht*. Das wird jetzt fast alle verwundern. Aber die Frauen sind das solidarische Geschlecht in einem sehr, sehr alten Sinne. Die weibliche Solidarität hat ihre Wurzeln nämlich in der Mutter-Kind-Beziehung, in der Bindung zwischen Mutter und Kind, in der Liebe zwischen Mutter und Kind. Aus dieser Bindung und Erfahrung kommt jede Art von wie auch immer gemeinter Solidarität als Motiv eines gemeinsamen Handelns. Der Inhalt dieses solidarischen Handelns ist zweifellos die Sicherung des Lebens, die Sicherung der Lebensbedingungen. Wir wissen aus der Geschichte, daß sich dieses Motiv gemeinsamen Handelns, nämlich die Solidarität mit dem Lebendigen von dieser konkreten Kleinbeziehung Mutter-Kind ausgedehnt hat auf die ganze Gesellschaft, ausgedehnt worden ist auf die ganze Gesellschaft, ja auf den ganzen Kosmos. Wir nennen diese Kultur eine mütterliche Kultur, eine mütterliche Ordnung. Es gibt dafür auch den Begriff des Matriarchats, also einer mütterlich orientierten Gesellschaft, die die Solidarität mit dem Lebendigen auf alle Lebewesen und alles, was lebt und kreucht und fleucht, und was wächst und blüht und gedeiht, ausdehnt. Das ist für mich die Grundlage und die Wurzel jeder menschlichen Solidarität, auch der männlichen. Das ist die Grundlage für jede Möglichkeit, überhaupt Solidarität zu erfahren oder erfahren zu haben, und diese Erfahrung entsprechend weiterzugeben. Nur von daher ist eigentlich auch erklärlich, warum Frauen selbst bei widrigen Umständen und unter sehr veränderten gesellschaftlichen Bedingungen immer noch solidarisch sind mit allen möglichen gesellschaftlichen Projekten. Sie sind solidarisch mit Männern und Kindern und mit gesellschaftlichen Verhältnissen, oft auch den falschen, den schädlichen. Es gibt die falsche Solidarität mit Kriegern und Gewalttätern.

Gleichzeitig stellen wir fest: umgekehrt ist eine Solidarität von Männern mit Frauen so gut wie undenkbar und unerfahrbar. Ich habe vielleicht einmal so etwas erlebt in meinem ganzen Leben. Es handelt sich um ein Tabu. Männer sind mit Frauen niemals solidarisch, sondern sie verlangen umgekehrt die Solidarität der Frauen für ihre Projekte, gleichwohl sie vielleicht auch schädlich sind für die Frauen, oder gar für die Kinder, was immer der Anlaß ist für Frauen, auch in Proteste auszubrechen. Der Grund, warum Männer mit Frauen nicht (mehr) solidarisch sind, liegt an den geänderten gesellschaftlichen Verhältnissen.

Inzwischen soll genau dies Realität werden. Eine solche utopische Gesellschaft würde, wenn es sie gäbe, also auch materiell, und nicht nur ideell, die Grundlagen für eine Kultur weiblicher Solidarität mit dem Lebendigen vernichten. Dann wäre diese Erfahrung, die Geschichtserfahrung weiblicher Solidarität, tatsächlich entwurzelt, und wir könnten uns nicht mehr darauf berufen, daß es einen Grund gibt, für das Leben auf dem Globus einzutreten. Das Wissen und die Erfahrung, daß genau das notwendig ist, würde damit wirklich hinfällig.

Inzwischen gibt es auch Frauen, die an das Wahnprojekt des Patriarchats glauben, die also meinen, daß sie sich der Zerstörung durch diese Gesellschaft anzuschließen und durch Partizipation und Solidarität mit dieser Art von Politik, Wissenschaft oder Kunst etwas zu gewinnen hätten. Ich entnehme solchem Aberglauben aber nur, daß die Frauen in dieser Gesellschaft so beschädigt worden sind, daß sie sich wie Gefängnisinsassen verhalten, die keinen richtigen Grund mehr zum Leben sehen. Lebensfreude und Selbstliebe, Eigenmächtigkeit und Authentizität sind aus ihnen herausexorziert worden. Es ist also eine Spaltung bei den Frauen zu sehen. Immer mehr Frauen sehen nicht mehr, daß sie ihre eigene mütterliche Kultur im Hintergrund haben und zu ihrer Erneuerung als der besten aller sozialen Errungenschaften schlechthin wieder schreiten könnten. Sie glauben inzwischen wirklich, daß sie durch Artefakte, im wahrsten Sinne Gebärmaschinen, Sexmaschinen und Arbeitsmaschinen ersetzt werden können und damit als Gattung eigentlich ausgedient haben, so dass sie sich jetzt innerhalb dieser künstlichen Männerwelt einen neuen Platz zu suchen hätten. So geht ein großer Teil der sogenannten Emanzipationsbewegung vor allen Dingen in den Industrieländern z. Zt. in diese Richtung (sog. Gender – Ansatz).

Es ist verständlich und zu erwarten, daß Frauen nicht mehr Frauen sein wollen, wenn man sieht, was ihnen angetan worden ist, und wie ihre Kultur vernichtet wurde: Der Muttermord, der Göttinnenmord, die Zerstörung ihrer Solidarität als Frauen und Mütter, die Vergewaltigung, die Folter, die Hexenverfolgung, der Sexismus. Die Kirche hat die Frauen auch noch abgestempelt als Hauptsünderinnen. Gerade ihnen wird das Übel der Welt in die Schuhe geschoben. Angeblich sind sie daran schuld. Die Sexualität wird verteufelt. Es gibt keine erotische Kultur mehr. Dadurch nimmt die Gewalt in der Sexualität zu. Das Liebesleben ist also unerfreulich geworden, und damit auch das Entstehen der nächsten Generation. Denn ohne dieses Liebesleben kann generell immer noch kein neues Leben entstehen. Aber mit der Störung des Liebeslebens besteht kaum mehr die Möglichkeit, daß über die Liebe zwischen den Geschlechtern die Frauen die Männer wieder auf ihre Seite ziehen, sie gewissermaßen re-matriarchalisieren und davon über-zeugen könnten, vom patriarchalen Weg abzulassen. Da also Frauen immer noch als Gebärerinnen gebraucht werden und immer noch nicht ganz auf die Heterosexualiät verzichtet werden kann, gelten Frauen nach wie vor als „Gefahr für das Patriarchat. Daher hat sich die christliche Sicht der Frau als Hauptsünderin überall verbreitet.

Nach ihren Erfahrungen mit der patriarchalen Gesellschaft ist also nicht in Sicht, daß die Frauen innerhalb dieser Gesellschaft noch etwas Positives werden erwarten können. Deshalb haben wir in der neuen Frauenbewegung seit Ende der 60iger Jahre die Erfahrung gemacht, daß der Versuch, eine Frauensolidarität, also eine Solidarität unter Frauen aufzubauen, sehr viel Erfolge, aber auch sehr viele Niederlagen erlebte. Eine solche Solidarität war oft nur kurzfristig möglich, so wie auch sonst moderne MännerSolidarität, etwas in Massenaktionen, eigentlich nie längerfristig anhält. Das liegt daran, daß sie nicht an den Wurzeln eines gemeinsamen Lebens anknüpft, sondern so abstrakt und anonym bleibt wie ihre Forderungen. Die alte weibliche Solidarität aus der MutterKind-Beziehung und der mütterlichen Kultur kommt aber aus dem Zusammenleben und der gemeinsam getragenen konkreten Verantwortung. Solange Frauen nicht zusammenleben, und nicht alles, was dazugehört -nämlich auch die Kinder, denn ohne Kinder gibt es keine neue Gesellschaft – thematisieren, werden sie auch untereinander keine neue weibliche Solidarität, die trägt, und die auch in eine andere Richtung weist, aufbauen können. Es fehlt in einem Großteil der Frauenbewegung zwar oft nicht an Solidarität schlechthin, aber an dieser längerfristigen, konkreten und tieferen Grundlegung über die Generationen hinweg. Es gab also mehr die „maschinelle" Solidarität der Gleichen, wobei es sich meist um eher jüngere Frauen handelte, und ältere Frauen und Frauen mit Kindern wenig vertreten waren. Es war mehr eine Bewegung in Richtung der modernen und eher männlich geprägten Art von Solidarität, die sich da herausbildete. Es ging entsprechend auch um Forderungen an die Gesellschaft, wie die nach Partizipation, Gleichheit und Rechten, also um Forderungen nach besseren Bedingungen für ein Mitmachen im bestehenden gesellschaftlichen Projekt. Es ging aber meist nicht um einen Versuch, durch weibliche Solidarität aus diesem Projekt auszutreten und sich in eine andere Richtung aufzumachen. Eine so gemeinte Solidarität hätte der öffentlichen Demonstrationen auch nicht unbedingt bedurft.

Ein Beispiel dafür, wie die eine Form weiblicher Solidarität in die andere überging – und das gab es auch – war die Mütterbewegung nach der Atomkatastrophe von Tschernobyl. Als die Mütter erfuhren, daß die Gefahren der Radioaktivität umso größer waren, je jünger das davon bedrohte Leben war, führte das zu einer besonderen Bewegung der Mütter, die auch ohne weitere Öffentlichkeit längerfristige und tiefreichende Folgen hatte. Diese Bewegung wurde aber von einem anderen Teil der Frauenbewegung belächelt, ja sogar bekämpft und auch in der linken Männerbewegung für absurd gehalten. Die Mütterbewegung, die tendenziell aus dem patriarchalen Gesellschaftsprojekt hinauswies, galt ihnen gerade als besonders unpolitisch, wenn nicht reaktionär.

In der Zwischenzeit haben sich Frauen, ganz postmodern", häufig in Richtung Lobbybildung organisiert. Die Solidarität" zwischen diesen Frauen ist allerdings sehr eingeschränkt, da sie alle auch untereinander in Konkurrenz stehen. Und für Mütter ist in solchen Lobbies schon gar kein Platz, weil Mütter letztlich keine Lobby sein können. Bei Müttern geht es um die Grundlagen der gesamten Gesellschaft, und eine Bewegung im Zusammenhang damit kann sich nicht in Form einer Lobby ausdrücken.

Auf der anderen Seite sieht man, daß inzwischen sehr viele neue soziale Bewegungen überall in der Welt aufgetaucht sind. Heute nennt man sie die Bewegung der „Zivilgesellschaft". Aber wenn man näher hinschaut, sind fast alle diese Bewegungen von Frauen gegründet, angestiftet und angeführt worden. Frauen bilden ihre Mehrheit. Oft lassen sich die Frauen dabei eine männliche Dominanz und einen Rückfall in Herrschaftsformen der Machtausübung nicht mehr gefallen. Ihre Bewegungen sind ‚horizontal" organisiert. In diesen Bewegungen ist aber auch die Vielfalt unter den TeilnehmerInnen das bedeutendste Merkmal. Deshalb nennt sich die von Indien ausgehende internationale Bewegung ökofeministischer Frauen Diverse Women for Diversity". Diese Frauen setzen sich für die Vielfalt, die Biodiversität" des Lebens auf der Erde und diese selbst ein. Diese Bewegung gehört also mehr zum Typ der alten matriarchalen Frauensolidarität. Die mütterliche Ordnung kümmert sich eben auch um das außermenschliche Leben, die Erde, und möglichst auch noch den gesamten Kosmos.

Es gibt also insgesamt eine Reihe sehr unterschiedlicher Bewegungen der weiblichen Solidarität außerhalb der Formen sogenannten politischen Handelns und unabhängig von politischen Parteien. Es gibt sehr viele Versuche, alternative Lebensweisen zu proben, eine alternative Ökonomie, eine Abkehr von der Warenproduktion und eine Hinkehr zu dem, was wir Subsistenzproduktion, also eine Kultur unabhängiger Selbsterhaltung nennen. Diese Bewegung will die Reduktion aller Interessen auf Geld und Macht aufheben und an den unmittelbaren Produktionsmittein selber wieder anknüpfen, also dem, was man zum Leben tatsächlich braucht und pflegen muß. Man könnte dies durchaus als *Wiederauftauchen der Wurzeln weiblicher Solidarität* ansehen. Die meisten dieser Bewegungen sind allerdings im Süden angesiedelt und haben sich dort in ganz großem Maße verbreitet, während wir in den nördlichen Metropolen dabei noch erheblich hinterherhinken.
Das hat damit zu tun, daß wir von den positiven Seiten dieses Systems noch einiges abbekommen, während die meisten Leute im Rest der Welt das nie oder nicht mehr für sich in Anspruch nehmen können.
Wenn man aus einer matriarchalen Perspektive auf die Gesellschaft schaut, bekommt man ganz merkwürdige Vorwürfe zu hören, nämlich man sei konservativ bis reaktionär.

Man wird also beschimpft von Frauen, aber auch von Männern, gerade auch linken Männern. Man wird bestraft für das Brechen eines *Tabus*, das *darin besteht, dass man über die patriarchale Gesellschaftsordnung nicht hinausdenken darf.* Emanzipierte Frauen und Progressive beschimpfen einen, weil sie finden, daß das Problem der Mütter, also das mit den Kindern, technologisch überwindbar sei, damit der Vergangenheit angehöre und kein politisches Problem ersten Ranges mehr sei. Auf konservativer Seite ist man eher am Weiterbestehen einer Pseudomütterlichkeit, an der patriarchalen „Mütterlichkeit" von Frauen interessiert. Demnach sollen sich die Frauen klaglos, egal unter weichen Bedingungen, vor allem um das Wohl ihrer Männer und darüber hinaus um die Kinder kümmern, nicht über ihren Tischrand hinaussehen und schon gar nicht nach einem Zusammenhang von Männern, Kindern, Gesellschaft und Welt fragen. Sie sollen jegliche Solidarität mit Frauen auf jeden Fall meiden, die Kinder zur Akzeptanz des Patriarchats erziehen und sich so ganz im Gegensatz zu einer mütterlichen Ordnung verhalten.

Nirgendwo im Bereich von Gesellschaft, Politik oder Wissenschaft ist bei uns jedenfalls das Projekt einer weiblichen Solidarität im Sinne der uralten weiblichen Traditionen wieder in der Überlegung, wieder im Blick. Im Gegenteil, ein solches Projekt stößt überall auf Desinteresse, Ablehnung oder gar Empörung. Ist es die Angst vor dem Scheitern des patriarchalen Gesellschaftsprojekts, nach dem nur noch ein matriarchales in Frage käme? Jedenfalls gab es bereits im Nationalsozialismus diese Angst, weil auch da die Krisensituation schon sehr weit fortgeschritten war. Die Angst vor der Wiederkehr des Matriarchats wurde z.B. speziell von Carl Schmitt, dem faschistischen Rechtstheoretiker und Politikwissenschaftler, befürchtet.

Auch manche Frauen reagieren heute besonders emotional auf die Matriarchats-Diskussion, die inzwischen wieder sehr weit um sich gegriffen hat. Sie wollen gerade nicht, daß die alte weibliche Solidarität wieder zum Zuge kommt, sondern haben den Kontakt zu dieser Möglichkeit abgeschnitten. Sie möchten mit ihrem Frau-Sein, ihrer Leiblichkeit, einer möglichen Mutterschaft oder gar einer '„mütterlichen Ordnung" überhaupt nichts mehr zu tun haben und auch nicht mehr an die Möglichkeiten erinnert werden, die darin stecken. Statt dessen sind sie auf dem Weg zu versuchen, sich den patriarchalen Männergewohnheiten anzugleichen, oder eine Art geschlechtsloses Geschlecht („gender") zu erfinden, weil sie dies für den einzigen Weg halten, dem patriarchalen Dilemma des Frau-Seins zu entgehen. Auf dieser Seite der Bewegung ist daher eine weibliche Solidarität nicht zu erwarten. Sie scheidet definitionsgemäß aus. Wenn also weibliche Solidarität überhaupt noch eine Zukunft hat, dann nur diejenige, die ihre Wurzeln in der alten Frauenkultur hat oder sucht.

Was jetzt noch fehlt, wäre die Diskussion einer *matriarchaten männlichen Solidarität* und ihrer Chancen, heute wieder entdeckt zu werden. Denn in matriarchalen Gesellschaften sind Männer in die mütterliche Ordnung integriert und stehen zu ihr. Das heißt, sie nehmen teil an der Pflege des Lebens, der Lebensbedingungen und der Erde selbst. Da sind Männer mit Frauen solidarisch, was im Patriarchat völlig undenkbar ist, und sie haben auch untereinander ihre Formen der Solidarität entwickelt, ohne sie gegen die Frauen zu wenden: bei der Arbeit, im Kult, in der Spiritualität. Diese Solidarität unter Männern ist bisher nur sehr wenig thematisiert worden. Man kann sie bei indigenen Völkern noch beobachten und beschrieben finden. Aber Reste davon sind genauso wie im Falle der weiblichen matriarchalen Solidarität auch heute bei uns sicher noch zu finden, z.B. manchmal in der Art, wie Männer gemeinsam arbeiten. Aber es gibt über diese Frage kein Bewußtsein und auch kaum eine Diskussion darüber, was solche positiven Formen männlicher Solidarität bedeuten. Vor allem aber wird die Möglichkeit, hier anzuknüpfen, um über die Beschränkungen hinaus zu gelangen, die uns allen die patriarchal-kapitalistisch orientierte Gesellschaft in Fragen der Solidarität auferlegt, am wenigsten gesehen. Männer sind eben immer noch fast durchwegs mit der patriarchalen Gesellschaftsordnung identifiziert, und es gibt kaum welche, die das Patriarchat wirklich hinter sich lassen wollen.

Wir haben jetzt eine *Wahl*: Die bestehenden Formen männlicher Solidarität reichen entweder nicht aus, oder gehen in die umgekehrte Richtung und führen zur Entsolidarisierung schlechthin. Auch wenn diese Formen von Solidarität durch Frauen übernommen werden, werden sie nicht besser, sondern gelangen zum selben Ergebnis. Entweder die Krisenhaftigkeit und der zerstörerische Charakter der patriarchalen Gesellschaft werden dadurch noch gefördert (z.B. Frauen im Heer), oder sie reichen nicht über die bestehenden gesellschaftlichen Verhältnisse hinaus. Wir haben daher im Grunde nur die Möglichkeit, eine neue weibliche Solidarität aus der älteren Tradition für heutige Bedingungen neu zu formulieren, und die Männer, sie an ihre eigenen Solidarität mit der mütterlichen Kultur erinnernd, dabei mitzunehmen. Wenn sie nicht wollen, können wir ihnen auch nicht helfen. Sie müssen das selber entscheiden. Allerdings werden Ausmaß und Grund der heutigen Krisen immer mehr ins Bewußtsein treten und die angebliche „pluralistische Unübersichtlichkeit der Postmoderne" wird der Klarheit darüber weichen, daß und warum diese Krise nichts ausläßt, global ist und nicht nur die letzten 200 oder 500, sondern die letzten 7000 Jahre umfaßt, also die gesamte Geschichte des Patriarchats.

Den Weg in die Irre ging nicht Eva, sondern das Patriarchat, weil es das Leben aus dem Mittelpunkt der Gesellschaftsordnung nimmt und seine Ausplünderung betreibt. Dies muss ein Ende haben. Es geht darum, dass die wirkliche Verantwortung gesehen wird. Die Politik wird das nicht tun, denn sie ist ans Patriarchat gebunden. Die Verantwortung sehen dagegen immer die, die sie tatsächlich zu tragen haben, d.h. die Folgen der Politik zu spüren bekommen. Und das sind immer und an erster Stelle weltweit Frauen und Kinder. Die Frauen haben also auch die Kompetenz zu wissen und zu definieren, welche Solidarität wofür gebraucht wird, um gemeinsam ein gutes Leben" führen zu können. Die Ethik, nämlich die Lehre vom guten bzw. richtigen Leben ist nämlich nicht von oben zu bestimmen, sondern kann nur von denen bestimmt werden, die sich um dieses Leben kümmern. So heißt der Begriff Ethik ursprünglich „Weideplatz der Tiere", das ist nämlich der Platz, wo es einem gut geht, wo man gut, miteinander und in Sicherheit leben kann.

Die Frauen in Bangladesch, die der Bewegung „Diverse Women for Diversity," angehören, nennen dieses gute Leben „Ananda", d.h. Glückseligkeit. Sie wollen nichts weiter als ein glückliches Leben führen. Sie wollen nicht akkumulieren oder reich sein und mit anderen konkurrieren, sondern Ananda". Ein glückliches Leben können wir aber nur führen, wenn wir solidarisch auf die Pflege und die Wiederherstellung des Lebendigen aus sind, und auch das können wir Frauen *und* Männer nur, wenn wir wieder entdecken, daß wir dieses Lebendige auch tatsächlich lieben. Erst auf dieser Grundlage ist weibliche, mütterliche und genauso auch männliche Solidarität möglich in dem Sinne, den dieser Name verdient.

Dr. Christa Mulack

Störungen der M u t t e r – T o c h t e r – B e z i e h u n g

Wer Frauen interviewt, stellt ein hohes Maß an Unzufriedenheit mit ihren Müttern fest. Ich jedenfalls bin nur selten auf eine wirklich gute Mutter-Tochter-Beziehung gestoßen. Dabei habe ich jedoch auch die Erfahrung gemacht, dass dies weder in erster Linie an den Müttern noch an den Töchtern liegt, sondern an den psychosozialen Belastungen, denen diese Beziehung ausgesetzt ist. Ihr sozialer Stellenwert ist sehr gering, und das bedeutet, dass ihre wahre Bedeutung für die Allgemeinheit verleugnet wird.

Die patriarchale Psychologie geht davon aus, dass Mutter und Tochter sich voneinander „lösen" müssen und sieht es als ein zu therapierendes Problem an, wenn das nicht in ausreichendem Maße geschieht. Mutterbindungen werden per se als neurotisierend betrachtet und nicht etwa als Indiz für die enorme Bedeutung der Mutter. Vergessen wir aber nicht, dass sich so etwas wie eine neurotische bzw. neurotisierende Muttermacht erst bilden konnte, als die legitime Muttermacht diffamiert und ihr die Anerkennung versagt wurde.

Heute gelten Töchter nur dann als psychisch gesund, wenn sie den Wechsel von der Mutter zur Bindung an einen Mann „geschafft" haben. Warum aber sollte es für Töchter sinnvoll sein, den mütterlichen Machtbereich zugunsten des männlichen zu verlassen? Welche Legitimität besitzen überhaupt Machtbereiche, die nicht mütterlichen Ursprungs sind? Immerhin ist die Macht der Mütter heute die Macht der Töchter von morgen. Und warum lesen wir in keinem Psychologie-Buch etwas über die krankmachenden Wirkungen von Vatermacht?

Aus matriarchaler Sicht wäre – ganz im Gegenteil – die primäre Bindung von Frauen an den Mann ein zu therapierendes Phänomen; denn im matriarchalen Weltbild kommt die Auflösung der Mutter-Tochter-Bindung einer Zerstörung der Welt gleich. Folglich darf sie durch nichts gestört werden. – Eine Sichtweise, die selbst gestandenen Feministinnen Probleme bereitet.

So erscheint es mir sinnvoll, die Störungen dieser Beziehung auf dem Hintergrund matriarchaler Gegebenheiten zu analysieren, so weit dies überhaupt in dem kurzen Zeitraum möglich ist, der hier zur Verfügung steht. Aus der Distanz eines matriarchalen Frauenbildes wird allemal die Lächerlichkeit deutlich, die zur Erklärung der offensichtlichen Mutter-Tochter-Probleme anatomische Defizite des weiblichen Körpers konstruiert, ohne die Anatomie der Gesellschaft zu berücksichtigen.

Patriarchat – Matriarchat: Ein Vergleich

Das Matriarchat sollte nicht missverstanden werden als das exakte Gegenstück zum Patriarchat, sondern als etwas grundsätzlich anderes und basiert keineswegs auf einer Unterdrückung des Mannes durch die Frau. Im Matriarchat gibt es überhaupt keine Unterdrückung eines Geschlechts durch ein anderes. Nur insofern besteht ein diametraler Gegensatz zwischen beiden Gesellschaftsformen. Das Matriarchat wurde von Frauen geschaffen und basiert auf weiblichen, bzw. mütterlichen Werten, die Bedürfnisse von Kindern und Frauen in den Mittelpunkt rücken. Diese Prioritätensetzung kommt nicht nur beiden Geschlechtern zugute, sondern auch dem ganzen Planeten.

Im Patriarchat hingegen leben Mütter unter strukturellen Bedingungen, die sie weder geschaffen noch ausgewählt haben und die ihnen und ihren Kindern zum Nachteil gereichen.

Obwohl Mütter an der Schaffung dieses Systems nicht aktiv beteiligt waren, werden sie für einen Großteil seiner negativen Folgen – insbesondere im Bereich der Aufzucht von Kindern – verantwortlich gemacht. Das männliche System als schuldige Instanz gerät nicht in den Blick, wenn es darum geht, Störungen im Familien- und Erziehungssystem zu lokalisieren. Mütterliche Werte finden in der Gesellschaft keinen Widerhall. Sie werden weit eher mit Füßen getreten, lächerlich gemacht und ad absurdum geführt.

Obwohl Mütter hauptsächlich, wenn nicht ausschließlich verantwortlich sind für die Aufzucht der Kinder, erhalten sie keinerlei Unterstützung bei der Ausübung ihrer Schutzfunktion. Häufig wird es ihnen sogar unmöglich gemacht diese auszuüben.

In der matriarchalen Gruppe hingegen fühlen sich Frauen gemeinschaftlich verantwortlich für die Aufzucht der Kinder, die folglich immer mehrere Mütter haben. Da ein biologischer Vater unbekannt ist, gibt es auch keinen Streit um die Kinder. Sie gehören in jedem Fall zur Mutter, bzw. zu den Müttern. Der Mutterbruder übernimmt die soziale Vaterschaft, da er neben der Mutter der nächste Blutsverwandte ist. Er wird geliebt und respektiert, dient den Knaben als Vorbild und Rollenmodell und fühlt sich für die Kinder seiner Schwester verantwortlich. Blutsverwandtschaft zählt hier mehr als sexuelle Beziehungen. Wir könnten es auf die Formel bringen: Blut ist hier wichtiger als Sperma.

Eheliche Pflichten sind unbekannt. Erotische Beziehungen finden außerhalb der Familie statt und zwar völlig unbelastet von Verpflichtungen und finanzieller Verantwortung. Ein Versprechen: Bis dass der Tod euch scheidet, gilt als naiv und völlig unrealistisch. Stattdessen trägt das Matriarchat dem Umstand Rechnung, dass sexuelle Beziehungen nur selten Ewigkeitswert haben und sich kaum in soziale Verantwortung umsetzen lassen. Da Kinder jedoch Kontinuität und Verlässlichkeit brauchen, sind erotische Beziehungen aus matriarchaler Sicht nicht geeignet Familie zu begründen. Daher kommt es nicht zu einer Verbindung von Sexualität und Vaterschaft, wie sie dem patriarchalen System zu Grunde liegt.

Wird eine Frau schwanger, so verabschiedet sie sich in der Regel von ihrem Sexualpartner, denn nun braucht sie keine sexuelle, sondern fürsorgliche Zuwendung, die sie weit eher von ihrem Bruder und anderen Verwandten bekommt. Möchte sie die Beziehung beenden, so braucht sie dem Mann lediglich die Klamotten vor die Tür zu legen – und er wird diskret verschwinden.
Auf beiden Seiten gibt es keinerlei Verpflichtungen. Anhand dieser wenigen Unterschiede zeigt sich bereits, wie viele unserer Mutter-Kind-Probleme hier durch strukturelle Vorgaben von vorn herein ausgeschlossen werden. Andererseits wird aber auch deutlich, wie viele unserer ganz alltäglichen Probleme, die primär zu Lasten von Frauen und Kindern gehen, strukturell bedingt sind. Ihre Lösung bedarf folglich struktureller Veränderungen. Sie aber sind nur durch eine entsprechende Politik im Verbund mit Veränderung unseres Bewusstseins zu bewerkstelligen.

Anhand von drei Problemfeldern möchte ich nunmehr einige der gravierendsten Störungsfaktoren aufzeigen, die die Mutter-Tochter-Beziehung belasten und ihre gemeinsame weibliche Stärke verhindern.

1. Problem: Die Priorität des Männlichen

Im Matriarchat gelten Töchter mehr als Söhne, und zwar aus praktischen Gründen: Töchter bekommen die Kinder und bleiben der Gemeinschaft ein Leben lang erhalten, während Söhne auf Grund sexueller Beziehungen häufig durch Abwesenheit glänzen. Dennoch werden sie geliebt und ihre – wenn auch etwas geringere Bedeutung anerkannt. Unter den Töchtern hat wiederum die jüngste eine besondere Stellung, da sie das Erbe verwalten und für die Beerdigung der Familie Sorge tragen wird; schließlich lebt sie ja am längsten.

In patriarchalen Gesellschaften werden Söhne als wichtiger und wertvoller erachtet, nicht nur weil sie den Namen der Familie weitergeben, sondern weil das Männliche insgesamt als bedeutsamer angesehen wird und eine weitaus stärkere Wertschätzung genießt. Und das völlig zu Unrecht; denn bei genauerem Hinsehen sind auch für die patriarchale Gesellschaft Frauen und mit ihnen weibliche Tätigkeiten weitaus grundlegender und folglich auch wichtiger für das Über- und Zusammenleben der Menschen.

Von Beginn an sind die patriarchalen Werte gegen das Leben gerichtet. Hier wird die Fähigkeit, Menschen zu töten, sie auszubeuten und zu unterdrücken höher eingeschätzt als die Fähigkeit Menschen das Leben zu schenken und sie zu versorgen. So traten lebensdienliche Werte und Vorstellungen immer stärker in den Hintergrund. Selbst eine Simone de Beauvoir spricht dem Mann Transzendenz zu, weil er tötet, während sie die Leben schaffenden und erhaltenden Fähigkeiten der Frau in den Bereich des Animalischen rückt, bzw. sich dieser Zuordnung anschließt. Damit aber ist jener Bereich, der Frauen und Mädchen im Matriarchat besondere Wertschätzung einbringt als eine Quelle der Anerkennung zerstört. Diese bekommen sie nur, wenn sie sich nicht nur in die männliche Welt begeben, sondern sich dort auch selbst vermännlichen lassen.

Wo aber die grundlegende Wertschätzung für Haltungen und Tätigkeitsbereiche von Müttern fehlt, da haben Mädchen keine Chance sich positiv mit ihren Müttern zu identifizieren. Sie tun es nur ungern, weil sie keine andere Wahl haben, aber gleichzeitig verübeln sie ihren Müttern, dass sie sich in einer macht- und wertlosen Position befinden. Schließlich wollen alle Kinder sich mit machtvollen Gestalten identifizieren, um an deren Stärke teilhaben zu können.

Auf diesem Hintergrund wenden sich viele Töchter von ihren Müttern ab und idealisieren statt dessen den Vater. Sie haben von Anfang gelernt, ihm auch dann väterliche Liebe und Schutzbereitschaft zuzuschreiben, wenn er diese vermissen lässt. Gleichzeitig lernen sie, die Mutter aus der Perspektive patriarchaler Wertigkeiten zu beurteilen, sprich: Sie abzuwerten. Nur dass diese Abwertung irgendwann auch auf die Töchter zurückfällt. Da sie jedoch noch nicht in der Lage sind, die gesellschaftlichen Ursachen und Hintergründe wahrzunehmen, entsteht bei ihnen der Eindruck, Mütter seien für ihren eigenen niederen Status selbst verantwortlich.

Anscheinend bestätigt wird diese Meinung auch durch die Kollision der von der Mutter vertretenen Werte (z.B. gesunde Ernährung, Gewaltfreiheit etc.) mit jenen der Gesellschaft und peer-group. So ist es kein Wunder, dass sich Töchter ihren Müttern gegenüber wesentlich häufiger aggressiv und verächtlich verhalten als gegenüber ihren Vätern. Hier wird schon früh durch ungerechtfertigte kollektive väterliche Auf- und mütterliche Abwertung das Band der Solidarität zwischen Mutter und Tochter durchtrennt.

Die Tatsache, dass Mütter und Töchter im selben Boot eines ungerechtfertigten Symbol- und Wertesystems sitzen, könnte eigentlich zu einem solidarisierenden Faktor werden. Doch sind Mädchen noch nicht in der Lage, die Lügen und Mythen der patriarchalen Gesellschaft zu durchschauen, erweisen sie sich doch als effektiver als die Wahrheit. Töchter können nicht wissen, dass die Mütter ihrer Schutz- und Rechtsmacht systematisch beraubt werden durch ein den Mann protegierendes Rechtssystem, das Mütter in ihrem ureigensten Rechts- und Verantwortungsgefühl für die Tochter zutiefst verunsichert. Für Töchter ist und bleibt die Mutter die primäre Schutzmacht, von der sie die Befriedigung ihres Bedürfnisses nach Sicher- heit, Geborgenheit und Zuwendung in weitaus stärkerem Maße erwarten als vom Vater.

Kommt dieser ihren Erwartungen nicht nach, so kreiden sie ihm dies weitaus seltener an als den Müttern, die sie ja gelehrt haben, den Vater auf jeden Fall zu lieben, auch wenn er sich ihnen gegenüber noch so falsch verhält. In vollem Einklang mit der Gesellschaft machen auch Töchter allein die Mutter dafür verantwortlich, wenn sie ihnen weder ein positives Selbstbild zu vermitteln noch ihnen Schutz gegenüber männlichen Personen zu gewährleisten vermag. Schließlich kommt es oft genug vor, dass sie nicht in der Lage sind, ihre Töchter vor Übergriffen z.B. ihres Partners zu schützen. Dabei bleiben die eigentlichen Verursacher dieser Probleme unbenannt.

Hier könnten wir vielleicht von der antiken Dichterin Sappho etwas lernen. Sie kümmerte sich in ihrer Schule auf Lesbos vor rund 3000 Jahren um die ihr anvertrauten Mädchen und erzog sie nicht etwa für den männlichen Gebrauch, sondern für ihre eigene selbständige Teilnahme am kulturellen Leben ihrer Zeit – und wurde dafür prompt von Männern getadelt.

Zehn Jahre lang lebte sie mit ihrer Tochter in der Verbannung in Syrakus. Es war eine Zeit innenpolitischer Wirren und Kämpfe, in der sie ihrer Tochter Claice an einem ganz simplen Beispiel vermittelte, wer der wahre Verursacher ihrer Situation war. Als diese sich eine bunte sardische Mütze wünscht, erklärt sie ihr:
Keine bunte Mütze habe ich für dich Kind.
Woher denn auch nähme ich solchen Schmuck?
Mythelenes Beherrscher,
ihm gib die Schuld, dass es so weit kam.
Spuren trägt unsere Stadt genug, seit der .... viele vertrieb,
da brach unser Elend an...
Sappho ist sich der Schuldigen ihrer gegenwärtigen Lage bewusst und sie gibt dieses Wissen an ihre Tochter weiter, klärt sie entsprechend auf.

Dies Verständnis von Aufklärung über die Ursachen von persönlichen und politischen Situationen ist den meisten Müttern leider abhanden gekommen. Ganz im Gegenteil: Da innerhalb der patriarchalen Sozialstruktur Töchtern der niedrigste Wert zukommt, müssen sie immer wieder erleben, dass sich Mütter automatisch auf die Seite der Bedürfnisse und Interessen von Männern stellen und verhindern, dass diese kritisiert werden. Männliche Geld- und Sozialmacht stellt sicher, dass Frauen und Mütter Männer und Väter regelmäßig idealisieren und damit zu Befürworterinnen und Handlangerinnen des männlichen Systems werden.

Als Handlangerinnen des Mannes fühlen viele Mütter sich verpflichtet, seinen Bedürfnissen mehr Bedeutung beizumessen als jenen der Töchter oder gar den eigenen. Damit werden Mütter oftmals zur Verräterin der Interessen ihres eigenen Geschlechts und es entsteht ein Graben zwischen ihnen und den Töchtern. Hier müsste einiges getan werden, um Mädchen die Hintergründe sozialer Wirklichkeit zu vermitteln. Ich denke an Kindergarten, Schule und andere pädagogische Einrichtungen sowie Mädchenliteratur. Auf jeden Fall eine Aufgabe für eine Frauenpartei.

2. Problem: Die grundsätzliche Sexualisierung von Frau-Mann-Beziehungen

Im Matriarchat bilden Schwester und Bruder das grundlegende Modell von Frau und Mann. Es ist somit strikt nicht-sexueller Art. Hier erleben Töchter Frau-Mann-Beziehungen von lebenslanger Dauer, die nicht durch weibliche Dienstleistungen am Mann geprägt sind und Müttern ihren eigenen Raum lassen.

Im Patriarchat dagegen werden alle Frau-Mann-Beziehungen sexualisiert. Egal ob es sich um männliche Vorgesetzte und weibliche Angestellte, kameradschaftliche Beziehungen, um Väter und Töchter oder auch Geschwister handelt, immer lastet das heterosexuelle Modell schwer auf ihnen, das bereits kleine Mädchen in prekäre Situationen bringt. Dies Modell verwischt nämlich alle Grenzen zwischen sexuellen und nicht-sexuellen Beziehungen und basiert zudem auch noch auf ausschließlich männlichen Vorstellungen von Sexualität, die Frauen zu Sexualobjekten männlicher Begierde machen. Daraus er geben sich vielfach schier unlösbare Konflikte, die ich leider hier nicht näher thematisieren kann. Aber ich glaube, Ihr wisst, wovon ich spreche.

Auf jeden Fall tragen sie zu starken Verunsicherungen bei, die Mädchen daran hindern, sich zu selbstbewussten Frauen zu entfalten und ihren Bewegungs- und Experimentierspielraum stark einschränken. Oftmals stolpern sie viel zu früh in eine sexuelle Beziehung, die gar nicht ihren eigenen Vorstellungen und Wünschen entspricht, sondern jenen des Freundes, der nicht warten will. Immerhin sollen laut Umfragen rund 75 Prozent nur mit ihrem Freund schlafen, weil sie Angst haben, ihn sonst zu verlieren.

Diese Festschreibung auf männliche Bedürfnisse, die zumeist beim eigenen Vater beginnt, hält bei vielen Frauen oft ein Leben lang an und belastet die Beziehung von Frauen untereinander. Im Patriarchat haben Frauen offenbar kein Recht auf eine eigene oder auch keine Sexualität, ohne dafür kritisiert zu werden. Sexuelle Attraktivität wird so zu einem absoluten Muss für viele Frauen, wenn nicht gar zum höchsten Wert, weil der Mann sie anders nicht akzeptiert.

Auf dieser Grundlage gibt es für Töchter kaum eine Möglichkeit, sich der von außen aufgedrückten Sexualisierung zu entziehen. Nicht selten reagieren Töchter auf diese sexuelle Fremdbestimmung mit Magersucht, um auch noch die letzten Spuren einer sexualisierten Weiblichkeit zu tilgen.

Das männliche Sexualisierungsprogramm treibt einen Keil zwischen Mutter und Tochter und bringt noch einmal die ganze Schwäche der mütterlichen Position zum Ausdruck, besonders im Falle sexueller Vergehen durch den Mann, für die in erster Linie sie verantwortlich gemacht wird. Gleichzeitig aber wird ihr und der Tochter nur selten geglaubt, wenn sie den Täter zur Anklage bringen will. Zudem muss sie den Beweis dafür antreten, dass und wie so etwas geschehen konnte. Patriarchales Recht stellt sich in erster Linie schützend vor die Täter. Der Schutzfunktion der Mutter steht keine Schutzmacht zur Seite und schon gar kein Schonraum frei von männlicher Gewalt und Sex.

Diesen Mangel an Möglichkeiten mütterlichen Schutzes nehmen Töchter allein ihren Müttern übel. Wo aber die Mutter-Tochter-Beziehung so grundlegend gestört wird, da entwickeln sich Widerstände gegen eine Identifizierung mit der Mutter, und der Solidarität unter Frauen wird ihre wichtigste Basis genommen.

3. Problem: Göttlich ist männlich

Matriarchate sehen in Frauen Repräsentantinnen einer schöpferischen Urkraft und Quelle allen Seins. Als Göttin steht sie im Mittelpunkt des religiösen Symbolsystem und wird als Erschafferin und Erhalterin allen Lebens verehrt. Da der Natur wie auch den kosmischen Erscheinungen das Prinzip der Gebärung zugrunde liegt, was Natur ja eigentlich auch heißt, wird sie in beiden Dimensionen *erfahren* und nicht etwa nur geglaubt.

Der weibliche Lebenszyklus, der sich in eine prä-menstruelle, eine menstruelle und eine post-menstruelle Phase aufteilt, spiegelt sich hier in einer göttlichen Dreifaltigkeit wider. Die Göttin wurde als Tochter, Mutter und alte Weise wahrgenommen. Religiöse Vorstellungen und persönliche Wirklichkeit von Frauen standen in einem analogen Verhältnis zueinander, waren also aufs engste miteinander verknüpft. Töchter wuchsen in eine machtvolle weibliche Welt hinein nach dem Motto: Wie auf Erden, also auch im Himmel.

Wir können uns vorstellen, dass es unter solchen Umständen recht unproblematisch war, eine weibliche Identität zu entfalten und sich als Tochter in einer weiblichen Genealogie zu verankern und sich mit den anderen Frauen solidarisch zu fühlen.

Anders im patriarchalen Symbolsystem, das weibliche Fähigkeiten und Eigenschaften nicht nur ignoriert, sondern sie auch noch abwertet und diffamiert, und damit in keiner Weise biologischen und sozialen Gegebenheiten und Notwendigkeiten Rechnung trägt. Der unverzichtbare Beitrag von Frauen zur Kontinuität des Lebens und zum Wohlergehen der Gesellschaft schlägt sich hier weder in religiösen Vorstellungen noch im wissenschaftlichen Weltbild nieder.

Da aber der patriarchale dreieinige Gott in keiner Weise erfahren werden kann, muss er geglaubt werden. So setzt sich an die Stelle eigener Erfahrung das religiöse männliche Dogma mit der dazugehören Gehirnwäsche.

Hier nun findet nach meiner Einschätzung die grundlegendste Störung der Mutter-Tochter-Beziehung statt, da sie allen Beteiligten am wenigsten bewusst ist. Im Westen liegt ihr Ursprung in der jüdisch-christlichen Tradition. Auch wenn diese für die meisten Menschen inzwischen an Bedeutung verloren hat, so hat sie doch ihre tiefen Spuren in den psycho-sozialen Strukturen hinterlassen. Ihre Auswirkungen auf unsere Gesellschaft spiegeln sich nicht nur in religiösen, sondern auch in allen anderen Strukturen und Institutionen dieser Gesellschaft wider, ist ihnen doch allen gemeinsam, dass sie sich aus einer rein männlichen Sichtweise ableiten. Sie sind folglich geprägt von einem gewissen Grad an Frauenfeindlichkeit und Ignoranz gegenüber weiblichen Aspekten des Lebens, gründen sie doch auf:

- einer religiösen und politischen Ordnung, die die Fähigkeiten und Seinsweisen von Frauen banalisiert und ignoriert;
- einem Bild von männlicher Göttlichkeit und Erlösungskraft, die Weiblichkeit ausschließt;
- einem Grundlagenmythos, der Frauen als sekundär präsentiert in Bezug auf ihre Erschaffung, als primär jedoch im Blick auf ihre schuldhafte Verstrickung, durch die das Böse überhaupt erst Fuß fassen konnte;
- einer hierarchischen männlichen Kirche, die die Führung über weibliche Spiritualität und Seinserfahrung für sich beansprucht und Frauen damit zutiefst fremdbestimmt;
- einer Politik, die ihre Armut verstärkt – besonders wenn sie Kinder zu versorgen haben -, und Frauen so in die Rolle der Bittstellerinnen und Almosenempfängerinnen drängt;
- einer Medizin und Psychologie, die weibliche Stärke und Tüchtigkeit in Schwäche und Krankheit umdeuten, indem sie Leib und Seele von Frauen auf der Grundlage von Mängeln und Störungen definieren;
- einer *Weltanschauung*, die auf männlichem Denken und Imaginieren beruht, die als 'objektive Wahrheit' gehandelt werden, während die Sicht von Frauen als „subjektiv" oder „persönlich motiviert" und somit falsch eingestuft und folglich vernachlässigt und ignoriert wird.

Diese grundlegenden Muster haben zutiefst störende Auswirkungen auf die Beziehung von Müttern und Töchtern. Sie durchdringen alle Aspekte ihres Lebens und tragen von Anbeginn dazu bei, ihre Beziehung zu vergiften. Als verursachende Faktoren aber werden sie nicht wahrgenommen. In ihrer ungerechtfertigten Einseitigkeit begründen diese Muster Gefühle von spezifisch weiblicher Unsicherheit, Schuld und Minderwertigkeit, die Mütter daran hindern ihren Töchtern zu helfen, sich als die zu entwickeln, die sie sein könnten: Selbstbewusste und starke Frauen mit einem authentischen Charakter, die den Willen und die Fähigkeit haben, sich mit anderen Frauen zu solidarisieren.

Dr. med. Carolin Krings-Lazovsky
Fachärztin für Allgemeinmedizin

Mythos Mutter – Macht oder Ohnmacht der Selbstdefinition in der Reproduktionsmedizin

Mythen – laut Fremdwörterlexikon die Sagen und Dichtung aus der Vorzeit eines Volkes, – sind mächtig, weil identitätsstiftend und gleichzeitig ein zweischneidiges Schwert. Denn bei den Fragen: Wer sagt(e) was, wann, über wen, warum? geht es immer auch darum, *wer* die Normen festsetzt, und von wem sie befolgt werden müssen.
So offenbart sich auch in diesem „mütterlichen" Thema durchaus die Machtfrage; wir haben es mit der jahrtausendalten Aegierde des Patriarchats, den Fötus zu kontrollieren" zu tun. (Lisbeth N. Trallori, Sozialwissenschaftlerin, Östereich)
Es geht um die Bewertung beziehungsweise Abwertung weiblichen Lebens. Um die wirtschaftliche Verwertbarkeit des weiblichen Reproduktionspotenzials, um Fluch oder Segen der medizinischen Machbarkeiten, darum, was eine „gute Mutter" ausmacht, wobei es laut soziologischen Studien keinen Zusammenhang zwischen dem Ausmaß traditioneller Haltung und dem jeweiligen Bildungsgrad zu geben scheint.

Mutterstolz ist auch so ein heikler Begriff Weder mit dem derzeit gängigen Klischee der sogenannten 'Powerfrau' noch mit dem biologistischen der 'Brutpflegerin' lässt sich angemessen der Gefühlsinhalt ausloten, der in diesem Wort mitschwingt. Ich bin mir aber sicher, dass jede Mutter weiß, was damit gemeint ist.

Mutterschaft ist nie nur ein individuelles Thema, es ist immer in engster Weise an gesellschaftliche Rahmenbedingungen geknüpft. So ergab eine seit 1995 von W. Fthenakis durchgeführte Langzeitstudie, dass sich sowohl sogenannte familienorientierte Frauen als auch berufsorientierte Frauen initial zwei Kinder wünschen. Die Alltagserfahrungen mit einem ersten Kind lässt berufstätige Mütter jedoch meist im Verlauf Abstand nehmen von den ursprünglich geplanten 2 Kindern, zumindest bei uns. So kommt es zu unserem ausgeprägten Kindermangel; in Deutschland hat jede Familie statistisch nur noch 1,3 Kind(er). Es zeichnet sich ein Trend zur Mini-Familie ab. Jede dritte Frau über 35 bleibt kinderlos, bei Akademikerinnen bleiben sogar 40 % ohne Nachwuchs.

Das biblische Gebot in Genesis 1,28: ...„Seid fruchtbar und mehret euch" ... wird als Lebensentwurf immer noch von vielen Menschen ernst genommen. Da die konkreten Lebensbedingungen für junge Frauen, die dabei als Hauptakteurinnen gefordert sind, aber denkbar ungünstig sind, wird das Thema Nachwuchs in die Warteschleife verlagert. Aus medizinischer Sicht sind die Jahre zwischen 20 und 25 das ideale Alter für Nachwuchs. Erstgebärende sind inzwischen jedoch durchschnittlich 30 Jahre alt, Tendenz steigend, Die Chance, auf natürlichem Weg schwanger zu werden, verringert sich vom 30. Lebensjahr an erheblich.
Bei über 40-jährigen Frauen sind in 56 % die Eizellen schadhaft.
Mit ihrem Körper reparieren Frauen einen gesellschaftlichen Versorgungsskandal. Sie versuchen, ihr Problem individuell durch die Medizin zu lösen, statt bereits im Vorfeld sozialpolitische Veränderungen einzufordern."
Ulrike Hauffe, Spiegel Nr. 29, 2001

In meiner eigenen Biographie habe ich bezüglich der Familienplanung gerade noch die Kurve gekriegt: Nach einem langen Studium und den ersten Erfolgen, finanziell auf eigenen Beinen zu stehen, fand sich ein potenzieller Vater und es wurde ein Kind gezeugt. Ich gehörte mit 32 Lebensjahren zum immer größer werdenden Feld der Spätgebärenden.
Erfreut und vertrauensvoll begab ich mich in die Obhut eines Aachener Gynäkologen, dem ich als Privatpatientin offenbar hochwillkommen war.
Im Rahmen des Routinechecks wurde ich auch artig gefragt, ob ich mit einer Untersuchung meines Blutes auf eine HIV-Infektion einverstanden sei. Mir war nicht klar, dass damit auch eine Generalvollmacht für alle möglichen weiteren Diagnostikschritte erteilt schien. Ich wurde jedenfalls an einem der folgenden Tage vom Gynäkologen gut gelaunt telefonisch mit der Tatsache konfrontiert, dass ein sogenannter TRIPLE-Test durchgeführt worden sei und ein vielfach erhöhtes Risiko auf eine schwere Erbkrankheit meines Föten vorläge. Aufgrund dieser Situation sei eine sogenannte AMNIOZENTESE dringend erforderlich, um den schweren Verdacht zu klären.
Im Verlauf des Gesprächs zwischen angehender Mutter, Vater und Gynäkologen versuchten wir Noch-nicht--Eltern zaghaft, die Option auszuloten, keine Fortsetzung der Diagnostik zu betreiben, weil uns die moralische Tragweite jedes weiteren Schrittes mit erschreckender Deutlichkeit klar wurde. Mein Unschuldsverlust als Nichtwissende war rasant.- Mit einem bestätigten Verdacht nach eindeutigem Amniozenteseergebnis wäre *ich* es, der meinem Kind die Schlinge um den Hals legen würde. Auch wenn eine medizinische Indikation zur Abtreibung noch deutlich über die 12. Schwanger-

schaftswoche hinaus bestand, konnte ich keine rechte Entlastung durch diese Perspektive empfinden.
Zu allem Überfluß hielt der ungeduldig werdende Gynäkologe uns vor, was wir nicht nur uns, sondern auch unseren Mitmenschen zumuten würden, wenn wir in Erwägung zögen, einen behinderten Föten auszutragen. Er sprach von der mutwilligen Überforderung unseres gesamten sozialen Umfeldes, wenn wir eine mögliche Behinderung in Kauf nähmen. Die Zeiten der Großfamilien und intakten Dorfgemeinschaften, die ihren jeweiligen Dorftrottel gemeinsam ertrügen, seien vorbei und wir hätten die Pflicht, allen Beteiligten solch eine Überlastung zu ersparen.
Verunsichert durch die überfallartige Konfrontation mit solch existenziellen Fragen und moralisch „weich gekocht stimmten wir schließlich dem ausgemachten Plan des Gynäkologen zur Amniozentese zu. Die drei Wochen Wartezeit bis zum Vorliegen des Ergebnisses waren hart. Sozusagen zur Belohnung fürs disziplinierte Abwarten bat ich nach Erhalt des beruhigenden Normalbefundes noch um die Information, welches Geschlecht mein Kind denn haben werde. Ich werde die Erleichterung und Freude über das: XX = Weiblich nie vergessen.

Nach diesem persönlichen Erfahrungsbericht, wie ich trotz absolvierten Medizinstudiums, also eigentlich als Fachfrau, – zwischen die Zahnräder des Big Business namens Pränataldiagnostik geriet, wenden wir uns dem allgemeinen Thema der Reproduktionsmedizin zu.

Dafür erscheint mir die Klärung einiger Fachbegriffe unerlässlich:

Die In-Vitro-Fertilisation (IVF) ist die künstliche Befruchtung im Reagenzglas; inzwischen wird mehr als jedes achtzigste Kind so gezeugt, die Befruchtung des weiblichen Eies mit dem männlichen Samenfaden findet außerhalb der Körper der zukünftigen Eltern statt. Die befruchtete Eizelle wird danach im Brutschrank bis zum

Blastoeystenstadium (Haufen aus 6-8 Zellen) großgezogen, bevor sie in die Gebährmutterhöhle eingespült wird. Dadurch wird die Erfolgsquote, die Schwangerschaft auch auszutragen, deutlich erhöht.

Als *Embryo* wird das Ungeborene ab der 3.-8. Schwangerschaftswoche bezeichnet, als *Fötus*, wenn es älter als 8 Schwangerschaftswochen ist.

Der *Tripie-test* ist eine Untersuchung des mütterlichen Blutes auf Proteine, die vom Fötus stammen. Die Mengen dieser Proteine werden als Anzeichen für eventuell vorliegende schwere Entwicklungsstörungen gewertet. (z.B. Down-Syndrom, Neuralrohrdefekt) Der Test erlaubt lediglich statistische Aussagen über ein Risiko, dass so eine Störung vorliegen kann. Der Test wird oft falsch ausgewertet, führt dann zu einer unnötigen Fruchtwasseruntersuchung und letztlich zu einer starken Verunsicherung und psychischen Belastung der Schwangeren.

Amniozentese – Um die 16. Schwangerschaftswoche herum erfolgend, mit einer Hohlnadel werden Zellen des Kindes aus dem Fruchtwasser, welches den Fötus umspült, entnommen. Diese Zellen werden in einer Zellkultur bebrütet. Wenn genügend Zellen durch Teilung neu entstanden sind, werden deren Chromosomen analysiert. Dieser Vorgang dauert mindestens 3 Wochen, eine lange Zeit des bangen Wartens. Die Untersuchung selbst ist mit einem Risiko von circa 1 % behaftet, eine Fehlgeburt auszulösen. Deshalb wird sie im Regelfall auch erst für Frauen ab 35 Jahren empfohlen, da dann statistisch die Wahrscheinlichkeit, ein Kind mit Down-Syndrom zu bekommen, höher liegt als die Fehlgeburtsrate nach Amniozentese.

Die Eizelle hat – im Gegensatz zum Spermium – einen vollständigen Satz von 2 mal 23 = 46 Chromosomen. Zur Befruchtung muß der Chromosomensatz um die Hälfte reduziert werden. Das geschieht, indem die Eizelle Chromosomen in den sogenannten *Polkörpern* abstößt. In Deutschland ist nur das Untersuchen dieser Polkörperchen erlaubt.
Polkörperbiopsie: Die Analyse der darin enthaltenen DNA gestattet das Erkennen solcher Erbkrankheiten, die durch Gendefekte mütterlicherseits ausgelöst werden. Sogenannte Qualitätsmerkmale wie das Geschlecht, Aussehen oder Intelligenz lassen sich mit diesem Verfahren nicht bestimmen

Dafür bedarf es weiterer Analysemethoden, die aber in Deutschland verboten sind. In den USA, Großbritannien, Belgien sowie in Asien sind diese Verfahren jedoch weit verbreitet:

Bei der *Spermienselektion* werden Spermien mit dem X-Chromosom (Vereinigung mit Eizelle führt zur Ausbildung eines Mädchens) von denen mit dem Y-Chromo-

som (Vereinigung mit Eizelle führt zur Ausbildung eines Jungen) getrennt. Mit einer Wahrscheinlichkeit von circa 70 – 80 Prozent lässt sich das gewünschte Geschlecht so herbei führen.
Die regulär zweimal 23 Chromosomen, auf die beim Menschen das Erbgut verteilt ist, sind so etwas wie die 46 Bände eines Lexikons. Es kann überprüft werden, ob ein Band fehlt oder doppelt vorhanden ist. Dies hat meistens eine schwere Entwicklungsstörung zur Folge. Die bekannteste ist das dreifache Vorhandensein von Chromosom 21. Es führt zum Down-Syndrom, früher Mongolismus genannt. Inzwischen sind die Beobachtungsmethoden weiter verfeinert worden, so dass auch kontrolliert werden kann, ob in den Lexikonbänden einzelne Seiten fehlen oder an falscher Stelle eingeheftet sind. Sogar einzelne Sätze, Wörter und Buchstaben auf den jeweiligen Seiten, die Abfolge der Gene und ihre molekularen Bausteine sind überprüfbar. Es sind manchmal winzige, genetische Defekte, die aber erhebliche Konsequenzen für das entstehende Leben haben. Ein Beispiel dafür ist die Krankheit „Duchenne-Muskeldystrophie", ein unheilbarer Muskelschwund, an dem die Betroffenen meist vor dem 20. Lebensjahr sterben.

Die *PID (Präimplantationsdiagnostik)* ist in Deutschland verboten.
Wenn der künstlich befruchtete Embryo noch im Frühstadium ist, und erst 6-8 Zellen neu gebildet hat, können 1-2 dieser Zellen mit einer Pipette entnommen und untersucht werden. Der Gencheck von künstlich erzeugten Embryonen vor der Einpflanzung in den Mutterleib wird bei uns nur zum Ausschluß schwerster Erbkrankheiten als vertretbar gesehen, nicht jedoch zur Prüfung auf so genannte Qualitätsmerkmale, wie z.B. auch das Geschlecht Voraussetzung der PID ist eine für die Frau körperlich und seelisch belastende Hormonbehandlung zur Stimulation der Eierstöcke sowie die in Kurznarkose erfolgende Entnahme der Eizellen.
Da die Erfolgsrate nach In-Vitro-Fertilisation zwischen 15-20 % (im günstigsten Fall mit 30 Prozent) angegeben wird, liegt es auf der Hand, dass normalerweise mehrere Anläufe nötig sind, um eine erfolgreiche Schwangerschaft zu bewirken.

Die *ICSI (Intracytoplasmatische Spermien-Injektion)*: Wenn ein Spermium nicht aus eigener Kraft in die Eizelle zur Befruchtung eindringen kann, wird es mit einer Spritze direkt injiziert. Darüber hinaus können Spermien zur Förderung der anschließenden Zellteilung vor dem Eindringen chemisch „auffrisiert" werden. Auch beim Schlüpfen des Embryos aus der Eihülle, also vor der Einnistung in der Gebärmutter, assistiert der Arzt oder Ärztin im Bedarfsfall und ritzt die Eihülle an.

Nachdem nun einige wichtige Begriffe wieder präsent sind, wenden wir uns der Frage zu: Was ist mittlerweile Standard in der Fertilitätstechnologie und welche Erwartungen an sie sind überzogen? Oder anders gesprochen: Wann wird der Segen zum Fluch?

Das weite Feld der Genforschung eröffnet die Möglichkeit, Krankheiten auszumerzen; damit sinkt jedoch auch die Bereitschaft, solche Erkrankungen und auch die Erkrankten zu tolerieren.
Es kann nicht nur darum gehen, Krankheit oder Behinderung abzuschaffen, sondern muß auch geübt werden, sie zu akzeptieren. Eltern können ihr Kind ja auch nicht umtauschen, wenn es im späteren Leben verunglückt, und daraus eine bleibende Behinderung erfährt. Allgemein gesprochen: Behinderungen sind in den meisten Fällen *nicht* genetisch bedingt. Oft werden sie durch Fehlentwicklungen und Komplikationen während der Schwangerschaft, während und nach der Geburt, durch spätere Krankheiten oder Unfälle ausgelöst. In Deutschland sind gegenwärtig mehr als 1,6 Millionen Menschen mit schwerer Behinderung registriert. Es wird geschätzt, dass davon weniger als 10 Prozent genetisch bedingt sind.

ÄrztInnen sind heute quasi verpflichtet, Schwangere auf die Nutzungsmöglichkeit der pränatalen Diagnostik hinzuweisen. Ansonsten können sie im „Schadensfall", d.h. der Geburt eines behinderten Kindes, von den Eltern verklagt werden. Diese Haftungspflicht der ÄrztInnen und die Verfügbarkeit solcher Tests erhöhen den Druck, diese Untersuchungen und gegebenenfalls eine Abtreibung durchführen zu lassen. Die Schwangerschaft wird gleichsam zur Krankheit degradiert und nicht mehr als ein natürlicher, gar positiver Prozeß gesehen. Die Schwangere wird zusehend verunsichert.
Die Massivität, mit der von GynäkologInnen und HumangenetikerInnen zur pränatalen Diagnostik geraten wird, macht es fraglich, dass schwangere Frauen eine freie Entscheidung für oder gegen solche Diagnostik treffen können, wenn sie das Vertrauensverhältnis zu ihrem Arzt oder Ärztin erhalten wollen. Durch die Weigerung, pränatale Diagnostik in Anspruch zu nehmen, sehen sich Eltern eines Kindes immer mehr

dem Vorwurf ausgesetzt, sie seien selbst schuld daran, ein behindertes Kind zu haben, denn dies sei heute ja vermeidbar.
Das Recht auf Nichtwissen und der Selbstbestimmungskraft ist in Gefahr.
Kritikwürdig ist auch die häufig zu pauschale, undifferenzierte Aufklärungspraxis, vor allem hinsichtlich der Konsequenzen bei einer Entscheidung gegen eine Abtreibung. Es fehlt beispielsweise oft Information über die sehr unterschiedlichen Ausprägungsgrade einer Behinderung.
Es drängen sich Fragen auf wie:
Welches Leben ist lebenswert? Das mit Hasenscharte gerade noch – aber das mit Down-Syndrom schon nicht mehr? Wo liegt die Grenze zwischen lebenswert und lebensunwert? Im Dritten Reich gab der Staat die Kriterien für lebensunwertes Leben vor, heute übernehmen viele Eltern freiwillig solche Kriterien im Rahmen einer privaten Eugenik, einer privatisierten „Erbgesundheitspflege".
Wenn es das Angebot zur vorgeburtlichen Diagnostik gibt, entwickelt sich über kurz oder lang daraus die Pflicht zur Untersuchung. Wenn Erbkrankheiten und Behinderungen schon während der Schwangerschaft erkennbar werden, erhöht sich die Intoleranz der Öffent lichkeit, der Druck der Gesellschaft auf die Eltern, nur noch gesunde Kinder auf die Welt zu bringen.
In den USA weigern sich inzwischen manche Versicherungen, die Behandlungskosten erbkranker Kinder zu übernehmen – mit dem Argument: die Eltern hätten davon wissen und das Kind abtreiben lassen können.
So ist zu erwartende Fettleibigkeit für 19 % der befragten schwangeren Deutschen ausreichender Anlaß zur Abtreibung des in dieser Form stigmatisierten Embryos

Gestatten wir uns noch einen Blick über die Landesgrenzen hinaus in die gentechnisch weniger reglementierten Gegenden der Welt, in denen noch ganz andere Dimensionen der Pränataldiagnostik offenbar werden:

Aufgrund jahrhundertealter tiefverwurzelter Anschauungen in zahlreichen asiatischen Ländern leben weibliche Föten dort ausgesprochen gefährdet.
In Folge ruinöser Mitgiftgepflogenheiten bedeuten Mädchen z.B. für indische Eltern eine erhebliche finanzielle Belastung für die Familien. Deswegen wird die Geburtleines weiblichen Babys für viele Inder als ein zu vermeidendes Übel angesehen. Nach UN-Schätzungen fehlen heute weltweit circa 60 bis 90 Millionen Mädchen, laut Unicef sogar 100 Millionen. Die Mittel und Wege, um dieses Ungleichgewicht zu erreichen, waren und sind vielfältig. Sie reichen, je nach vorhandenen Mitteln, vom Aussetzen, Vorenthalten von medizinischer Versorgung und Nahrung, Misshandeln, Töten (früher oft mit Gift, nach dem offiziellen Verbot z.B. in Indien durch nicht nachweisbare Methoden, z.B. Auskühlung) bis zur gezielten Abtreibung nach erfolgter Pränataldiagnostk In Indien werden weibliche Embryonen nach folgender Logik selektiert: Die Frauen und ihre Familien leiden darunter, dass sie Mädchen bekommen. Die Mädchen leiden darunter, dass sie Mädchen sind. Darum ist es „besser" für die Mädchen, dort nicht auf die Welt zu kommen.
Bei den geborenen Mädchen zeigen sich folgende Zahlen: zwischen 1991 und 2001 sank das Verhältnis von 6-jährigen Mädchen zu Jungen von 945 auf 927 Mädchen zu 1000 Jungen. Der Unterschied zwischen Indien und Deutschland besteht nur darin, dass es hier inzwischen völlig normal zu sein scheint, behinderte Embryonen abzutreiben, so wie in Indien weibliche Embryonen.

In Bangladesch ist die Sterblichkeitsrate unter Mädchen um 50 % höher als bei Jungen. Dort bringen Eltern ihre männlichen Babies und Kleinkinder doppelt so oft zu einer ärztlichen Behandlung, wenn sie beispielsweise Durchfall haben, wie ihre Töchter, und dies, obwohl dort der Transport zum Krankenhaus und die Behandlung kostenlos sind. (DIE ZEIT, Nr. 5 1, 1998)

In China wurde die bisherige drakonische Ein-Kind--Politik inzwischen inoffiziell etwas gelockert. Wenn Eltern also nur ein Kind bekommen dürfen, dann soll es „wenigstens ein Junge sein".

In Korea besteht eine ähnliche unselige Allianz von gesellschaftlich tief verwurzelter Frauenverachtung und High-tech-Medizin. Hier brüsten sich die Ärzte im erfolgreichen Abtreiben bis in den 7. Schwangerschaftsmonat.

Frauen werden auf dem internationalen Fertilisationsmarkt als „Eispenderinnen" oder als „fötales Umfeld" bezeichnet. Die im Vergleich zu Deutschland liberaleren Gesetze in Italien, Belgien, Dänemark, England, usw. haben einen regelrechten Fertilisationstourismus eröffnet. In Italien gilt eine Preisspanne zwischen 3000 bis 6000 Euro für eine Eizellspende. In den USA werden für die Eizellen oder Samenfäden kluger oder schöner SpenderInnen bis zu 50.000 Dollar fällig.

Zurück zu den Verhältnissen in Deutschland:

Es mangelt an ausführlicher Beratung über psychische oder soziale Gefahren im Rahmen der ärztlichen Aufklärungspflicht vor In-Vitro-Fertilisation.
Die konkreten Vorgehensweisen werden von Frauen mitunter als extrem degradierend erlebt. Sie erleben eine Zeugungssituation, auf die sie in ihrer Sozialisation nicht vorbereitet wurden, sodass ihnen auch keine kulturellen Verarbeitungsmuster zur Verfügung stehen. Die betroffenen Frauen werden Opfer der „Schweigespirale".
Die erheblichen Beeinträchtigungen der Schwangeren durch eine Reproduktionsmedizin, die sich nur am Erfolg" gesunder Kinder orientiert, werden gesellschaftlich ausgeblendet. Körperliche Risiken werden häufig verharmlost, das Zögern von verunsicherten „Patientinnen" wird z.B. mit einer Psychopathologisierung: „nur labile Frauen reagieren so" abgetan.
Zu den seelischen Beeinträchtigungen gehören: Minderung des Selbstvertrauens und des Selbstwertgefühls, Kontroll- und Kompetenzverlust, Verletzung der persönlichen Integrität sowie der Intimität in der Paarbeziehung, Angst und Anspannung beim Abwarten des Behandlungserfolgs, reaktive Depressionen nach ausgebliebenem Erfolg, Verselbständigung des Kinderwunsches.
Auch die Erfassung tatsächlicher Komplikationen, wie hormonelles Überstimulationssyndrom und Eierstocktumoren, Verletzungen oder Entzündungen im Rahmen der Ei-Entnahme, Mehrlingsschwangerschaften, Thrombosen u.a. ist nicht systematisch, da sie auf Freiwilligkeit der Meldenden beruht.
Es entsteht der Eindruck, dass ungewollt kinderlose Frauen immer freiwillig in die angebotenen Behandlungen einwilligen, ja die Mühen der Behandlung oft über Jahre bereitwillig auf sich nehmen.
Da die traditionellen Geschlechterbilder fortwirken und diese von Frauen Leidensfähigkeit, Opferbereitschaft und ein Dasein für andere einfordern, fällt es Frauen schwer, sich gegen diese anscheinende Normalität auszusprechen, auch wenn sie ihnen noch so viel abverlangt. Auch ist es zu bedenken, dass Familienrollen vernetzt sind und Familienangehörige nur dann „Vater", „Großvater" und „Großmutter" werden können, wenn eine Frau in die Mutterrolle einwilligt (Dt. Ärztebl. 2001; 98:A 3430-3435)

Es ist angesichts dieses Dilemmas eine intensive Debatte in unserer Gesellschaft nötig, mit dem Ziel einen für alle Beteiligten verbindlichen Ethik-Kodex zu entwickeln.
Zu verhandeln ist zwischen dem Selbstbestimmungsrecht der Frauen und dem Lebensrecht von Behinderten, zwischen dem Gegensatz von Forschungsfreiheit und Menschenwürde. Es geht um die Fragen nach den gesellschaftlichen Konsequenzen individuellen Handelns.

Polemisch oder nur merkantil gesprochen: Wenn Frauen schon abtreiben wollen bzw. dürfen, dann sollten sie eine Zeitlang doch „ein bisschen schwanger" sein, damit man die Feten nutzen kann. Hier werden Frauen mit Hilfe der Technik zu Brutstationen für lebendes Gewebe, das „abgeerntet" wird.

Es ist angesichts dieses Dilemmas eine intensive Debatte in unserer Gesellschaft nötig, mit dem Ziel einen für alle Beteiligten verbindlichen Ethik-Kodex zu entwickeln.
Zu verhandeln ist zwischen dem Selbstbestimmungsrecht der Frauen und dem Lebensrecht von Behinderten, zwischen dem Gegensatz von Forschungsfreiheit und Menschenwürde. Es geht um die Fragen nach den gesellschaftlichen Konsequenzen individuellen Handelns.

Wer entscheidet über wen? Die „Gesunden" entscheiden über die „Kranken". Die MacherInnen über das Machbare.
Der selbstbewusste Behinderte ist nicht vorgesehen.
Die selbstbewußte Schwangere im Fall des Big-In-Vitro--Business auch nicht.

Belassen wir es nicht dabei!

Berlin, im März 2005

Dr. Elisabeth von Dücker

„Vereinzelt sind Mütter auch Männer..."

Inspektion einer Schattenarbeit: der Arbeitsplatz Kind

„Kinder sind ja schleichende Drogen. Ich gehe davon aus, dass der Stoffwechsel gnädig ist und es einem möglich macht, die Situation mit Kindern, die einem ja die ganze Kraft rauben, zu ertragen. Man schafft es sogar noch, sich über die Kinder zu freuen. Das kann jemand, der nicht unter dieser Droge steht, gar nicht nachvollziehen"[1] – so das Resümee der Künstlerin Else Gabriel.

„Ich glaube, das hört nie auf, denn Mutter bin ich lebenslang"[2] lautet die Einschätzung einer Mutter mit bereits erwachsenen Kindern. Die Zeitperspektive am *Arbeitsplatz Kind* also: lebenslang, die Arbeit aber vielfältig. Sie ändert sich je nach Entwicklungsstand des Sprösslings: Geburts-, Vorsorge-, Pflege-, Sorge-, Erziehungs-, Förder-, Beratungs-, Ökoarbeit sowie generative, emotionale, soziale und politische Tätigkeit – eine reiche Palette von Betätigungen, die Lust und Last des Elter(n)-Werdens und -Seins ausmachen: Vom Einsatz rund um die Uhr bei neugeborenen oder pflegebedürftigen Kindern, von den Mühen und vom Spaß beim Vermitteln zivilisatorischer Standards und Kulturtechniken – Stichwort Reinlichkeit, Benimmregeln, Schwimmen[3] oder Einüben von störungsfreiem Funktionieren in der Arbeitsgesellschaft – bis hin zu Arbeiten, die anfallen, wenn Kinder flügge werden und vielfältige Begleitung notwendig wird auf dem Weg in die Eigenständigkeit.

Arbeit *am Kind* gilt hierzulande als Privatangelegenheit. Großziehen der neuen Generation wird mit *Arbeit aus Liebe* gleichgesetzt, angesiedelt im Schatten des außerhäuslichen Broterwerbs, eher dem Rang des Nebenschauplatzes zugeordnet, oder leichtfertig als *Gedöns*[4] abgetan. Dahinter steckt ein langlebiges Geschlechterkonstrukt, die Versorgerehe, staatlich gefördert durch Ehegattensplitting etc. Es zementiert die in Bewegung befindlichen individuellen Rollenbilder wie die vom *Neuen Vater* oder von der *Karrierefrau*: Demzufolge ist ER der *Breadwinner*, bringt die Brötchen heim. SIE verdient das Zubrot, z.B. im Teilzeitjob. Der Karrierekiller Dreiphasenmodell – also Beruf, kinderbedingte Pause, dann Wiedereinstieg – ist als Überbleibsel konservativer Familienmodelle der westdeutschen Wirtschaftswunderzeit immer noch tief verwurzelt und wirkt wie ein heimlicher Lehrplan für den weiblichen Lebensentwurf westdeutscher Prägung bis heute.[5]
Die Tätigkeit am Unterbau der Gesellschaft, im *Human Ressource*, sie macht nicht nur zwei Drittel aller gesellschaftlichen Arbeiten aus, sie wird auch als unbezahlte häusliche Arbeit zu 90% von Frauen erledigt. Ebenfalls zu 90% in Frauenhand sind die Teilzeitjobs. Sie sollen Frauen ein Modell versüßen, das unter dem Etikett *Vereinbarkeit von Beruf und Familie* angeboten wird und Deutschland wie das Land der *halbierten Frauen* erscheinen läßt: Halbtagskrippen, Halbtagskindergärten, Halbtagsschulen, Halbtagsjobs, halbe Rente. So wird der Lebensentwurf *Kinder und Karriere* hierzulande für viele Frauen zur Zwickmühle. Entscheiden sie sich für ein Leben mit *Beruf und Familie*, tritt ihnen unmaskiert der Mangel gesellschaftlicher Anerkennung der Familienarbeit entgegen: Ein „unterbrechungsbedingter Humankapitalverlust"[6] wird ihnen in der Sprache der Ökonomie bescheinigt, während ihre in der Familienphase gewonnenen Erfahrungen und Qualifikationen im Betriebssystem Erwerbsarbeit nicht zu Buche schlagen. Die ungebrochene weibliche „Erwerbsneigung"[7] läßt nur 7% der wegen Kinderbetreuung pausierenden Frauen den Wunsch äußern, ihr Hausfrauendasein fortzusetzen, wie die erste gesamtdeutsche Analyse zur Kinderbetreuung ergab. Doublebind exklusiv für Frauen übrigens: Väter nehmen das Angebot des temporären Berufsausstiegs per Elternzeit in Deutschland nur zu 2 % wahr.[8] Am Aufbruch aus der symbolischen Vaterschaft ist also noch zu arbeiten: „Früher brachte ein guter Mann den Mülleimer runter, heute geht er mit zur Geburtsvorbereitung und kauft die ersten drei Pakete Windeln", so die Autoren Gesterkamp und Schnack.[9]
Zum Glück ist da aber noch Oma. „Ein ganz wichtiger Aspekt meiner Organisation und meines Zeitmanagements ist meine Mutter. Das fällt oft raus, und ich vergesse es selber oft, weil es eine freiwillige, von der Zuneigung getragene Leistung ist, ein Geschenk"[10] wie die Künstlerin Eva Bertram, resümiert. Dass Mütter häufig zweimal im Leben ran sollen, wenn es um den Nachwuchs geht, ist bisher wenig erforscht. „Großmütter sind immer noch die wichtigste sozialpolitische Institution zur Betreuung von Kleinkindern in den Altbundesländern"[11] stellt die Soziologin Uta Meier fest.

Wenn es uns gelänge, „wie die Franzosen eine ganztägige, bezahlbare, gute Kinderbetreuung zu haben, dann wären wir einen großen Schritt weiter", sagt Jutta Limbach, die ehemalige Präsidentin des Bundesverfassungsgerichts, Rechtsprofessorin und Mutter von drei Kindern. Beim kurzen Blick nach Frankreich fällt auf: Dort ist ein flächendeckend gut ausgebautes Kinderbetreuungs-System vorhanden, welches die Versöhnung von Beruf und Familie erleichtert: d.h. es gibt Ganztagskrippen, Ganztagskindergärten, Ganztagshorte teils

kostenfrei, auf jeden Fall zu erschwinglichen Preisen.[12]
In Frankreich ist die Zwei- oder Drei-Kinder-Familie die Normalität, in Deutschland die Ein-Kind-Familie.
Seit den Nachkriegszeiten wurde unter de Gaulle vor dem Hintergrund rückläufiger Geburtenzahlen eine konsequente, kinderzentrierte Familienpolitik entwickelt. Weibliche Berufskarriere ist dort frei vom Stigma *fehlende Kinderliebe* und *mütterliche Schuld*. Häufig denken in Deutschland quer durch die sozialen Schichten werdende Eltern und Politiker nach wie vor: wenn ein Kind kommt, muss die *gute Mutter* erst einmal in die *Kinderpause*. Wie die westdeutsche Karrierefalle, das Dreiphasenmodell, so ist auch der Begriff *Rabenmutter* im Französischen ein Fremdwort. Dort ist das Bild der *berufstätigen Mutter* gesellschaftlich gewollt, und Kindererziehung ist gesellschaftliche Aufgabe. Die meisten berufstätigen Frauen geben ihre Kinder zwischen dem 3. und 6. Monat in die Krippe. Sie sind an der frühen Sozialisation unter Gleichaltrigen interessiert. Und gerade privilegierte Schichten schätzen das staatliche Krippenangebot, weil es Selbständigkeit und Soziabilität fördert.[13] Hierzulande haftet der Krippe häufig der Beigeschmack von Notbehelf an, von Abschieben in die *Kinderbewahranstalt* als Einrichtung sozial unterprivilegierter Schichten. So haben In Westdeutschland z.B. nur drei Kleinkinder von 100 einen Krippenplatz, in Ostdeutschland sind es fast 40 %.
Fazit: Da der Mix Karriere und Muttersein in Frankreich gesellschaftlich gefördert wird, haben Frauen dort durchschnittlich zwei Kinder, in Deutschland sind 42 % der Akademikerinnen ohne eigenen Nachwuchs. Mit 30% Frauen im Top-Management hält Frankreich den Europarekord, Deutschland taucht in der Ranking-Liste mit ca. 4 % erst gar nicht auf. Weibliche und männliche Berufsverläufe nähern sich in Frankreich an, denn Frauen *müssen* nicht kinderbedingt unterbrechen. Das macht zufriedener und verhindert die hierzulande grassierende weibliche Altersarmut. Politisches Ziel ist die kontinuierliche, vollzeitige Integration von Müttern in den Arbeitsmarkt in Frankreich – warum nicht in Deutschland?

BeMuttern ist eine Tätigkeit mit vielen Gesichtern. Die amerikanische Philosophin Sara Ruddick bezeichnet diese Arbeiten als *mothering* und definiert eine Mutter als „eine Person, die einen signifikanten Teil ihres Arbeitslebens der Betreuung von Kindern widmet und die Verantwortung für deren Leben übernimmt. Diese Person kann ein Mann oder eine Frau sein. Obwohl Mütter meistens Frauen waren oder sind, ist die Mütterarbeit doch potentiell von beiden Geschlechtern zu leisten. Weder für den Mann noch für die Frau ist es *natürlicher*, Mutter zu sein; sie ist dazu auch nicht stärker verpflichtet als er. Die Arbeit einer Mutter kann also grundsätzlich von jedem verantwortungsbewußten Erwachsenen ausgeführt werden [...] Vereinzelt sind Mütter auch Männer, aber die Praxis und kulturelle Darstellung des Mutterseins ist ganz stark von herrschenden Weiblichkeitsnormen bestimmt.
Wir sind nicht imstande, die geschlechtliche Arbeitsteilung, die unser Leben und Denken geprägt hat, auf Wunsch einfach zu überwinden. Obwohl Männer Mütter sein können und viele Frauen die Mutterrolle heutzutage ablehnen, sind doch in den meisten Gesellschaften das Weibliche und das Mütterliche begrifflich und politisch untrennbar."[14]

BeMuttern hat in Deutschland einen traditionsreichen Beigeschmack. Das Bild der Familie als Bollwerk gegen die Unbilden der Welt und das Konstrukt Mutter wurzeln im Protestantismus. Mit Luthers Neubewertung der Familie, die nun an Stelle der Kirche zum Ort der Kindererziehung wird, geht die Definition einher, Familie sei Ort des Heils, Garant einer besseren Welt.[15] Mit Pestalozzi präzisiert sich das Dogma von der Mutter als dem von Natur aus besseren Menschen. Sie wird Instanz für das Sittlich-Moralische, zuständig für das Menschliche:
Er weist Müttern das Erziehungsmonopol zu. Die Mutterfigur wird zur Erzieherin, und – in Umkehrung der Geschlechterhierarchie – sogar die ihres Gatten: Als guter Ehemann mutiert er zu einem ihrer Kinder. Die Familie wird definiert als neues Heiligtum und tritt an die Stelle der Kirche. Mütterlichkeit wird zur politischethischen Kraft, weil sie Rettung verspricht.
Dieses Konzept von Mütterlichkeit als gesellschaftsreformerisches Modell hat deutsche Politik bis in die Zeiten des grünen Müttermanifests bestimmt, zeitweise unterbrochen durch die Umdefinition der bürgerlichen Familienideologie durch die nationalsozialistische Politik: Die Privatheit von Familie und Mutter-Kind-Beziehung wird kollektiviert, Kinder gehören nicht mehr den Eltern, sondern dem Staat, die Familie wird im Volkskörper aufgelöst, die Hausfrauen- und Mutterrolle professionalisiert.[16]
Die Nachkriegszeit erbrachte unterschiedliche Mütterlichkeits- und Familienkonstruktionen bei differierenden Rahmenbedingungen und Leitbildern in beiden deutschen Staaten, aber auch west-östliche Parallelen in Alltag und Politik.

Ende der 1940er Jahre waren, bedingt durch die Abwesenheit der Männer in Krieg und Gefangenschaft, in ganz Deutschland Frauen zu Familienernährerinnen geworden. In der DDR galten Frauen auch weiterhin als unverzichtbare Arbeitskräfte, gefragt als *Mitgestalterinnen des Sozialismus*. Flächendeckende außerhäusliche Kinderbetreuung ermöglichte, Beruf und Familie unter einen Hut zu bringen. Das Leitbild der jungen, qualifizierten und vollberufstätigen Mutter prägte die Mehrzahl weiblicher Lebensentwürfe. In der alten BRD wurde seit den 1950ern das traditionelle Familienbild der kindererziehenden Ehe- und Hausfrau mit Ernährer wiederaufgelegt. Das westdeutsche Modell ist auch als Abgrenzung zu den sozialistischen Verhältnissen zu sehen: Das Konstrukt „meine Frau muss nicht arbeiten gehen, und die Kinder müssen nicht fremdbetreut werden"[17] diente als Nachweis und Signal einer wohlhabenden und freiheitlichen patriarchalen Gesellschaft. Seitdem haben sich die Lebensentwürfe gewandelt, doch das Leitbild der Versorgerehe lebt in der Familienpolitik fort. Kindergroßziehen ist immer noch Privatsache.[18] Trotz Pisastudien-Schock und Geburtenrekordtief ist der Notstand bei der außerhäuslichen Kinderbetreuung ein Dauerskandal. Offensichtlich ist es der alte Muttermythos, der die bundesdeutsche Politik immer noch im Bann hält.[19] Internationale Forschung, welche die Überlegenheit guter Gruppenbetreuung gegenüber der Bemutterung nachwies, wird ignoriert: „die besonders wichtige persönliche Betreuung des Kindes in seinen ersten Lebensjahren" wird in der Broschüre des Bundesministeriums für Familie, Senioren, Frauen und Jugend im Herbst 2002 erneut unterstrichen.[20]

Ein (gegendertes) *mothering* ist zentrales Anliegen der Geschlechterpolitik in Schweden. Mit über 25 % beteiligen sich schwedische Väter an der *Elternzeit* und halten damit einen Weltrekord. Seit 1995 sieht das schwedische *Elternurlaubsgesetz* einen *Papamonat* vor. Das bedeutet, dass sich Väter mit mindestens 30 Tagen an der staatlich finanzierten Freistellung junger Eltern beteiligen müssen. Demnächst soll der *Papamonat* auf drei Monate erweitert werden. Das seit 1974 geltende *Elternurlaubsgesetz* ermöglicht 360 Tage lang eine mit 75 % des Verdienstes bezahlte Freistellung. Sie kann im Verlauf von acht Jahren – bis zu vierteltageweise – von einem Zeitkonto abgebucht werden. Schwedische Eltern haben eine kinderzentrierte Politik zur Seite. Seit 1975 gibt es dort ein System der Kinderbildung. In kleinen Gruppen kann frühkindliche Bildung schon mit einem Jahr in der *Vorschule* begonnen werden. Das Kita-Personal ist an der Universität ausgebildet.
Beruf und Familie in Lebensplanung und im Alltagsarrangement zu verbinden, dafür bietet in Schweden der in den 1930ern geschaffene Wohlfahrtsstaat einen Rahmen. Mit eine der höchsten Frauenerwerbsquoten von 83% (in Deutschland (64%) und eine der höchsten Geburtenraten zählt Schweden zur europäischen Spitze. *Der Wohlfahrtsstaat ist der beste Freund der Frauen* hieß es im sozialdemokratischen Schweden der Nachkriegszeit. Heute lässt sich feststellen, dass sich die Politik der Mütterlichkeit durchgesetzt hat. „Vater Staat ist zu einem mütterlichen Staat mutiert, in dem die als ethisch höher eingeschätzten Werte der Mütterlichkeit allgemein prägend geworden sind. Mit der Vermütterlichung der öffentlichen Sphäre wurden die Geschlechter innerhalb des Paares gleichgestellt. Es wird von der Berufstätigkeit beider Partner ausgegangen, die idealerweise wirtschaftlich unabhängig voneinander sind; der Familienvater ist kein Versorger mehr"[21], wie Barbara Vinken feststellt.
Nach dem Blick auf diverse europäische Mütterlichkeitskonzepte ist an dieser Stelle die Einschätzung der Sozialwissenschaftlerin Gisela Erler bedenkenswert: „Es sind die postfaschistischen Systeme, in denen Frauen das Kinderkriegen besonders schwer gemacht wird. Deutschland, Italien, Spanien, Japan – das sind die Länder mit der höchsten Mutterglorifizierung und der niedrigsten Geburtenrate."[22]

Elternarbeit und *mothering*, sie haben im 1997 eröffneten Museum der Arbeit ihren Platz. Die Präsentation habe ich *Arbeitsplatz Kind*[23] betitelt in Anspielung auf die vielfältigen Arbeiten *am Kind*. Sie ist Teil der in meiner Regie entwickelten Dauerausstellung mit dem Titel *Frauen und Männer – Arbeitswelten, Bilderwelten.*[24]
Diese zeigt die geschlechtsspezifische Arbeitsteilung, Gründe und Begründungen dafür sowie Normen und Rollenverteilungen von Frauen und Männern. Im Zentrum der Abteilung stehen eine Heringsfiletiermaschine und ein Räucherofen als Arbeitsorte von Frauen und Männern: Am Beispiel der für Hamburg typischen Fischindustrie ist an ihnen ablesbar, wie Erwerbsarbeitsplätze in der industriellen Produktion dem Geschlecht zugeordnet werden. *Leichte Arbeit,* geringe Bezahlung, monotone Abläufe sind hier häufig charakteristisch für Frauenarbeit. Männern wird *schwere Arbeit* bei höherer Verantwortung oder Qualifikation zugeschrieben. Dahinter steht oft die (un)bewußte Festlegung auf ihre Rolle als *Ernährer*.

Neben den gewerblichen Arbeitsplätzen steht der *Arbeitsplatz Kind.* Unabwendbare Basisarbeit wird hier geleistet, die paradoxerweise hierzulande nicht als Arbeit klassifiziert wird: Vielleicht weil die Arbeitskraft derjenigen Personen, die *mothering* machen, nicht zur Ware wird, wie etwa die lohnabhängige Tätigkeit. Als *Arbeit aus Liebe* erscheint sie folglich auch nicht im Bruttosozialprodukt. Überwiegend privat organisiert, bleibt sie eben als Privatsache kostengünstig an Frauen der alten und der neuen Bundesrepublik hängen. Auf 500.000 DM wurden 1997 die aufzuwendenden Kosten für ein Kind von der Geburt bis zur Volljährigkeit eingeschätzt, und 80% dieser Kosten müssen von Müttern und Vätern aufgebracht werden.[25]

In der Ausstellung steht an der Schnittstelle zwischen Filetiermaschine und dem Arbeitsplatz Kind eine *geteilte Frau*: Repetitive Tätigkeit, Zeitstreß beim Akkord, gekrümmte Haltung – Belastungen bei Berufs- und Hausarbeit sind um die Figur aufgelistet. Von hier aus fällt der Blick auf einen mattierten Glaskubus mit Sehschlitzen. Unser Kabinett der Schattenarbeiten hat rund 130 Exponate. Sie erzählen Geschichten von den tausendundeinen Arbeitsnächten und -tagen im Leben mit Kindern.

Wie im *ganz normalen Chaos* eines Lebens mit Kindern sind hier die Gegenstände anzutreffen, nicht nach Tätigkeit oder Chronologie geordnet. Als Inventar der Wechselfälle eines kinderzentrierten Alltags geben sie Auskunft über die Dienstleistungen für einen „anarchistischen Arbeitgeber"[26], der Herr über Zeit und Kraft seiner Erwachsenen ist. Richtschnur für diese Arbeit ist das Konzept der optimalen Förderung als Gebot der Moderne an die Eltern. Also nicht mehr die Erziehung *nebenher* früherer Generationen, sondern ständig steigende Standards mit der Leitidee: Ein *Super-Kind* soll entwickelt werden.

Die meisten Exponate datieren aus den letzten vierzig Jahren, einige aus der Zeit um 1900. Überwiegend aus Privatbesitz stammend, haben sie eine persönliche Nutzungsgeschichte, die ist ebenfalls ausgestellt.

Pinkfarben leuchtend, zieht ein Kindertöpfchen in VW-Käfer-Form die Besucherneugier auf sich. Der Pinkelpott steht für die handgreiflichen Mühen der Reinlichkeitserziehung, aber auch für die bisweilen mühevolle Entscheidung über den richtigen Weg: ob früh oder nicht so früh trocken: Seit Jahrzehnten gibt es eine Flut von Ratschlägen und Ratgeberliteratur. In *Dein Kind, Dein Partner* ist zu lesen: „Bei der Reinlichkeitserziehung geht es um mehr als einen bloß hygienischen Vorgang: Zum ersten Mal und damit bestimmend für das spätere Leben wird vom Kind Einordnung und Anpassung an soziale Spielregeln verlangt. Das Kind soll aus hygienischen und ästhetischen Gründen an bestimmte Forderungen der Zivilisation gewöhnt werden. Es soll lernen, seine Notdurft zu bestimmten Zeiten und an bestimmten, dafür vorgesehenen Orten zu verrichten."[27] Darüber hinaus: Die Form des VW-Käfers und die Grafik an der Windschutzscheibe mit Mann am Steuer und Frau als Beifahrerin sind heimliche Botschaften der auto(im)mobilen und patriarchalen Wohlstandsgesellschaft, die wiederum Aufklärungsarbeit notwendig machen, wenn emanzipative und umweltbewußte Erziehungskonzepte verfolgt werden.

Auf das weite Feld der zeitaufwendigen Vermittlung von Kulturtechniken aller Art verweist ein Objekt, das mit Eintritt in das Schulzeitalter aus den Kinderzimmern entsorgt wird: der Pappschuh zum Schleifebinden-Üben. Im Kindergarten oder zuhause gebastelt, soll an ihm die vertrackte Kunst des Schnürsenkel-Bindens eingeübt werden. Das eher unscheinbaren Exponat ist übrigens ein Publikumsliebling.

Der Kinderrollstuhl im Zentrum des Glaskubus erzählt von Dimensionen von *mothering*, die in unserer auf Normalität fixierten Gesellschaft häufig ausgeblendet oder unsichtbar gemacht werden. Die Thematik *Behinderung* und Krankheit ist in der Ausstellung als *querliegende Kategorie* mit zahlreichen Objekten vorhanden und basiert auf der Zusammenarbeit mit den Frauen der *Müttercourage.*[28]

Der damals 10jährige Benni Deuter hat uns auf Vermittlung seiner Mutter seinen Rollstuhl als Ausstellungsstück zur Verfügung gestellt. Sie berichtet: „Als Benjamin seinen ersten Rollstuhl bekommen sollte, gab es schon rote, grüne, blaue, ja sogar pink war dabei. Aber Benjamin gefiel keiner. Er wollte einen goldenen Rolli. Kinder! Wir haben alles versucht, von dotterorange bis sonnengelb. Nichts zu machen! Und er hat gewonnen: Der Rollstuhl wurde zerlegt, in eine Autolackiererei gegeben und bekam dort seine metallic-goldene Lackierung. So hat sich Benjamin seinen Rollstuhl zum Schmuckstück auserkoren."[29]

Auch aus ihrer Erfahrung eines Bandscheibenvorfalls, verursacht durch das Tragen ihres Sohnes, charakterisiert Sonja Deuter den Arbeitsplatz Kind als „Zwangs- und Schwerstarbeit." Sie führt aus: „ Der Ausdruck *behindert* allein ist schon eine Hürde. Mein Sohn ist gehindert, sich seinen Möglichkeiten entsprechend frei zu entfalten. Das macht seine Behinderung letztendlich aus. Und ich werde immer wieder daran gehindert, eine ganz normale Mutterrolle zu erleben. Ich bin eine *behinderte Mutter.*"[30]

Ein weiteres Beispiel: der Neurodermitis-Anzug eines sechsmonatigen Jungen lässt die zusätzlichen *mothering*-Mühen erahnen. Die Rundfunknachrichten im Juni 1997 verbreiteten die Information: „Bereits jedes 5. Kind ist allergiekrank. Ärzte führen das auf Umwelteinflüsse zurück".[31] Und auch ein Rezept *für die Eltern* kam gleich mit über den Äther: Die Mütter sollten stillen. Ein klassisches Beispiel: ein Auftrag an die privaten Putz- und Aufräumkolonnen in Sachen Schadenseindämmung. Ein Fazit: Umweltbedingte Krankheiten wie Allergien, Pseudokrupp oder Asthma nehmen zu. Die Tendenz geht zu Langzeit- und Stresskrankheiten, die nicht bei einem kurzen Krankenhausaufenthalt, sondern durch monate- und jahrelange Pflege zuhause behandelt werden. Das führt, bleibt es bei der alten Arbeitsteilung, zu einer zunehmenden Belastung vor allem von Frauen mit Pflegearbeiten. Darüber hinaus wird der Erwerb von Orientierungswissen im Dschungel der Lebensmittelskandale oder Schadstoff-Hitlisten zunehmend wichtiger, wenn das gesellschaftliche Gesundheitsparadigma ein Leitbild für Lebensqualität und Großziehen von Kindern ist. Praktische Gesundheitsverantwortung wahrzunehmen, so die Forschungsergebnisse von Irmgard Schultz, kommt im Ökologiezeitalter als neue Kategorie die *Öko-Arbeit* zur Hausarbeit hinzu.[32]
Öko-Arbeit und *politische Arbeit* am Arbeitsplatz Kind ist in der Ausstellung unter anderen mit einem Tschernobyl-Flugblatt in den Blick gerückt. Die Angst vor den Folgen des Atom-GAUs am 26.4.1986 brachte eine neue Dimension von *Gesundheitsarbeit* hervor: Kinder, Kleidung und Wohnung mußten entkontaminiert werden, Milchersatzprodukte aufwendig hergestellt, die Ernährung auf unverstrahlte Lebensmittel umgestellt und politisch Druck erzeugt werden für eine umfangreiche staatliche Strahlenmessung von Nahrungsmitteln. In der Bundesrepublik bildete sich eine breite Protestbewegung von Eltern-, Frauen- und Mütterinitiativen gegen Atomenergie: Ein halbes Jahr nach dem Supergau waren es über 1.500 solcher Gruppen. Eine Politisierung des Privaten aus Verantwortung für die neue Generation also?

Versorgungs- und Organisationsarbeiten halten nicht nur den eigenen Hausstand in Schwung, auch in Vater Staats Institutionen scheint nichts mehr ohne private *Arbeit aus Liebe* zu laufen. Eine Kakaoflasche erzählt von dieser hamburgischen Dienstleistung der Milchmütter, die im Ehrenamt in der großen Pause Schulmilch verkaufen. In der Ausstellung ist Angelika Schirmers Geschichte darüber zu lesen: „Als *Milchmutter* habe ich jahrelang in der großen Pause Schulmilch verkauft. Das ging unter den Müttern reihum. Da hatten wir alle Hände voll zu tun: Geld einsammeln, Wechselgeld rausgeben und oftmals helfen, den Strohhalm in das Päckchen zu stecken. Danach mußte das Kleingeld abgezählt und eingerollt werden, die verkauften Päckchen wurden in eine Liste eingetragen. Dann Mülleimer einsammeln und leeren, Schlüssel, Geld und Bestell-Liste abgeben. Auch wenn's Spaß machte – ich war jedes mal froh, wenn ein Milchmutter-Tag vorbei war."[33]
Auch pädagogische Dienstleistungen gehören zum Servicepaket für das Gelingen des Nachwuchses: Das Spiel *Lerne lesen und Schreiben im Spiel* aus den frühen 1960ern weist mit dem Bild auf der Schachtel unmissverständlich auf die Funktion der Mutter als Hilfslehrerin hin: sanft anleitend stärkt sie Hänschen den Rücken beim Lernspiel. Wenn daraus der Ernstfall des Lebens geworden ist, wird sicher dem erwachsenen Hans auch eine Frau im Hintergrund assistieren.
Die Geschichte einer Mutter, die ihr eigenes Geschäft aufgab, weil ihre Tochter zur Schule kam, ist typisch für die Zwickmühle *doublebind*: „Am Elternabend wird dann den Müttern vorgehalten, dass es doch zu sehen ist, welche Kinder nachmittags eine Mama zu Hause haben und einen geregelten Mittagstisch: Die würden was leisten! Man fühlt sich quasi gedrängt, zu Hause zu bleiben und nachmittags den Hilfslehrer zu machen."[34]
Aus der Sicht eines seit dem Auszug seiner Ehefrau teilzeit- und familienarbeitenden Vaters liest sich der Mangel an Kitas so: „Das schlimmste für mich sind eigentlich die großen Ferien, weil danach ein ganz neuer Rhythmus anfängt und die Stundenpläne neu verteilt werden: Das eine Kind hat natürlich am Montag Frühstunde, das zweite am Dienstag, das dritte am Mittwoch. Oder das eine kommt am Montag schon um zwölf nach Hause, das andere erst um 15 Uhr: Nun versuche da mal einen vernünftigen Essensplan hinzukriegen."[35]
Dazukommen die Extras der außerschulischen Förderung, die nicht selten auch zum mütterlichen Kutschierjob gerät. Doris Bishop berichtet: „Ich hab ja den ganzen shuttle-service gemacht, der heute gang und gäbe ist, weil in den Schulen nur ein Mini-Programm angeboten wird. Und wenn ein Kind noch ein bisschen Musik und

Sport haben soll und noch andere Fähigkeiten entwikkeln darf, dann muss man nachmittags quasi die fahrbare Mutter sein, die das Kind hierhin- und dahinfährt."[36]

Verkehrserziehung ist ein zentrales Thema beim Großziehen von Kindern – besonders in den Großstädten. Unfälle im Straßenverkehr sind in Deutschland die häufigste Todesursache für Kinder. Disziplinieren und Zurichten der *Kurzen* auf eine Umgebung, in der sie sich in vorgeschriebenen Bahnen oder in „verinselten" Lebensräumen zu bewegen haben, verlangt Eltern viel Zeit, Geduld und Kreativität ab.
„In den Stadtlandschaften und auch im ländlichen Raum liegen viele der Orte, die für Kinder relevant sein können, wie Inseln verstreut. Die Zwischenräume gehören den Tätigkeiten Erwachsener, sie sind für Kinder mehr oder weniger uninteressant, gefährlich, unzugänglich, oft auch unbekannt."[37] beschreibt Helga Zeiher die Kindheitsräume. Ein Beispiel: War Ballspielen früher vor fast jedem Haus möglich, sind Kinder jetzt auf mehr oder weniger entfernt liegende Spiel- oder Sportplätze verwiesen. Das bedeutet neue Jobs für Eltern: Spiel- und Freizeitorte erkunden, Termine mit Spielpartnern organisieren, Transporte bewerkstelligen. Und: „Ohne alltagsorganisatorische Leistungen der Eltern erwerben Kinder schwerlich Kompetenzen zu eigenständiger Lebensführung. Wenn Eltern solche Leistungen nicht erbringen, kann ein Alltagsmuster entstehen, in dem das Kind in der schul- und kindertagesstättenfreien Zeit zu Hause allein bleibt, ohne Spielmöglichkeiten mit Kindern. Verinselung wird dann zur Isolierung auf nur einer Insel, der gegen die Nachbarschaft sozial abgegrenzten Wohnung, erweitert nur um Orte der Eltern, zu denen das Kind mitgenommen wird."[38]
Durch die Umweltbewegung haben sich die Perspektiven zu verändern begonnen: Heute fordern Eltern und Kinder die Straße als Lebensraum zurück. Die Wirklichkeit ist derweil noch eine andere: „Straße als ein Stück unbetreuter Erfahrung gibt es kaum noch. Im *heimlichen Bildungsplan* der Autogesellschaft wird der Freiraum für Kinder immer weiter beschnitten."[39]

Elternarbeit *auf die Ferne*, wenn die Kinder längst aus dem Nest sind: sei es die regelmäßige oder gelegentliche finanzielle Unterstützung, oder das turnusmäßige Fresspaket, oder das Wäschewaschen bis weit ins Erwachsenendasein [...].
Das Glas mit der Johannisbeermarmelade in der Ausstellung steht für den genussreichen Teil lebenslanger Elternarbeit: *Damit er auch in der Fremde etwas von zu Hause hat*, kocht ein 62jähriger Vater regelmäßig Marmelade für seinen 32jährigen Sohn in Hamburg.

„Es hat mich viel Mühe und Überzeugungskunst gekostet, das abzuwehren: Julian wollte nämlich die He-Man-Serie haben. Aber ich habe sie ihm nicht geschenkt, ich fand die rassistisch und gewalttätig. So habe ich ihm viel Ersatz geboten, ihm gutes, teures Spielzeug, das er sich dann wünschen durfte, geschenkt. Aber dann begann es in der Kinderladenzeit dass sein Vater, der im Ausland lebte, ab und an nach Deutschland zu Besuch kam und störend in meine Erziehung eingriff. Er ist mit ihm zum Flohmarkt gegangen und hat ihm die ganze Galerie gekauft. Also, das ist ein Tätigkeitsfeld für selbstbewußte Frauen, und die haben zusätzliche Sorgen, Kummer und Frust, also Arbeit aufzubringen, dass sie ihre kleinen Jungen nicht in die gleiche Richtung schicken und die dann solche Sachen drauf haben wie die Vätergeneration."[40]
Der Bericht von Susanne Meuthien, Mitbegründerin von *Müttercourage*, eröffnet den Blick auf eine facettenreiche Landschaft von Tätigkeitsfeldern für Eltern: Dominanzgebaren, Gewaltverherrlichung, Sexismus, Geschlechterstereotypien – gibt es im *mothering*-Alltag ausreichend Energie für Gegenentwürfe?

Das weite Feld der generativen Tätigkeiten gerät bei unserem erweiterten Arbeitsbegriff ebenfalls in den Blick. Die biologische Zwangsläufigkeit und gesellschaftliche Verpflichtung zum Kinderhaben sind ja gerade mit der Neuen Frauenbewegung in Frage gestellt worden: *ob Kinder oder keine, entscheiden wir alleine* war in den 1970er Jahren Leitmotto der §218-Bewegung. Die freie und bewusste Entscheidung zum Elter(n)-Werden gehört zu den markantesten Errungenschaft der letzten vierzig Jahre.
So ist die Broschüre *Marlene hatte andre Pläne* ausgestellt, die eine Hamburger Frauengruppe zu Erfahrungen mit Sterilisation ca. 1985 herausgebracht hat. Sich bewußt gegen eigene Kinder und für eine Sterilisation zu entscheiden, war und ist für Frauen immer wieder ein Thema, das Entscheidungsarbeit erfordert.
Diese Perspektive ist auch bei anderen ausgestellten Objekten zu finden, etwa beim Diaphragma oder bei der Antibabypille. Sie repräsentieren die vorrangig weiblichen *Entscheidungsarbeiten* mit ihren Facetten der Gesundheitsfragen, Zeitpunkt oder Methoden von Empfängnisverhütung.

Den Blick auf emotionale und körperliche Schwerstarbeit von Frauen, die meist auch noch mit hohen Kosten verbunden ist, lenkt ein eher unscheinbares Objekt: die Vierlochschale. Sie dient zur Aufbewahrung von Eizellen oder Embryonen im Brutkasten, bevor sie in die Gebärmutter verpflanzt werden bei der sog. *In-Vitro-Fertilisation* oder *Reagenzglasbefruchtung*. Mit steigender Tendenz lassen Paare eine Sterilitätstherapie durchführen. Die Frauen müssen sich in der Regel mehrfach der emotional und körperlich oft qualvollen Behandlung unterziehen. Die Rede ist – je nach Standpunkt – von 5-20% Erfolgsrate pro Zyklus.

Generative Arbeiten mit der Dimension von steigenden, vorgeburtlichen Standards thematisieren auch Exponate wie der Mutterpass, die Ultraschallbilder oder die Schwangerschaftsdokumentation. Mit der Verwissenschaftlichung der Schwangerschaft gehen genetische Kontrolle und die Verantwortung für die *Qualität des ungeborenen Lebens* einher als Anforderungen an die werdenden Mütter. Vorgeburtliche Diagnoseverfahren suggerieren, gesunde Kinder seien machbar. Solche pränatalen Tests haben in der Regel das Ziel, *Normabweichungen* des Ungeborenen ausfindig zu machen. Die Entscheidungsarbeit, die *Normabweichung* zu akzeptieren oder vorgeburtlich zu selektieren, kann für Schwangere sehr schwer werden, wenn Normalität gesellschaftliches Leitbild ist.
Darüber hinaus zeichnet sich seit den 1980er Jahren ein Trend ab zu *Vorsorgearbeiten* für das *Kind in Planung*. Unter der Devise bessere Babys nach Plan wird der „Countdown to Conception"[41] ausgerufen als Verhaltens- und Terminplan für die Vorbereitung auf die Empfängnis. Das Konzept der Machbarkeit von perfekten Babys wird in der populärwissenschaftlichen Ratgeberliteratur zur Aufgabe der Frauen umgeformt.

Nach dem Blick in die Vitrine lohnt sich vielleicht auch ein Blick auf die *mothering*-Kategorien eines amerikanischen Forscherteams, das 1990 ein Gutachten für die Berliner Verwaltung zum Thema *Vaterschaft und Elternurlaub* herausbrachte.[42] Dort findet sich die Einteilung: direkte Interaktion (unmittelbare Tätigkeit, wie Versorgungsleistung oder Spiel); Verfügbarkeit (keine direkte Beschäftigung mit dem Kind, aber elterliche Präsenz); Verantwortung (Zuständigkeit zum Beispiel für Bedürfnisse und Termine des Kindes , wie Elternabend, Arztbesuch).
Ein Fazit des Gutachtens: Zeitaufwendung und konkreter Einsatz wurden in allen drei Bereichen überproportional von den Müttern geleistet. *Die größte Diskrepanz zeigt sich bei der Verantwortung: die wenigsten Väter übernehmen überhaupt Verantwortung für die Kindererziehung.* Und Verantwortung manifestiert sich weniger am großen Wurf von Erziehungsentscheidung, sondern vielmehr am kleinpusseligen Zusammenbauen des Alltagsmosaiks, der teilhabenden Begleitung des Kindes an seinem Großwerden.

Die Uhr auf dem Sandförmchen, die selbstgebastelte aus Pappe, die Mikeymouse-Uhr – viele Exponate erzählen vom Erlernen des Zeitmessens und -einteilens. Die im Prozeß der Industrialisierung vollzogene Zurichtung in Sachen Zeit-Disziplin ist für die Mehrzahl der Frauen und Männer in der westlichen Moderne zur zweiten Natur geworden. Für die Dienstleister am Arbeitsplatz Kind wiederum wird ein anderer Umgang mit Zeit und eine andere Wertigkeit von Zeit erfahrbar: So ist Zeitverschwenden ein wichtiges Mittel, wenn das Produkt Kind gelingen soll – Stichwort: zeitraubende Vermittlung von zivilisatorischen Standards und Kulturtechniken oder die Methode *Gewährenlassen*. *Mothering*-Tätige bringt das häufig genug in ein Dilemma, wenn es im Berufsleben ums Zeitsparen geht.

Zum Schluß sei an ein Rezept von Nina Hagen erinnert: *vor dem ersten Kinderschrei´n, muß ich mich ersma selbst befrei´n.*
Mothering als persönliche Lebensaufgabe, fällt weder Müttern noch Vätern selbstverständlich in den Schoß.

Bildunterschriften

1. Jula Dech: „Was meinen wir, wenn wir sagen, in unserer Gesellschaft dominiert der Mann?", Farbserigraghie, 1970, permanentes Exponat in der Abteilung „Frauen und Männer – Arbeitswelten, Bilderwelten" im Museum der Arbeit. (Foto: Karin Plessing, Museum der Arbeit)

2. Petra Schoenewald: Karl und Anette, 1995, temporäres Exponat in der Abteilung „Frauen und Männer – Arbeitswelten, Bilderwelten" im Museum der Arbeit. (Foto: Karin Plessing, Museum der Arbeit)

1 doublebind. Kunst, Kind, Karriere. Hrsg. von Signe Theill. Berlin 2003, S. 6.

2 Renate Meyer im Interview mit Elisabeth v. Dücker, 1996.

3 Der Analphabetismus des Wassers nimmt zu. Fast jeder 4. Mensch über 6 Jahren in Deutschland kann nicht schwimmen. Eltern fehlt häufig die Zeit und auch das Geld, es ihren Kindern beizubringen. Das Grundschul-Pflichtfach fällt an vielen Schulen aus, da Schwimmbäder schließen und Sportlehrer fehlen. Vgl. taz, 24./25.7.04, S. IV.

4 Äußerung des Bundeskanzlers Gerhard Schröder gegenüber seiner Kabinettskollegin Christine Bergmann um 1999. Mittlerweile haben Kinderbetreuung und die Vereinbarkeit von Familie und Beruf Eingang in die neue Regierungserklärung von 2002 gefunden.

5 Claudia Born: *Kinder, Küche und Karriere – wie vereinbar sind Familie und Beruf und wie kinderfreundlich ist der Staat in Deutschland?* In: Familie und Familienpolitik in Deutschland und Frankreich. Von den NachbarInnen lernen. Hrsg. von Arbeitnehmerkammer Bremen. Bremen 2003, S. 64/65.

6 Uta Meier: *Familie ist, wo Kinder sind! Familienpolitik in Daten und Fakten.* In: Arbeitsplatz Kind. Hrsg. von Mechtild M. Jansen. Wiesbaden 1998, S. 50.

7 Ebenda, S. 52.

8 Wie Anm. 5, S. 61.

9 Thomas Gesterkamp / Dieter Schnack: Hauptsache Arbeit. Männer zwischen Beruf und Familie. Hamburg 1996, S. 72.

10 Wie Anm. 1, S. 23.

11 Wie Anm. 6, S. 52.

12 Barbara Vinken: *Familien in Deutschland und Frankreich: eine vergleichende Untersuchung.* In: Familie und Familienpolitik in Deutschland und Frankreich. Von den NachbarInnen lernen. Hrsg. von Arbeitnehmerkammer Bremen. Bremen 2003, S. 5ff.

13 Ebenda, S. 7.

14 Sara Ruddick: Mütterliches Denken. Für eine Politik der Gewaltlosigkeit. Frankfurt / Main 1993, S. 39.

15 Barbara Vinken: Die deutsche Mutter. Der lange Schatten eines Mythos. München 2001.

16 Ebenda, S. 275-277.

17 Wie Anm. 5, S. 57.

18 Im Museum der Arbeit in Hamburg gibt es in der 1997 eröffneten Dauerausstellung zur Geschlechtergeschichte einen Exkurs zum Thema:Kinder und Karriere – Kinder oder Karriere? Vom Drahtseilakt zwischen Mutterschaft und Beruf in DDR und BRD mit zehn weiblichen Lebensläufen aus Ost und West.

19 Heide Oestreich: Im Bann des Muttermythos. In: taz, 11.5.04, S. 5.

20 Der im Juli 2004 vorgestellte Regierungsentwurf des *Tagesbetreuungsgesetzes* soll die Betreuungsplätze bis 2010 vervierfachen (von heute 60.000 auf 230.000 – allerdings ohne den erhofften Rechtsanspruch auf einen Platz).

21 Wie Anm. 15, S. 264. Im Museum der Arbeit gibt es in der Dauerausstellung zur Geschlechtergeschichte ebenfalls einen Exkurs zum Thema: Der Wohlfahrtsstaat ist der beste Freund der Frauen. Schweden – das Modell?

22 Gisela Erler in: Die Zeit, 17.8.00, S. 13. Erler berät heute übrigens große Unternehmen in Work-Life-Balance-Fragen.

23 Diesen Titel entlehnten die Organisatorinnen des Hessischen Mütterkongresses 1997 für ihre Tagung und die Publikation: Arbeitsplatz Kind. Über die Verteilung von Erziehungs- und Erwerbsarbeit. Hrsg. von Mechthild M. Jansen, Wiesbaden 1998.

24 Elisabeth v. Dücker: ...das Leben hat sich unter und auf den Dingen angesiedelt. Erzählungen industrie – und sozialhistorischer Museen zu Arbeitswelten und Geschlechterverhältnissen – ein Beispiel aus Hamburg. In: Museumsblatt. Mitteilungen aus dem Museumswesen Baden-Württembergs, H. 34, April 2003, S. 14-19.

25 So Uta Meier in ihrem Vortrag: Familie ist, wo Kinder sind. Familienpolitik in Daten und Fakten auf dem 3. Hessischen Mütterkongress am 5.7.97 in Marburg.

26 Maria Rerrich, Andrejs Urzde: Frauenalltag und Kinderwunsch, 1981. Zitiert nach Elisabeth Beck-Gernsheim: Mutterwerden – der Sprung in ein anderes Leben. Frankfurt / Main 1989, S. 63.

27 Carl Schmidt-Rogge: Dein Kind, Dein Partner. Psychoanalyse der Entwicklung und Erziehung im Kindes – und Jugendalter. München 1973, S. 297.

28 Ein Verein der seit 1986 feministische Mütterpolitik macht und 1993 mit großer Resonanz den 1. Hamburger Mütterkongreß durchgeführt hat.

29 Sonja Deuter im Interview mit Elisabeth v. Dücker 1996.

30 Sonja Deuter, unveröffentlichtes Manuskript, 1996.

31 Norddeutscher Rundfunk NDR 3, 30.6.97.

32 Irmgard Schultz: Der erregende Mythos vom Geld. Die neue Verbindung von Zeit, Geld und Geschlecht im Ökologiezeitalter. Frankfurt / New York 1994, S. 46.

33 Angelika Schirmer, Mitbegründerin von Müttercourage 1996.

34 Doris Bishop im Interview mit Brigitte Hoffmeister 1995.

35 Hans-Jürgen Schirmer im Interview mit Christine Frühauf 1996.

36 Wie Anm. 34.

37 Helga Zeiher: *Kindheitsräume. Zwischen Eigenständigkeit und Abhängigkeit.* In: Ulrich Beck / Elisabeth Beck-Gernsheim: Riskante Freiheiten, Frankfurt / Main 1994, S, 361.

38 Ebenda, S. 369.

39 Elisabeth Beck-Gernsheim, wie Anm. 26, S. 121.

40 Susanne Meuthien im Interview mit Elisabeth von Dücker 1996.

41 Wie Anm. 39, S. 115.

42 Georg Brzoska / Gerhart Haffner / Eberhard Schäfer: Aktive Vaterschaft und Elternurlaub. Gutachten für die Senatsverwaltung. Berlin 1990. Zitiert nach Cheryl Benard / Edit Schlaffer: Sagt uns, wo die Väter sind. Von der Arbeitssucht und Fahnenflucht des zweiten Elternteils. Hamburg 1991, S. 18f.

Dr. Marianne Krüll

ICH SCHAUE IN DEN SPIEGEL UND SEHE MEINE MUTTER – UND BIN STOLZ AUF UNS BEIDE!!

Fast jede Frau, die Ähnlichkeiten zwischen sich und ihrer Mutter entdeckt, erschrickt oder ist sogar entsetzt. Denn kaum eine von uns hat ein wirklich unbeschwertes Verhältnis zu ihr und ist stolz, in ihre Fußstapfen zu treten. Die meisten Töchter haben unangenehme Gefühle ihrer Mutter gegenüber. Sie empfinden sie als aufdringlich, anklagend, vorwurfsvoll, lieblos, besserwisserisch, schwach, dumm, ängstlich, kalt, übergriffig, ewig jammernd, klammernd, abweisend, bedürftig, blöd ... – die Liste ist endlos fortzuführen und von jeder Tochter werden die Merkmale unterschiedlich gemischt. Zwar geben wir zu, daß Mutter ja auch lieb und nett ist/war und manchmal gut für uns gesorgt hat, doch dann fügen wir schnell ein ABER hinzu, denn was immer Gutes sie getan hat – wir meinen, daß es nicht gut genug war.

Wenn sie alt ist, müssen wir uns meist zwingen, sie zu ertragen – ihre Besuche, ihre Anrufe, ihre Sprüche, ihre offene oder versteckte Kritik, ihre Blicke. Eine Frau gestand mir, daß sie nach jedem Telefonat mit ihrer Mutter ein bis zwei Tage braucht, um sich wieder zu „berappeln".

Ob die Mutter schon hilfsbedürftig oder noch aktiv und unternehmungslustig ist, ob sie sich ständig Sorgen um uns macht oder wir ihr völlig wurscht sind, ob sie unglücklich ist, weil sie glaubt, ihr Leben nicht gelebt und sich für alle geopfert zu haben, oder ob sie als lustige Witwe oder endlich Geschiedene ihr eigenes Leben führt, – fast immer haben wir als Töchter mit ihr Probleme.

Denn wir fühlen uns verantwortlich für ihr Wohlergehen, wollen ihr helfen, glücklicher zu sein, schämen uns auch für ihre Absonderlichkeiten. Wir geben ihr gute Ratschläge, die sie aber nicht annehmen will, weil sie sie als Kritik empfindet. Sie hat Ausreden, weiß alles besser, will immer etwas anderes als das, was wir ihr geben können.

Und so beschuldigen sich Mütter und Töchter gegenseitig – ein Teufelskreis rotiert, der uns immer weiter voneinander entfremdet. Es ist, als ob sie unsere Feindin ist, die wir bekämpfen zu müssen meinen. Wir wünschen uns, eine andere Mutter zu haben oder gehabt zu haben. Wir erwarten, daß sie sich endlich mal anders verhält, daß sie begreift, daß wir nicht mehr Kinder sind, sondern Erwachsene. Und natürlich wollen wir auf keinen Fall so sein oder werden wie sie.

Was hat es mir dieser „Mütterschelte" von Frauen auf sich? Warum rege ich mich so gewaltig auf, wenn ich von den Schwächen oder Fehlern meiner Mutter spreche? Uralte Geschichten aus meiner Kindheit kommen hoch, so als wären sie gestern passiert. Warum stehe ich als nunmehr erwachsene Person – und selber Mutter – nicht darüber und bleibe gelassen? Warum erschrecke ich, wenn ich feststelle, daß ich meinen eigenen Kindern mit demselben Verhalten begegne, das ich an meiner Mutter so haßte?

Fragen wir uns einmal, weiche Mutter da eigentlich gemeint ist. Ist es wirklich diese Frau da draußen? Handelt es sich nicht eher um mein eigenes Schattenbild, also um Eigenschaften, die ich an mir nicht mag und auf das Bild der „Mutter in mir' projiziere?

Dieser Gedanke, daß wir die Mutter als feindliches Schattenbild in uns tragen, ist zunächst erschreckend: Ich soll genauso sein (siehe die Liste der mütterlichen Schwächen oben) wie sie? Niemals! Und dann zählen wir unsere positiven Eigenschaften auf, die alle das Gegenteil dessen zu sein scheinen, was wir an der Mutter ablehnen.

Doch mit ein bißchen Hilfe von außen können wir lernen uns einzugestehen, daß diese gegensätzlichen Bilder eigentlich nur die Kehrseite derselben Medaille sind. Ich bin nicht nur ein Engel und Mutter nicht nur ein Monster. Vielmehr sind wir beide Frauen mit ziemlich vielen Anforderungen, die uns von innen und außen aufgebürdet werden, vor allem, wenn wir Mütter sind und unser Leben halbwegs geregelt auf die Reihe kriegen wollen.

Wenn wir uns wegen unserer Unvollkommenheiten selbst beschuldigen oder – als Tochter – unsere Mutter dafür schuldig sprechen, machen wir alles noch schlimmer, denn wir bestätigen und bestärken die Bilder von der „idealen" Frau und „perfekten" Mutter, die uns in unserer Gesellschaft als nachzulebende Modelle präsentiert werden. Doch dazu gleich noch mehr.

Solange ich also meine Mutter als Feindin betrachte, bekämpfe ich einen wesentlichen Teil meiner eigenen Person. Ich bin mir selbst Feindin. Alles, was ich an ihr kritisiere, ist auch in mir. Als Tochter bin ich wie sie in unendlich vielen Aspekten meines Seins. Wenn ich viele davon ablehne, lehne ich mich in diesen Teilen selbst ab, bin gespalten.

Dies zu erkennen, kann sehr befreiend sein. Und wenn ich dann die Herausforderung annehme und mich darum bemühe, das negative Bild meiner Mutter umzuwandeln, indem ich sie in den vielfältigen Facetten ihrer Person wahrnehme und Ähnlichkeiten und Unterschiede zwischen uns ernsthaft reflektiere, dann löst sich der Schatten auf und auch ich kann mich mit meinen Fehlern und Schwächen besser akzeptieren. -Doch wie kann das gehen?

Es gibt viele Wege, und jede muß den für sie richtigen finden. Ich habe mich auf eine Reise in die Vergangenheit gemacht und die Geschichte meiner Mutter viele Jahre nach ihrem Tod rekonstruiert. Ein Buch ist daraus entstanden:„Käthe, meine Mutter' (Christel Göttert--Verlag, Rüsseisheim 2001). Meine Fragestellung lautete: Wer war diese Frau als Frau, das heißt als eine wie ich. Ich ließ die ewig wiederholten Anekdoten aus ihrem Leben beiseite und suchte „echte", das heißt, für mich nachfühlbare Geschichten aus ihrer Kindheit, ihrer Jugend, ihrem Erwachsenenalter vor meiner Geburt, die ich bis dahin nicht kannte: Was waren ihre Sehnsüchte, unerfüllten Wünsche, weiche Schicksalsschläge hatte sie zu erleiden, weiches Leben lebte sie? Ich hütete mich davor, solche Geschichten nicht von vorneherein aus meiner Sicht zu bewerten und wieder nur als Vorwurf gegen sie zu richten („Warum hast du nicht ...?" oder „Du hättest doch aber..."), sondern sie als gelebtes So-Sein meiner Mutter mit Liebe und Achtung zu betrachten.

Ich hatte es bei meiner Spurensuche nach der Geschichte meiner Mutter nicht leicht. Sie war schon tot, ich konnte sie also nicht selbst befragen, sondern mußte mich auf wenige Aufzeichnungen, Briefe, Fotos und Berichte von anderen stützen. Wie sie selbst ihre Geschichte erzählt hätte, weiß ich also nicht. Es bleibt meine Geschichte.

Dazu kam, daß ich mit dieser Spurensuche meine eigenen Schuldgefühle ihr gegenüber abbauen wollte. Denn ich hatte mich einige Jahre vor ihrem Tod sehr mit ihr zerstritten und es war zu keiner Versöhnung mehr zwischen uns gekommen.

Es war ein langer Weg, bis ich mit der „Mutter in mir' Frieden fand. Ich brauchte viele, auch therapeutische Gespräche mit anderen Menschen. Die Rekonstruktion

ihrer Lebensgeschichte und der ihrer Voreltern half mir sehr, denn ich fand Erklärungen für vieles, was ich an ihr kritisiert hatte. Ich hörte auf, in ihr eine Feindin zu sehen, die mir Schuldgefühle machte und konnte ihre Liebe in mir wieder fließen lassen, die ja auch während unseres Zerwürfnisses nie verschwunden war.

Das war der Blick nach innen, in die persönliche Geschichte meiner Mutter. Aber ebenso wichtig war es, meinen Blick nach außen zu lenken: Was waren die gesellschaftlichen und politischen Lebensbedingungen in ihrer Zeit? Meine Mutter erlebte zwei Weltkriege, die existentielle Bedrohung in den Bombennächten in Berlin, politische und ideologische Umbrüche mit weitreichenden materiellen Folgen. Wie hätte ich in dieser Zeit gelebt, wie auf die Ereignisse reagiert?

Und natürlich hatte meine Mutter auch die Vorstellungen vom „richtigen" Mutterund Frau-Sein aus jener Zeit übernommen. Dabei war sie relativ modern, denn Berufstätigkeit war für sie selbstverständlich und ihrem Mann fühlte sie sich nicht unterlegen. Aber sie sehnte sich nach einem starken Mann, der mein Vater in ihren Augen nicht war und so blieb sie doch den alten Rollenklischees verhaftet.

Es gab ja noch keine Frauenbewegung, durch die sich dann bei mir – auch erst sehr spät – die Augen öffneten. Wie meine Mutter konnte auch ich damals nicht erkennen, daß wir beide den gesellschaftlichen Mythen von Weiblichkeit einerseits und Männlichkeit andererseits aufgesessen waren, die in Politik, Wissenschaft (auch in meiner eigenen Wissenschaft, der Soziologie), Religion, Pädagogik, Therapie usw. vorherrschen und die wir Frauen und Männer in unseren Beziehungen im Alltag leben. Das Private war für uns nicht politisch, wir merkten nicht, daß diese Mythen uns Frauen in Widersprüche verstricken, die vor allem Mütter benachteiligen. „Mütterschelte" ist in unseren Gesellschaften ein allgegenwärtiges Muster, mit dem Frauen daran gehindert werden, die enormen Leistungen, die sie als Mütter für die Gesellschaft erbringen, zu erkennen und eine angemessene Würdigung dafür zu einzufordern.

Zentral ist dabei der Mythos der perfekten Mutter, die alles richtig macht, keine Schwäche zeigt, immer geduldig ist, immer fürsorgend und verantwortungsvoll für ihre Lieben sorgt, die ihre eigenen Wünsche und Bedürfnisse zurücksteckt – kurz, die ein Wesen von einem anderen Stern ist! Keine von uns kann diesem Bild entsprechen, schon gar nicht in der extrem mutter- und kinderfeindlichen Umwelt, in der wir leben. Dennoch wird uns suggeriert, daß wir dem Bild der perfekten Mutter unbedingt nachstreben müssen, weil das unsere „Natur" sei. Eine echte Mutter, so heißt es, weiß intuitiv, was ihr Kind braucht und ist immer imstande, ihm das zu geben. Da uns das nie oder selten gelingt, werden wir als „schlechte" Mütter gebrandmarkt, die dafür gescholten oder sogar bestraft werden dürfen und die sich selbst schuldig fühlen.

Auch wenn sich – nicht zuletzt durch die Frauenbewegung – in den letzten zwei bis drei Jahrzehnten die Frauenrolle stark verändert hat, bleibt der Mythos der von Natur aus perfekten Mutter weiterhin für die meisten Frauen Maßstab für ihr eigenes Mutter-Sein. Und damit sitzen wir in einer Falle, denn jede noch so kleine Schwäche, jeder normale Wutausbruch, jeder minimale „Fehler", der uns unterläuft, verwandelt uns in eine „schlechte" Mutter, die aufgerufen ist, sich schleunigst zu bessern. Tut sie es nicht, wird sie zu einer „bösen" Mutter. Einer Mutter wird nichts verziehen, und meistens verzeiht sie sich selbst auch keine Fehler. Denn wenn sie dem Mythos der perfekten Mutter aufgesessen ist, hat sie selbst den Anspruch, perfekt zu sein und verzweifelt, wenn es ihr nicht gelingt. Und selbst wenn sie wohlgeratene Kinder vorzeigen kann, werden ihre Leistungen als Mutter selten honoriert, sondern eher auf die „guten Gene" (möglicherweise sogar des Vaters!) zurückgeführt oder sie wird sogar auch wieder gescholten, eine zu stolze Mutter zu sein.

Das Ver-Rückte daran ist, daß es keine klaren Kriterien für „richtiges" Mutter-Sein gibt. Eine Mutter, die sich ausschließlich ihren Kindern widmet, kann als „überbeschützend" abgestempelt werden, eine, die Beruf und Mutterschaft zu vereinen sucht, als „vernachlässigend". Dem Mythos der „perfekten" Mutter entsprechend, kann ihr jedes beliebige Verhalten als Fehler oder Versagen ausgelegt werden.

Einziges Kriterium für ihr „Versagen" ist das Verhalten der Kinder. Sind sie in irgendeiner Weise auffällig, wird die Schuld bei der Mutter gesucht. Nicht der Vater wird zur Verantwortung gezogen, denn so wie er sich vom konkreten Alltagsgeschehen in der Familie zurückziehen kann, da er ja „das Geld verdient" und auch bei Erwerbstätigkeit der Mutter kaum Familienpflichten übernimmt, trifft ihn eben auch keine Schuld, wenn die Kinder Störungen aufweisen. Und selbst bei gewalttätigen Vätern versuchen Therapeuten, Berater und vor allem die der Familie nahestehenden Menschen oft genug, der Frau den Vorwurf zu machen, sich und ihre Kinder nicht genug geschützt zu haben. Wenn aber die Mutter irgendwann einmal aufbegehrt oder ausrastet, weil ihr alles über den Kopf wächst, dann ist sie eine „unnormale" Mutter, die in psychiatrische (meist männliche !) Hände gehört.

Es ist erschreckend, wie weitverbreitet die gesellschaftliche Mütterschelte ist. Paula Caplan hat in ihrem Buch „Don't Blame Mother" (auf deutsch „So viel Liebe, so viel Haß") anhand von vielen Beispielen aufgezeigt, daß Mütterschelte vor allem die Funktion erfüllt, nicht nur im innerfamilialen Bereich, sondern gesamtgesellschaftlich die Verantwortung für die Versorgung und Erziehung der Kinder auf die Mütter abzuwälzen. Der Mythos der perfekten Mutter und seine Umkehrung in den Mythos der schlechten Mutter hindert Mütter eben auch daran, politische Forderungen zu stellen, die ihre Situation und die ihrer Kinder verbessern würden. Sie halten still, begehren nicht auf und versuchen immer weiter, aus allem das Beste zu machen. Der Mutter-Mythos hält sie in dem Glauben gefesselt, selbst verantwortlich sein, also auch für alles eine eher individuelle Lösung finden zu müssen anstatt Gesellschaft und Politik in die Verantwortung zu nehmen.

Verschärft wird die Situation der Mütter durch die Existenz eines anderen Mythos, der die Männerzentriertheit unserer Gesellschaften zementiert. Es ist der Mythos des „starken Mannes", den die Frau angeblich an ihrer Seite braucht, der sie schützen und stützen soll, der sie führt und zu dem sie aufschauen kann. Als Vater ist er ebenfalls stark und kann „durchgreifen", wenn sie mit den Kindern Probleme hat. Das Bild des Patriarchen aus dem 19. Jahrhundert, der nach Haus kommt und erstmal seine Kinder – vor allem die Söhne – durchprügelt, ist zwar heute nicht mehr aktuell, doch sehnen sich immer noch viele Frauen nach dem starken Mann als Vater für ihre Kinder, bzw. es wird ihnen suggeriert, daß ein solcher Mann für sie und die Kinder gut wäre.

Selbstverständlich kann kein Mann dieses Bild des „starken" Mannes und Vaters erfüllen, ebensowenig wie die perfekte Mutter ein lebbares Modell ist. Anders als bei der Frau wird nun aber der Mann nicht zum „schlechten" Mann und Vater, wenn er die Anforderungen des Mythos nicht erfüllt. Eine gesellschaftliche „Vaterschelte" gibt es nicht, obwohl doch Väter für ihre Abwesenheit bei der Kindererziehung, für ihre mangelnde Fürsorge im direkten Umgang mit Kindern angeprangert werden könnten.

Sein „Versagen" kann und wird nämlich von ihm selbst und von anderen Menschen entschuldigt, indem die Frau – als erste seine Mutter – dafür veranwortlich gemacht wird: Weil seine Mutter ihn als Kind nicht zum „richtigen" Mann erzogen hat, ihn verweichlicht hat oder ihm den Vater entzogen hat (die Tatsache, daß in den meisten Fällen sich die Väter der Familie entziehen, wird geflissentlich übersehen), deshalb, so die Begründung, ist er auch kein „starker' Mann, kein „richtiger" Vater geworden.

Der Mythos der „perfekten" Mutter verzahnt sich also mit dem des „starken" Mannes, indem wieder die Mutter als „schlechte" deklariert wird, wenn ihr erwachsener Sohn „Fehler" aufweist.

Und ebenso kann jeder Mann dann später seine Partnerin dafür verantwortlich machen, wenn sie nicht „weiblich" genug ist und ihn damit nicht „starke" Mann sein läßt. Ver-Rückt ist also auch dieser Mythos – allerdings anders als der von der „perfekten" Mutter -, weil der „starke" Mann die Bestätigung durch eine Frau braucht, die schwächer sein muß (oder sich gibt) als er. Ein Mann, der dem Mythos des „starken" Mannes aufgesessen ist, kann keine ebenbürtige „„starke" Frau neben sich ertragen, ohne sich als Schwächling zu fühlen und zu fürchten, als „Waschlappen" verlacht zu werden. Er darf deshalb auch nicht für die „niederen" Tätigkeiten wie Haushaltsarbeit oder Kinderversorgung herangezogen werden, sondern hat Anspruch darauf, daß Frauen diese Arbeiten für ihn verrichten. Auch die emotionale Kommunikation in der Familie ist unter seiner Würde. Er überläßt sie den Frauen, was nicht selten dazu führt, daß sich Männer zu kommunikativen Analphabeten entwickeln.

Besonders im Bereich der Sexualität muß es einem „starken" Mann gelingen, so der Mythos, eine Frau zu erobern, sexuell zu befriedigen und mit seiner männlichen Potenz an sich zu binden. Schafft er es nicht, darf er sein Versagen wiederum der Frau anlasten, und etwa als Ehemann von ihr fordern, ihre „eheliche Pflicht" zu erfüllen, er darf Gewalt anwenden, wenn sie sich verweigert oder aber sich erlauben, seinen „Sexualtrieb" bei anderen willigen oder käuflichen Frauen zu befriedigen. Der Mythos des starken Mannes gestattet es einem „schwachen" Mann, Frauen mit Gewalt zum Geschlechtsverkehr oder zum Verkauf ihres Körpers zu zwingen oder auch, ihm seine nicht vorhandene Stärke durch heuchlerisches Vortäuschen ihrer Schwäche zu bestätigen.

Da der Mythos des starken Mannes seit über dreitausend Jahren das Menschenbild unserer Kulturen prägt und alle gesellschaftlichen Bereiche durchdringt, wird die so definierte Männlichkeit und die darauf bezogene Weiblichkeit von den meisten Menschen als „natürlich" empfunden. Jeder einzelne Mann kann sich darauf berufen, über den Frauen stehen zu dürfen und mehr zu sein als sie, selbst wenn er noch so gravierende menschliche Schwächen zeigt oder katastrophale Fehler begeht.

Und da alle maßgeblichen gesellschaftlichen Institutionen – Religion, Politik, Wirtschaft, Wissenschaft, Medien, um nur die einflußreichsten zu nennen – von Männern geführt werden und wurden, haben Männer theoretische und praktische Definitionsmacht über alle Bereiche des menschlichen Lebens. Und besonders über diejenigen Lebensbereiche, für die die Frau aufgrund ihrer Rolle zuständig ist, üben Männer Kontroll- und Definitionsmacht aus. In großen Theorien über die „Natur' des Weiblichen und der Mutterschaft eingebunden, von den Konfessionen mit Gottesbildern überhöht, in pädagogische, juristische, therapeutische Praxis überführt bestimmen Männer über Frauen und Mütter.

Der Mythos der perfekten Mutter ist dabei ein wichtiges Instrument der Kontrolle durch den Mann. Da keine Mutter perfekt sein kann, kann ihr – wie schon ausgeführt -alles angekreidet werden von den Schulproblemen der Kinder bis zum sexuellen Versagen des Mannes.

Daß wir Mütter und Frauen mit unseren Familienaufgaben die wichtigste gesellschaftliche Leistung, nämlich den Erhalt und den Fortbestand des Lebens erbringen, ohne dafür entlohnt oder wenigstens angemessen gewürdigt zu werden, sondern noch dazu gescholten werden, wenn es uns nicht gelingt „„perfekt" zu sein, ist ein ungeheuerliches Unrecht. Doch dieses Unrecht bleibt unsichtbar, weil die Mythen der Weiblichkeit und Männlichkeit als unsere „Natur" deklariert werden. Alle großen, von Männern entworfenen Theorien des Menschen basieren auf dem Mythos des „von Natur aus" starken Mannes und der ihm entsprechend „naturgegeben" untergeordneten Frau. Damit wird ein Verständnis für die gesellschaftlichen

Zusammenhänge der Geschlechtertrennung und die Machtverhältnisse grundsätzlich abgeblockt. Jegliches Aufbegehren von Frauen gegen diese leicht widerlegbare Vorstellung von der Naturhaftigkeit der Überlegenheit des Mannes und der Unterlegenheit der Frau und ihre Entlarvung als gesellschaftliches Machtinstrument, wird daher mit allen Mitteln bekämpft.

Viel hat sich durch die Frauenbewegung in den letzten zwanzig bis dreißig Jahren verändert, doch zeigt sich seit mehreren Jahren ein Rückschlag, der beide Mythen wieder erstarken läßt. Um so wichtiger ist es, die Erkenntnisse der feministischen Frauenforschung präsent zu halten und fortzuführen.

Dieser Blick nach außen, in die größeren gesellschaftlichen Zusammenhänge, war für mich ebenso wichtig, um das Bild von der „Mutter in mir" zu heilen wie meine oben geschilderte Rekonstruktion der Lebensgeschichte meiner Mutter. Denn es waren in erster Linie diese Mythen des Frau- und des Mann-Seins, die mein Verhältnis zu ihr belasteten. Wir Töchter haben sie meist schon als kleine Mädchen in uns aufgenommen. Wir konnten aber nicht erkennen, daß es sich um gesellschaftliche Mythen handelt, weil auch die Erwachsenen in unserem Umfeld darin gefangen waren. Wir glaubten, daß eine Mutter wirklich perfekt und ein Vater ein starker Mann sein müsse. Wenn unsere Eltern diesem Bild nicht entsprachen, wenn wir etwa wahrnahmen, wie die Mutter sich erniedrigte oder eigene Bedürfnisse zurücksteckte, wie sie auch oft bemüht war, als Stärkere die Schwächen des Vaters nicht offenkundig werden zu lassen, wie sie dem Vater Vorwürfe machte über seine Inkompetenz, dann sahen wir – getreu dem Mythos – in ihr eine „schlechte" Mutter.

Viele Töchter bleiben in dieser Haltung stecken, nicht seiten bis in ihr Erwachsenenleben oder sogar über den Tod der Mutter hinaus. Sie machen der Mutter den Vorwurf, nicht genug Rückgrat gehabt zu haben oder umgekehrt, zu dominant, nicht „weiblich" genug gewesen zu sein. Sie glauben, daß die Mutter, wenn sie sich nur angestrengt hätte, eine bessere Partnerschaft hätte führen können.

Dabei ist es immer wieder erstaunlich, wie sehr wir als Töchter den Anteil unseres Vaters an den Ehe- und Familienproblemen übersehen. Wir haben eben nicht nur den Mythos der „perfekten" Mutter übernommen, sondern auch den des „starken" Mannes, dessen Unvollkommenheit wir Frauen, insbesondere unsere Mutter, ausgleichen müssen. Die Tochter hat meist mehr Mitleid mit dem Vater, nicht mit der Mutter. Nicht selten bieten wir Töchter uns dann an, den „schwachen", bedauernswerten Vater zu schützen und ihm eine bessere Partnerin zu sein als unsere „schlechte" Mutter.

Für die Mutter ist ein solches Verhalten ihrer Tochter extrem verletzend. Nicht nur der Mann stößt sie zurück, auch die Tochter verrät sie und wird ihre Rivalin. Daß sich daraus eine schwere Störung in der Mutter-Tochter-Beziehung ergibt, ist unvermeidlich. Und wieder kann die Tochter die Schuld auf die Mutter zurückwenden.

Der Mann und Vater braucht sich dabei keiner Schuld bewußt zu sein. Daß er seine Tochter verführt, ist, entsprechend dem Mythos vom starken Mann, sein gutes Recht, weil ihm ja die Frau keine ideale Partnerin mehr ist. Auch wenn keine Sexualität mit im Spiel ist, kann eine solche Verführung durch den Vater für die Tochter gravierende Proleme mit sich bringen. Sogenannte Vater-Töchter sind zwar meist sehr attraktive Frauen, doch ihre Rivalität mit der Mutter führt unweigerlich zu einer inneren Gespaltenheit. Meist ist auch ihr Verhältnis zu Partnern überschattet von dem übergroßen, (zu) vielgeliebten Vater, der ihnen im übrigen auch häufig seine Liebe wieder entzieht, wenn sie sich anders entwickeln, als er es von seiner 1dealFrau" wünscht.

Dennoch wird der Vater selten von der Tochter gescholten. Wie schon gesagt, findet man selbst bei Töchtern von gewalttätigen Vätern häufig, daß sie den Vater verteidigen für das, was er ihnen angetan hat und dafür die Mutter beschuldigen, sie nicht genug geschützt zu haben.

In anderen Fällen üben Töchter Solidarität mit der Mutter und versuchen, ihr zu helfen und ihr ihre Last abzunehmen. Die Tochter wird zur Vertrauten der Mutter, die ihr alle Probleme aufbürdet. Damit folgen Töchter auch wieder dem Mythos der perfekten Mutter, jetzt, indem sie selbst eine „perfekte" Mutter für die eigene Mutter sein wollen, eine, die die Mutter nicht hatte, nach der sie sich aber schon als Kind gesehnt hatte. Doch das kann nicht gelingen, weil die Tochter nie eine bessere Mutter für ihre eigene Mutter werden kann. Die Mutter wird immer genauso enttäuscht von ihr sein wie sie von ihrer eigenen Mutter war und der Tochter wie ein unersättliches Kind erscheinen.

Viele Töchter versuchen, sich dem Druck des Mythos von der perfekten Mutter dadurch zu entziehen, daß sie sich entschließen, ein gegensätzliches Leben zu dem der Mutter zu leben, also auf Kinder ganz zu verzichten, sich ganz dem Beruf zu widmen, möglichst keinen Kontakt mit der Mutter zu halten, andere Formen der Partnerschaft zu wählen usw. Doch auch in der Verneinung oder Ablehung dessen, was die Mutter als inneres Bild für die Tochter bedeutet, bleibt sie darauf fixiert. Und ihre Enttäuschung ist dann meist sehr groß, wenn sie merken muß, daß sie mit diesem Gegenentwurf auch nicht erreicht, was sie sich für ihr Leben erhofft.

Gesamtgesellschaftlich hat dies zur Folge, daß wir seit einigen Jahren einen rapide zunehmenden Geburtenrückgang feststellen. Obwohl viele Frauen gern ein Kind haben würden, ist es für sie eine Horror-Vorstellung, dem Mythos der perfekten Mutter gerecht werden zu müssen, vor allem, da sie wissen, daß es den passenden Mann und Vater dazu nur äußerst selten gibt.

Wie kann es nun aber gelingen, uns aus den Teufelskreisen, in die uns die Mythen von Weiblichkeit und Männlichkeit verstricken, zu lösen? Das wichtigste ist, sie bewußt wahrzunehmen, denn die Mythen wirken nur so lange, wie sie nicht als solche erkannt werden. Wenn wir begreifen, daß „perfektes",„richtiges" Mutter- oder Frau-Sein nicht unsere „Natur", sondern ein gesellschaftliches Konstrukt ist, das uns instrumentalisiert und für die Bedürfnisse der Männer-Gesellschaft verfügbar machen soll, dann können wir uns von dem Druck, der mit diesem Bild auf uns ausgeübt wird, ein wenig befreien. Wir können die Mythen zwar nicht beseitigen, aber sie aus unserem Denken und Handeln verbannen und uns der Realität des Frau- und Mann-Seins zuwenden.

Wir erkennen, daß Mütter nun einmal „normal-unvollkommen" sind und daß die schlechteste Mutter immer noch die beste ist, die sie sein konnte. Ich verwende gern die Metapher des Glases, das halbvoll oder halbleer ist, je nachdem, wie ich es betrachten will: Unsere Mutter hat uns kein ganz volles Glas 'mitgeben können, aber das halbvolle war genug, es hat uns das Leben bis heute ermöglicht, wir können mit dem Inhalt leben und etwas daraus machen. Wenn wir als Töchter nur auf das halbleere Glas starren und die Mutter schelten, daß sie uns kein volles übergeben hat, bleiben wirnach rückwärts fixiert. Aber was uns die Mutter in der Kindheit nicht hat geben können, bekommen wir auch im späteren Leben nicht mehr von ihr. Es heißt also für uns, Abschied nehmen von dem Wunsch, eine bessere Mutter gehabt zu haben. Und dabei hilft uns die Erkenntnis, daß die perfekte Mutter ein Mythos ist.

Gleiches gilt für den Mythos vom „starken" Mann. Auch Männer sind „normalunvollkommen", also selten der Märchenprinz, den Frauen sich erträumen oder der gute Vater, der uns an die Hand nimmt und uns führt. Denn das kann ein Mann nur so lange, wie wir ihn mit strahlenden Augen als Verkörperung des Mythos anhimmeln. Hüten wir uns also davor zu glauben, daß Männer uns überlegen sind und alles Männliche besser ist als das Weibliche. Der Mythos des starken Mannes dient vor allem dazu, die Macht von Männern über Frauen zu festigen.

Suchen wir stattdessen die Stärke des Weiblichen in der Solidarität mit unseren Müttern. Denn nur auf der Grundlage einer Versöhnung mit unseren Müttern kann uns Töchtern – und das sind wir schließlich alle – auch eine Solidarität mit anderen Frauen gelingen. Laßt uns gemeinsam die frauen- und mütterfeindlichen Mythen in all ihren oft versteckten, subtilen Formen entlarven und vermeiden. Lassen wir uns nicht vor den Karren dieser destruktiven Mythen spannen, hören wir mit der MütterSchelte auf. Es ist ja die „Mutter in mir", also ein Teil in uns selbst, den wir damit beschimpfen.

Als Mütter gilt es, mit unseren Selbstbezichtigungen aufzuhören und unser schlechtes Gewissen abzulegen, etwas „falsch" gemacht zu haben. Denn wir haben das Beste gemacht, was wir konnten. Lenken wir dafür unseren Blick auf die widrigen gesellschaftlichen Verhältnisse, in denen wir Mütter gegen ungeheure Hindernisse kämpfen müssen, um unsere Kinder heil in ihr Erwachsensein zu führen. Schon gar nicht dürfen wir es zulassen, daß uns unsere Töchter beschimpfen und uns die Anerkennung für unsere Leistungen verweigern und damit unsere Würde verletzen. Aber verstoßen wir auch unsere Töchter nicht, wenn sie uns schelten, sondern geben ihnen Raum, ihren eigenen Weg zu gehen. Auch ihnen können wir zugestehen, nicht „perfekt" zu sein, denn wir brauchen sie nicht, um uns als Mütter „perfekt" zu fühlen. Wir können sie sogar ermutigen, das Risiko der Mutterschaft auf sich zu nehmen, indem wir sie bestärken, keine „perfekte", sondern eine „normalunvollkommene" Mutter sein zu dürfen.

Ja, das sind Vorsätze, die ich mir selbst ständig vor Augen halte, die ich aber natürlich auch nicht durchgängig in die Praxis umzusetzen vermag. Bei meinen eigenen Töchtern tappe ich immer wieder in die alte Falle, mich zu fragen: „Was habe ich nur falsch gemacht, dass sie jetzt...", wenn ich von irgendwelchen Problemen in ihrem Leben erfahre. Der Mythos der perfekten Mutter verfolgt auch mich. Vielleicht dürfen solche Reste aber bleiben – wir sind eben nicht perfekt!

Doch ich bin stolz auf meine Töchter und ihren Werdegang. Und ich weiß, dass auch sie stolz auf mich sind und darauf, wie ich jetzt im Alter mein Leben meistere. Und so soll es sein: Entgegen allen mütter- und frauenfeindlichen Mythen können wir Frauen lernen, stolz zu sein auf unsere Mütter, auf uns selbst und auf unsere Kinder!

Weiterführende Literatur:

Caplan, Paula J. (2000): The New Don't Blame Mother. Mending the Mother-Daughter-Relationship. New York, London, erw. Auflage (Routledge, Erstauflage 1989). (Deutsch der 1. amerik. Aufl.: So viel Liebe, so viel Hass. Zur Verbesserung der Mutter-Tochter-Beziehung. Köln 1990. Kiepenheuer & Witsch, TB München 1993. dtv).

Fassbender, Ursula (2004): Die Stärken der Mütter. München (Frauenoffensive).

Olbricht, Ingrid (2004): Wege aus der Angst. Gewalt gegen Frauen. Ursachen, Folgen, Therapie. München (C.H. Beck).

Schenk, Herrad (1996). Wieviel Mutter braucht der Mensch? Der Mythos von der guten Mutter. Köln (Kiepenheuer & Witsch).

Weitere Informationen:

www.MarianneKruell.de

Marianne Pitzen

Zur Ausstellung M.M.

Zu diesem Thema hatten nicht wenige Künstlerinnen etwas zu sagen – eigentlich fast alle, – so schien es mir oft angesichts der Anfragenflut. Im Grunde war das Thema Mutter ein Anliegen so vieler Künstlerinnen, solange das Frauenmuseum überhaupt existiert.

Das Mütter Manifest der Grünen im Jahr 1986 und der Kongress „Leben mit Kindern. Mütter werden laut" sollte der Anlass sein. Auch die Ausstellung sollte den Titel tragen, M.M. = Mütter Manifest.
Eine Anfrage des Müttergenesungswerkes, eine Ausstellung zum Thema zu machen, machte uns Hoffnung auf finanzielle Mittel. Eine Kooperation mit dem Hygiene-Museum Dresden, der freien Ausstellungsmacherin Dr. Anke Sindermann, schien attraktiv. Durch sie kam der Titel Mythos Mutter ins Gespräch. Der einmal formulierte Titel setzte sich sofort in den Köpfen der Künstlerinnen fest und überflügelte den möglichen Titel **„Mutter, Maria & Co"**. Folglich war nur noch der geeignete Zeitpunkt wahrzunehmen:
- Kurz vor dem 25. Jubiläum des Frauenmuseums,
- angesichts der Verschlechterung der Lage der Mütter durch die Globalisierung weltweit
- und der Einsicht der Bundesregierung in Deutschland, dass Frauen gerne Kinder bekommen möchten, dass sie aber auch mit den Kindern leben und nicht nur überleben wollen.

Die Familien lösen sich allmählich zu anderen Lebensformen hin auf, d.h. die Männer als Ernährer von Weib und Kind fallen weitgehend aus, in Künstlerinnenkreisen ganz besonders.

Wo Mütter sind, gibt es auch Väter??
Neue Studien bringen neue demoskopische Schrecken an den Tag: Es sollen demnach nicht die Frauen sein, die gebärunwillig wären, sondern die Männer, die sie nicht zu Müttern machen wollen. Doch dies ist ein anderes, ein neues Themenprojekt.

Die Künstlerinnen stellen ihre Mutterrolle und sämtliche mütterlichen Ausblühungen ohne die Väter zu erwähnen dar, als wären sie **per Parthenogenese** zu ihren Kindern gekommen und Jungfrauengeburt die einzig interessante Form der Vermehrung.

Madonnen und Marien fallen auf. So kommen wir in die Ausstellung wie in eine Marienkirche, im „Hauptschiff" und den „Seitenkapellen" nichts als Madonnen und Mariendarstellungen. Künstlerinnen sehen sich und Mütter überhaupt als überhöhte heilige Instanzen an, – das ist Aussage Nr. 1.

Abb. Madonnenakkumulation, Sammlung Curt Delander, Leihgaben v. M.P. und Stadtmuseum Bonn

Und ich wunderte mich noch über den Hang zum Mythos! Über die persönlichen, mehr biografischen Arbeiten! Ich konnte das doch noch sehr gut nachempfinden: Als Constantin1971 im weinroten königlichen Kinderwagen lag, fuhr ich oft mit Zug und Straßenbahn und trug den Anspruch vor mir her: Alles halt, hier kommt eine Mutter, Platz da, alle müssen mich vorlassen. Ich war so erfüllt von dem, was ich für diese Gesellschaft tat und überzeugt davon, dass es nicht im Geringsten mein Privatvergnügen war, ein Kind zu bekommen und es zu sozialisieren. So dass ich dachte, alle Mitmenschen müssen in einer Art sozialer Mutterschaft beteiligt und auch mitverantwortlich sein.
Auf der anderen Seite kam ich mir oft wie ein armes Muttertier vor, das man auf Ämtern und in der völlig kinderlosen Kunstwelt überhaupt nicht ernst nahm. Durch die intensive Beschäftigung mit dem Kind und seinen Erfordernissen war frau tatsächlich eine Weile etwas aus der übrigen Welt.

.... Und die Ausstellung Mythos Mutter im Jahr 2005 ist eine ganz spezielle Welt:
Wenn man sich dem Frauenmuseum nähert, sich durch den dunklen Tunnel in den Vorhof begibt, sieht man an der Fassade zwischen den lila Dolden der Kletterpflanzen eine schöne Schwangere als Fahne hängen. Ihr Kopf müsste eigentlich auf dem Grasdach liegen. Die s/w Fotografie von HANNE HORN hat etwas von grauen Meereswellen, die uns entgegen wogen.

Im Haus kommen uns direkt 30 Figuren der FRAUEN DE FORMATION von TINA SCHWICHTENBERG in einer langen Reihe von 20 Metern entgegen. Jede erzählt eine andere Geschichte von Herkunft, Symbolik und Deformierung. Die erste ist allerdings liebenswert und schwanger. Die letzte Pharaonin, dazwischen gespaltene, verdoppelte, verhüllte und schlangenköpfige Frauen.

Marien versammeln sich nun um uns herum:
JUDITH SAMEN hat sich altarmäßig inszeniert. Ein Triptychon mit drei Großfotos lädt zur Anbetung ein: Das mittlere leuchtet in tiefstem Rot, während auf der linken Seite ein Greis auf dem Schoß der mütterlichen Gestalt ruht. Hier werden eben nicht nur Säuglinge genährt, sondern wer auch immer der mütterlichen Zärtlichkeit bedarf.

Performance „fe'"

Der riesige Granatapfel von MARIE-LUISE KREISS beweist es: die Welt der Mütter wäre das Paradies gewesen und Eva hatte mit dem (Granat)Apfel den Schlüssel zu Wissen und Leben in ihrer Hand.

WALTRAUD CASPARI-PHILIPS 10 Varianten zu Maria bringen Mariens schlechte Laune an den Tag. Sie ist von der täglichen Arbeit nicht verschont geblieben, obwohl schon das AT (das Alte Testament) die Beziehungsarbeit nicht ernst genommen hatte. So wird nur Adam zum Kampf ums harte Brot verdammt, doch bei Eva soll der Schmerz mit der Geburt schon zu Ende sein? Wie oft, Maria, hast du gekocht, geputzt, gewaschen, gefüttert, geschimpft, gebangt, getröstet und Schulaufgaben mitgemacht?
Das steht auch hinter der Computerarbeit von SILVIA PHILLIP, die in Augsburg drei Knaben großzieht. Bei der einen die Strichlisten, die man aus Gefängniszellen kennt, bei der anderen ist es die Wiederholung der immer gleichen Elemente, Maria und sie, Silvia, austauschbar und digital.

Ebenfalls in die Moderne brechen die Marien von UTE MEURER und RENEE SCHROEDER auf. Erstere sieht Frauen von archaischen Zusammenhängen her im zeitgenössischen Europa, während letztere Maria mit Motorrad posieren lässt. Stärke bei beiden!

Kompakt die Wärme ausstrahlende Maria in Lindenholz von ILSE HILLER, entsprechend auch ihre Druckgrafik, klar und fein.
Dagegen wirklich ungehobelt bauen sich die drei Marien von GERDA NETTESHEIM, jede zu einer Höhe von ca.180 cm auf. Als Schutzmantelmadonnen müssen sie ja auch gewaltig und mächtig sein! Der Hohlraum bzw. Schutzraum kann auch Klangkörper sein, s. Performance am Eröffnungstag.

9 junge Madonnen, nein Mütter von heute, hat GERMAINE RICHTER kurz nach der Geburt fotografiert. Die Mitra auf dem Sockel davor erinnert an die Göttinnen über Leben und Tod, deren Zeichen Ähre, Mond und Doppelaxt (Labris) war. Womit wir wieder bei den Anmaßungen der Männerkirche sind, die meint, Müttern sagen zu müssen, was Leben heißt.

Felix von Grünberg liest am Muttertag

Dank der mittelalterlichen Maler hat sich jedoch das Bild der Marien, Madonnen und Mutter Gottes erhalten und immer wieder erneuert. TREMEZZA VON BRENTANO hat aus der Fülle der Kunstgeschichte einen ganzen Turm der Marien zusammen gefügt, korrespondierend mit zeitgenössischen kühlen Frauen aus der Serie Medienblau und Männern, die sich mütterlich aufführen. Nicht weniger blau die Riesenmadonnen, die URSULA SPINNER-CERUTTI und Tochter CHRISTINE WILLMS nach einem Bild von Dürer als Vorhangelemente in den Raum gehängt haben, zugleich als Ursulas Mutter mit blauen Augen, dann freundlich, und mit schwarzen Tollkirschenaugen, wenn sie böse war. Mutter und Großmutter als unbegreifliche Instanz.
Und welch ein Familiendrama verbirgt sich in dem Himmel-Hölle Wandspiel auf Spiegel von PETRA KOOK? Die Glasobjekte davor kann man verschieben und liest: Gegrüßet seist du Maria.
In gotischen Rahmen ein Spiel mit der Zeit: ANNETTE JANACEK malt die Marien im kleinen Abendkleid samt Spagettiträgern wie sie ein mittelalterliche Meister gemalt hätte und malt die Sprünge in der Farbe, die mehrere Jahrhunderte verursacht haben würden, gleich mit. BIRGIT DUNKEL hingegen fotografiert sich selbst so, als hätte ein alter Meister sie gemalt. Die Fotoleinwand wirkt wie ein Gemälde. Die Lichtführung lässt ihre Wangen jungfräulich erröten. Von Birgit Dunkel leuchten uns drei weitere Fotoarbeiten entgegen: Mutterliebe, die offensichtlich leckt, auffrisst und ihre Grenzen überschreitet.
Ähnlich die Video- und Fotoarbeit von ULRIKE ROSENBACH: Julia wird so lange in langen Sequenzen geküsst, bis man nicht mehr weiß, ob sie das überlebt und ob die roten Spuren der Küsse nicht eher von Schlägen sind.

1. Etage

Offensiv halten uns im 10er Pack 10 offensichtlich frohe erfolgreiche knallig geschminkte Mütter ihre Babys entgegen. DIVNA OMALIEV hält uns auch noch das Ideal der französischen Mütter entgegen, die ohne Probleme Mutterschaft und Berufstätigkeit in Einklang bringen. Dafür hat sie die Portraits vor dem pinkrosa Karo der Firma TATI, einer französischen Textilkette, auftreten lassen.
Nicht weniger farbenfroh leuchtet die moderne Maria auf dem Tableau von UTE JUNGCLAS.
Leuchten aus der Dunkelheit die raumgroßen Riesenbusen von BARBARA LORENZ-HÖFER, auch Brüter genannt. Die Künstlerin hat die stimulierende Inszenierung mit Sorgen unterlegt, dass in den Laboren der Gen-Industrie noch ganz andere Wesen entstehen werden.

Mütterliche Zärtlichkeit verkörpert mit allen Fasern die Skulpturengruppe von JULITTA FRANKE. Sie, die bisher fast ausschließlich in Ton keramische Arbeiten machte, hat diesmal für sich die Technik des Filzens entdeckt.

Wenn man in die Mitte des Ausstellungsraumes tritt, dort, wo die große Ei-Skulptur von ANGELIKA G. WETZEL steht, dann sieht man vor sich die gesamte „Rote Linie", ca. 24 m breit. Alles Arbeiten, die in ihrer Farbigkeit, von Rosa, Magenta bis Blutrot von positiver, erotischer Ausstrahlung sind. Wenn wir uns umwenden, kommen die Klageweiber von Eva Aloe aus der gegenüberliegenden Ecke in düsterer Schwärze hervor. Der Raum hat eine Grundstruktur in Form eines Kreuzes mit diagonalen Sichtverbindungen.

Anika Auweiler, Sängerin

Blick in die Ausstellung auf der 1. Etage des Frauenmuseums

Folgen wir dem äußeren „Wanderweg", so kommen wir zur Installation von Lene PAMPOLHA und ULRIKE TSCHERNER, die mit weißen Tüchern eine weiße Apsis im lichten Halbkreis inszeniert haben. Die s/w Fotos erzählen von der allergrößten Prozession, die es in Belem in Brasilien gibt. Millionen von Menschen tragen ein dickes Seil durch die Straßen, klammern daran wie an einer überdimensionierten Nabelschnur.
GUNHILD JELLINEK berichtet auf ihrer Collage von den indischen Göttinnen, der Mutter Indiens, die dort zum täglichen Leben gehören.

Mit der Schriftarbeit „Die 10 Gebote für Mütter" von MARIANNE KRÜLL gibt es eine Zäsur im Ausstellungsgeschehen. Die mehr und mehr biografischen Arbeiten spiegeln zunächst die freundlichen Erinnerungen der Künstlerinnen wider, zunehmend aber auch belastende und problematische Beziehungen.

Zunächst die Geschichte(n) von BARBARA HOOG, PETRA GÖBEL, ULLA SCHENKEL, MARTINA AUWEILER-GEWALTIG, MARGIT SCHOPEN-RICHTER, SYBILLE SPELS, ERIKA MARIA LANKES und ANNEMARIE KAPP DE THOUZELLIER alias AMI FRANKFURT. Ulla Schenkel geht es um die Frage, wie man das Erfahrungswissen von Generationen von Frauen „haltbar" machen kann, Martina Auweiler-Gewaltig stellt mit der Riesenwindel die lebenslange Pflegetätigkeit vieler Frauen dar, die ihnen erst durch die eigenen Kinder und später durch die pflegebedürftigen Mütter aufgebürdet wird. Die Tochter der einen Künstlerin leidet an Annexoria/Magersucht und mancher Konflikt mit der Mutter dauert noch weit über ihren Tod hinaus. Wiederum erleidet eine Künstlerin unter der Entfremdung von Tochter und Enkelin. Es geht auch um Schuld, ob die Künstlerin das Bild ihrer Mutter nicht zu hart und nur in schwarz/weiß gezeichnet hat.
Diese persönlichen Werke der verschiedenen Künstlerinnen sind von erheblicher Intimität und einer mutigen Innenschau geprägt. Sie können dennoch für andere Menschen sehr berührend sein, weil in der Gestaltung etwas anklingen kann, was in einer anderen Seele tief vergraben war. Die fünf verschlossenen Türen von Margit Schopen-Richter stehen für unlösbare Konflikte, die sich über die Methode der „Familienaufstellung" öffnen bzw lösen lassen.

Kontrastprogramm:

Der Alltag bietet genug Stoff und groteske Situationen, auch immer wieder neue Moden des Zusammenlebens, sogar des sich Vermehrens, um ihn überspitzt aufs Korn zu nehmen: So legt FRANZISKA BECKER einer Dreijährigen alle Macht in den Mund, die ihre Erziehungsberechtigten in die Schranken weist: Du hat mir gar nix zu sagen! Du bist ja gar nicht mein biologischer Vater. Und wenn die Mami nicht lieb zu mir ist, dann geh ich zu meiner Leihmutter zurück. – Soweit eine ihrer signifikantesten Karikaturen.

Und ANNA MARIA MOLL bringt einen alten Kinderreim ans Licht: Ist die schwarze Köchin da? Als Comic getarnt wird über die rabenschwarzen Köchinnen als Mythische Wesen reflektiert, die Hexen. Die einen Zaubertrank im Finsteren brauen, dort wo sich das Urweibliche als Kessel, Gefäß oder Gral versteht.

Wo so heftig das Unbewusste Wellen schlägt, kann Sigmund Freud nicht weit sein. MARIA BARTHEL richtet ihm ein kleines Behandlungszimmer ein, ein „Freud en Zimmer" in leuchtendem Rot. Es ist alles da, was der Psychologe braucht: Couch, Paravent und diverse erotische Phantasieerreger. Und dann lassen wir sie heraus, die Sehnsüchte, die eine Mutter auf den Sohn projiziert. Welche Gefühle aber hat Freud auf seine eigene mächtige Mutter losgelassen?

Die Sehnsüchte der Frauen waren zu Beginn des 20. Jahrhunderts überhaupt eines der Lieblingsthemen der Psychotherapie. Von „wandernden Gebärmüttern" war die Rede, gerne auch von Hysterie. Der Hass auf das weiblichste Organ lebt noch fort, indem sie, die Gebärmutter, unendlich vielen Frauen unnötig herausoperiert wurden. Darüber trauert MARGRIT GLOGER und stellte eine Skulptur als Hohlraum auf, unter der sich blutrot gefärbte Rinden ausbreiten.

Für den unstillbaren Kinderwunsch bzw. die unstoppbare gentechnologische Forschung hat HEIDE PAWELZIK ein Labor eingerichtet: Über einem Feld von zu Boden verdrehten Kinderköpfen in Grau schweben Reagenzgläser, die mit frischer Milch gefüllt sind. Das Neonlicht lässt sie fluoreszieren.

Auch MONIKA ORTMANN spielt in ihrer zweiteiligen Arbeit auf Gentechnik an. Sie drapiert zunächst endlose Sortimenter von Binden, die sogar Kathedralen-Grundrisse haben, wenn man die geflügelte Binde unvoreingenommen betrachtet. Aus jeder Binde fließt irgendetwas Blaues, Grünes in ein Reagenzglas, das unter jedem Tableau hängt.

Dieser Raum hat zwei Gesichter: hier der schon fanatische Wunsch nach dem Kind und auf der anderen Seite sehen entsetzt die toten Kinder von der Wand. Sie schweben, zu Tode gefoltert, zerzaust mit erloschenen Augen, geronnenem Blut aus Nase und Ohren und bewegen sich leicht. Obwohl es nur Puppen sind, die Monika O. in Porzellan abgeformt und bemalt hat, bleibt es als ein verheerendes Bild haften, passend zur Arbeit von MARIA MATTHIEU, die zu diesem Thema ein ganzes Ausstellungsprojekt machte, Was sehen Sie, Frau Lot? Und zur skripturalen Wand von Marianne Pitzen, die aus den Aufzeichnungen von TINA SUCHY besteht, die durch die Grausamkeit ihrer eigenen Mutter niemals eine Chance hatte.

Eigentlich sind auch Soldatenmütter Unmütter, die ihre Söhne den Kriegen der Väter und deren Nekrophilie opfern. KÄTHE KOLLWITZ hat es so empfunden und Sohn Peter verloren. Auch Selbstmordattentäter und Terroristen haben Mütter, wie die Märtyrerkulte bezeugen. In der NS-Zeit wie in Palästina dürfen die Mütter nicht einmal trauern. URSULA WITZLAU hat für die Müttern von „Kriegshelden" zwei Gedenkstelen an die Wand gelehnt. EVA ALOE lässt schwarze Klageweiber eindrucksvoll auftreten.
Krieg und Katastrophen kommentiert MONIKA STUBIG. ANTONIA WENTZLAWSKI-ABDEL-HADI schickt eine Fährfrau über den Styx, die den Toten den Weg in Persephones Unterwelt weist. Es ist nur ein Schatten, von einem Knochen und Geigenbogen an die Wand geworfen und schon meint man, Orpheus Klagelied um Eurydike zu hören.

Für die Schwarzen Göttinnen von RUNE MIELDS ist es keine Frage: sie repräsentieren im zyklischen Jahr die

Sibylle Plogstedt währedn ihrer Rede am 5.5.05

Lene Pampolha mit Chor von St. Martin

Tina Schwichtenberg

FRAUEN DE FORMATION
Bronzeguss, ca. 1 m hoch, work in progress seit 1984

30 Figuren aus der Gruppe von über 60 Figuren haben sich zu einer imposanten Reihe von mehr als 20 Metern aufgestellt: Die Schwangere kommt uns als Erste entgegen. Kompakte Körper, die mit verschiedenen Köpfen (doppelt, gespalten, verformt) und Attributen ihrer Macht oder Ohnmacht ausgestattet sind, verweisen auf vielfältige Ethnien, kulturgeschichtliche, soziale Herkünfte bis hin zu gesellschaftlich-religiöser Deformierung. Dennoch lässt der Aufmarsch der Frauen ihr Potential an Kräften erahnen, die nicht mehr zu stoppen sind (!)

Marie Luise Kreiss

GRANATAPFEL
Fotografie, 2004

Granatapfel – Vielfalt in der Einheit

Botanischer Name: Punica granatum, lateinisch: die körnige Frucht aus Phönizien.

Der Granatapfel birgt einen seltenen Schatz: eine nur in dieser Frucht vorkommende hohe Konzentration an Fettsäure in dem Öl der Kerne, der Gamma-Linolensäure. Sie hat präventive und heilende Wirkung bei Krebserkrankungen, fängt freie Radikale, ist für die Bildung von Prostaglandinen verantwortlich und hat einen hohen Gehalt an entzündungshemmenden Flavonoiden. Der Granatapfel ist als Antioxydans wirksam, beugt Alterserscheinungen und Arteriosklerose vor. Die Schale ist gut für Teeaufgüsse, das Granatapfelmehl ist wertvoll als Nahrungsergänzungsmittel und geeignet für die Hormontherapie während der Wechseljahre.

Der Granatapfel ist in der Mythologie der Assyrer, der Griechen und Römer und anderer Völker von großer Bedeutung. Er war eine Heilige Pflanze den Ägyptern, bei den Juden und bei den Buddhisten. Seit alters her ist der Granatapfel das Symbol der Fruchtbarkeit.

Im Hohelied Salomos im Alten Testament wird der Granatapfel mit der Schönheit der Frau verglichen. Salomo, der Herr des Granatapfels, trank vereint mit Schulammit den Saft ihres Granatapfels. Auch die Schönheit des Tempels wird beschrieben: die Glocken des Tempels von Salomon in Jerusalem waren in Granatapfelform nachgebildet und die Säulen und Priestergewänder waren mit Granatäpfeln verziert.

Granatäpfel waren Zeichen der Wiedergeburt: die Seelen in der Unterwelt aßen Granatäpfel, um ihre Wiedergeburt zu bewirken. Kore und Eurydike wurden in der Unterwelt festgehalten, weil sie dort Granatäpfel gegessen hatten. Der Granatapfel war unter anderem ein Attribut der Göttinnen Hera und Aphrodite.

Der Granatapfel ist der Paradiesapfel. Der Duft der Blüte war der Inbegriff des erwachenden Frühlings und Symbol für innige Liebe. Der Granatapfel war Zeichen für die Brüste der Frauen und für die Fruchtbarkeit des weiblichen Schosses. Das Öffnen des Granatapfels war gleichbedeutend mit Defloration. Der rote Saft galt als Nektar der Liebenden.

Der Granatapfel war Symbol für schöpferische Gestaltungskraft, Fruchtbarkeit des Geistes und unerschöpfliche Fülle; er war Symbol für Blut, für Leben und Tod; für unvergängliche Fruchtbarkeit, ewiges Leben und für die Unsterblichkeit; Symbol für Herrscherwürde und Herrschertugend der Kaiser und Könige; Symbol der Kirche; Symbol für die Schönheit und die zahlreichen Tugenden Marias; Symbol des vollkommenen Christen, insbesondere des Priesters. Der Saft des Granatapfels galt als Symbol für das Blut der Märtyrer.

Archäologen entdeckten in den 90-er Jahren des letzten Jahrhunderts einen kleinen beschrifteten Granatapfel aus Elfenbein, möglicherweise das einzig erhaltene Objekt aus dem Ersten Tempel Salomos. Die Inschrift weist auf die Fruchtbarkeitssymbolik der Göttin Aschera hin.

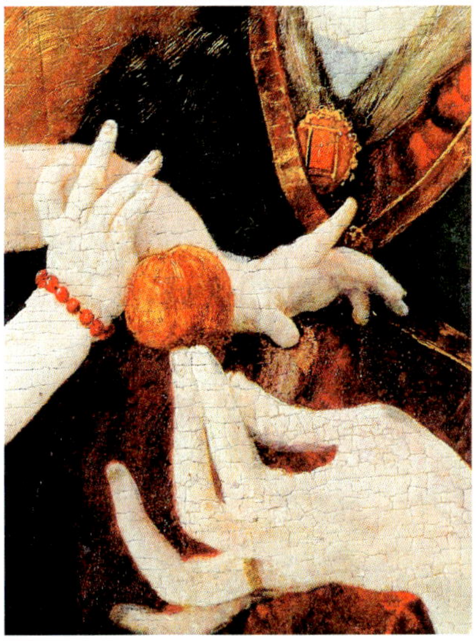

Granatapfel

Hebräischer Name: „Rimmon", der Genitalschrein der Göttin; „rim" : ein Kind gebären

Der Granatapfel ist ein Symbol für die umfassende Thematik der Frauen: für Schönheit, Liebe, Sexualität, Fruchtbarkeit und Begrenzung der Fruchtbarkeit.

Der Saft der Granatäpfel wurde in Indien **Gegen Unfruchtbarkeit** getrunken.

Die Kerne von Granatäpfeln sind das älteste **Verhütungsmittel** der Welt. Bereits vor 4000 Jahren machten die Ägypterinnen Scheidenzäpfchen, indem sie die Kerne zerstießen und in Wachs rollten. Mit den natürlichen Östrogenen der Frucht wollten sie den Eisprung verhindern.

Judith Samen

STILLBILD, OPFER, PIETÀ

Ihre Bilder zeichnen sich durch eine strenge Komposition aus und machen häufig Anleihen aus dem Repertoire der Kunstgeschichte. Sie rufen Erinnerungen an die venezianische Portraitmalerei eines Tizian, an niederländische Genremalerei und an den Surrealismus hervor. (Claudia Funke, KSTA, 11.2.05)

Pietà, 2005, C-Print auf Diaplex, gerahmt, 142 x 125 cm

Opfer, C-Print auf Diaplex, gerahmt, 142 x 153 cm

Gerda Nettesheim

SCHUTZMANTELMADONNEN

Im späten Mittelalter heißt die Schutzmantelmadonna auch die Zuflucht gewährende „Madonna della Misericordia", so bei der von Michael Erhart um 1480/99 geschaffenen Figur. Die Schutzmantelmadonna galt als Schutzschild gegen irdisches Verderben wie Pest oder sogar gegen die „drei Pfeile" – Pest, Hunger und Krieg – , die Gott auf die Menschheit herabschleuderte, um sie für ihre dreifache böse Begierde zu strafen – sexuelle Freizügigkeit (luxuria), Hochmut (Hoffart). und Geiz. Gelegentlich waren es die Mitglieder eines Ordens oder einer Bruderschaft, die die Muttergottes besonders beschirmte. Zuweilen gewährte sie der gesamten Menschheit ihren Schutz. Manchmal waren die Männer auf der einen und die Frauen auf der anderen Seite dargestellt oder aber die Laien und die Geistlichkeit unter je einer Hälfte des Mantels, wobei die gesellschaftliche Hierarchie mehr oder weniger zum Ausdruck kam.
In Anlehnung an die mittelalterliche Schutzmantelmadonna habe ich drei Marien mit Kind hergestellt, die in Form und Funktion zugleich an afrikanische Trogtrommeln erinnern und alle bespielbar sind. Es erklingen Mutterklänge und Rhythmen der Urzeit.
G.N.

Drei Madonnen, drei Kinder, Eichenholz, 180 cm, 185 cm, 190 cm · Foto: Horst Pitzen

Waltraud Caspari-Philips

MARIA ABGEZÄHLT!
10-teilige Arbeit, je 50 x 60 cm, Öl/Graphit auf Holz, 2004

Die 10-teilige Arbeit heißt eigentlich – der Strichliste wegen, die alle 10 Mariengesichter überlagert – „Wie oft, Maria?, Wie oft hast du gelacht, geweint, gefroren, gestritten, Windeln gewechselt, geputzt, gekocht... ?" Der Trivialisierung durch tägliche Wiederholungen entgeht weder Maria noch irgendeine zeitgenössische Mutter. Genervt zeichnet die Künstlerin die Strichekolonnen wie eine Strafgefangene. Sie bleibt ihrer Grundthematik treu: Sisypha oder alle Mühsal ist vergebens.

CURRICULUM
VITAE
MARIAE

Grundlage der Videoperformance ist Pontormos Gemälde „Heimsuchung". Das Bild stellt eine Gruppe von mehreren Frauen dar. Im Vordergrund Maria und Elisabeth. Das Thema des Bildes ist die Begrüßung der beiden werdenden Mütter. (Visitatio Beatae Mariae Virginis; Luk. 1, 39-56 9)
In der Bibel werden Maria und Elisabeth als über die Mutterrolle definierte Frauen dargestellt, die darüber hinaus über keine eigene Identität und Sinnfindung verfügen. Sie zählen nur durch die Geburt ihrer Söhne Jesus und Johannes.
Das Christentum prägte das Frauenbild und die Frauenrolle unseres gesamten Kulturkreises bis heute.

Mich interessiert nicht der religiöse Hintergrund des Bildes von Pontormo sondern die Frauen selbst, die für das Bild Modell gestanden haben:
Wer waren sie, Wie haben sie gelebt?
Für die Videoperformance bat ich Frauen aus meinem Lebensumfeld, ihren Lebenslauf aufzuschreiben und vor der laufenden Videokamera im stets gleichen Raum vorzutragen. Sie tragen alle ein rotes Tuch und heißen Maria.
Einerseits stehen die Frauen für „die" Frau, für Maria, jede Frau könnte Maria sein und andererseits hat jede Frau ihre eigene Geschichte, die sich hinter der Rolle „der Frau" und „Maria" versteckt.
W.C.-P.

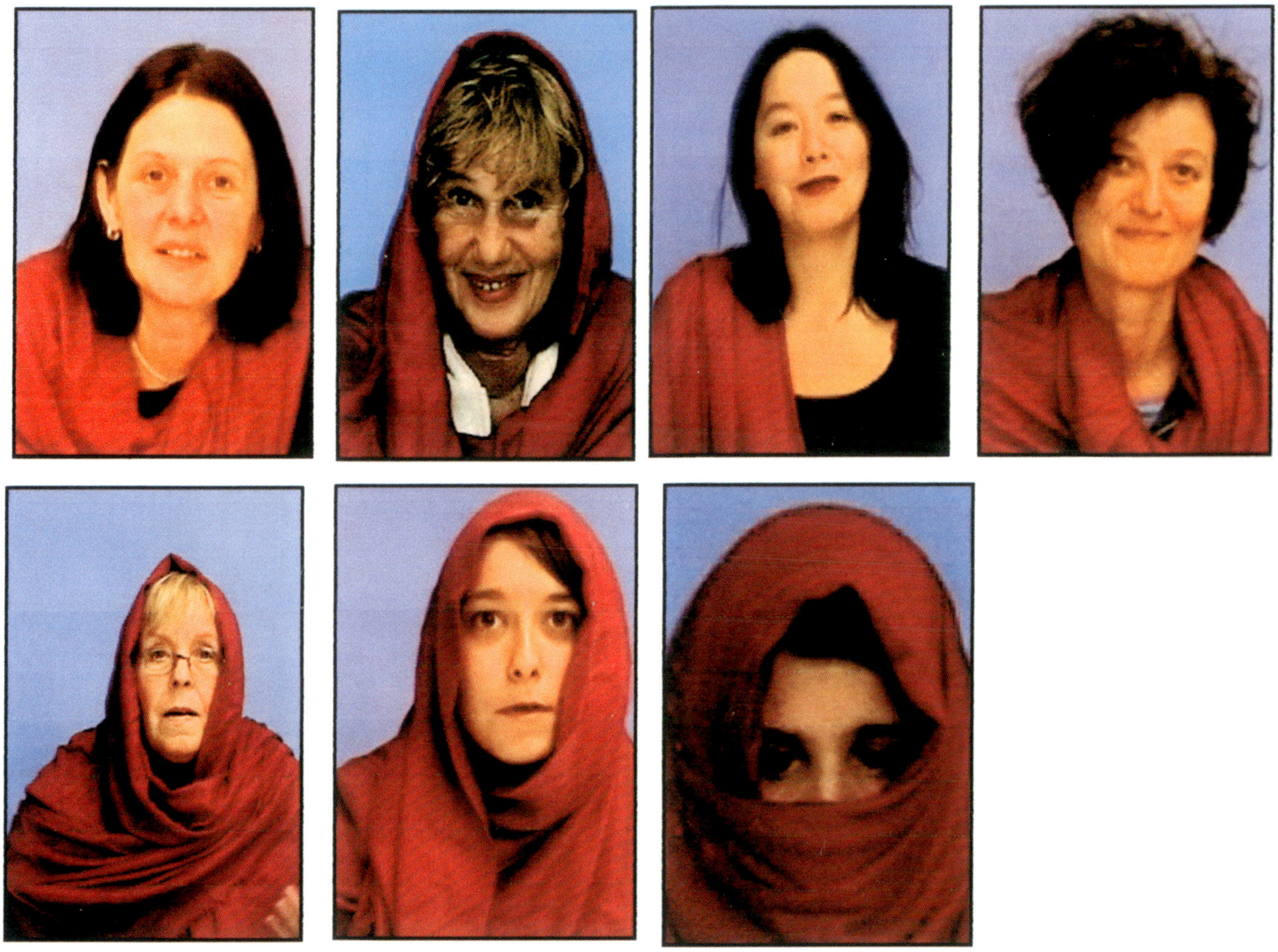

Petra Kook

MUTE PREGHIERE
GEGRÜSSET SEIST DU MARIA

Ein Kasten, 18 Fächer, Hochformat, 2004, 65 x 100 cm
Jeweils im ersten Fach – 6 x – ein Himmel/Hölle Spiel.
Im geschlossenen Zustand ist lesbar über die 4 Möglichkeiten ein „Gegrüßet seist Du Maria" geschrieben. Im geöffneten Zustand ist das Abbild einer Frau von heute zu sehen.

Wenn das Spiel herausgenommen wird, erscheint das eigene Konterfei in einem Spiegel.
Vor dem Himmel/Hölle Spiel stehen zwei weitere Arbeiten, Muta Pregriera I und II, gläserne Texttafeln, verschiebbar.

Ilse Hiller

GEBEN UND NEHMEN
Lindenholz
2001

Die 55 cm hohe Holzfigur beschreibt Geben und Nehmen im Kontext der Mutter-Kind-Beziehung. In der Figur findet sich das bittende nehmende Kind in der Begegnung mit der wärmenden gebenden Haltung der Mutter wieder, ausgedrückt durch die konvexe seitliche Gestaltung der Figur. Die Gegenseite der Skulptur ist durch die Gestaltung des konkaven Einschnitts Zeichen für das lösende Element einer Mutter-Kind-Beziehung.
I.H.

Birgit Dunkel

MADONNEN

Mutterliebe:
Symbiose/weiße Unschuld/gesteigerte Mutterliebe bis zur Re-Einverleibung/zum Fressen gern haben.
„Madonnen. Überhöht, geschönt, aufs Podest gehoben, zur Ikone stilisiert. Ein Topos der Kunstgeschichte.
Mütter: Übersehen, an den Rand gedrängt, sozial isoliert, überfordert. Eine gesellschaftliche Realität. Zwei Klischees?..."
Christine Eichel,„Madonnen"

Triptychon, Fotografie / Digitalprin auf Leinwand, 110 x 75 cm
Mutterliebe. Küssen · Mutterliebe. Lecken · Mutterliebe. Essen

4, Madonna klassisch, Fotografie / Digitalprint auf Leinwand, 127 x 87, 1997/2001

Renée Schroeder

MAGNA MATER UND DAS MOTORRAD
Frau und Mutter, Mutter und Frau!,
Acryl/Kohle auf Leinwand, 160 x 100 cm, 2004

Die traditionelle Mutterfigur (lieblich, weichgezeichnet, an das Marienbild angelehnt) steht in einer komplexen Wechselbeziehung mit der auch in sexueller Hinsicht „befreiten" Frau (dynamisch, plakativ, dominant), welche allein, nackt und breitbeinig auf dem Motorrad – als ironische Anspielung auf das Symbol der männlichen Freiheit – sitzend, das Lenkrad fest in beide Hände nimmt und ihr eigenes Schicksal bestimmt.
R.S

Uta Meurer

MUTTER EUROPA
Öl auf Leinwand, 80 x 100 cm, 2004

Zum Titel meiner Arbeit „Mutter Europa“, der sich auf die Forschung aus dem Genpool bezieht, die da sagt, es gäbe sieben Urmütter, die jene Völkerfamilie in Europa gegründet haben.

Ursula Spinner-Cerutti
Christine Willms

SIE UND ICH – AUGEN-BLICKE

Rauminstallation, Fotoarbeit auf der Grundlage von Dürers Pinselzeichnung „Frau mit geschlossenen Augen“ (1520, seine Frauen sehen alle wie Madonnen aus)

1. Blaue Augen
2. Schwarz wie Tollkirschen
3. Durch die Wolken
4. Durchs Fenster
5. In den Sternen geschrieben

Meine Mutter hatte blaue Augen. Wenn sie mit mir zankte wurden sie groß und schwarz. Ich (unter Tränen): Was hab ich getan? Sie: das weißt du ganz genau. Ich wusste es nicht.
Ich erinnere mich an dieses dumpfe unbeschreibliche Schuldgefühl, das aus meiner Kindheit nicht wegzudenken ist. Nach all diesen Jahren begegne ich noch immer ihrem vorwurfsvollen Blick. Über mir in den Wolken, durch die Gardine, hinter der Fensterscheibe. Was hab ich getan?
Ich weiß es nicht. Die Antwort steht in den Sternen geschrieben.

Die Frau mit geschlossenen Augen: Pinselzeichnung Albrecht Dürers aus dem Jahr 1520
Foto

Tremezza von Brentano

MADONNEN, MÄNNER, MEDIENBLAU
5 Frauen mit Kindern, Madonnen nach Meister von Hohenfurt, Giotto, Movalesm Gossaert genannt, Mabusr, Van der Goes

Tremezza von Brentano untersucht seit Jahrzehnten die Bild- und Medienwelt insbesondere unserer Zeit. Die Mariendarstellungen des Mittelalters sind zweifellos Ausdruck der damaligen „Werbestrategien", vom Klerus gefördert, von den Menschen ersehnt.

Vier Männer, zwei Kinder und eine Frau, 1995, Öl auf Leinwand, 180 x 160 cm

Madonnen 1988, 5 Frauen mit Kindern, 180 x 120 cm, Öl auf Leinwand

Germaine Richter

MADONNA 3 A
9-teilige Fotoarbeit, je ca. DIN A 3, Tonobjekt Tiara, 2004

3 A ist der Name der Entbindungsstation, auf der diese Fotos entstanden. Als Bezeichnung nimmt 3 A die heutige „Abkürzungs-Verschlüsselungsmanie" des allgemeinen Sprachgebrauchs auf.
A ist die oberste Klassifizierung, z.B. bei Früchten
3 spielt auf die männliche die (männliche) Dreifaltigkeit der christlichen Kirchenlehre an, Vater, Sohn und heiliger Geist. Diese Dreiheit ist strukturgebend für die Tiara, die festliche Kopfbedeckung der Renaissance-Päpste, die damit auch den ihnen von Gott übertragenen Machtanspruch demonstrieren.

Das Tonobjekt in Form einer solchen Tiara zitiert Struktur, Bedeutung und Form der kirchlichen Macht, enthält aber ebenso als Details Symbole weiblicher Kraft aus Matriarchatskulturen.

- **Uroborus**, Drache oder Schlange, die sich in den Schwanz beißt
- **Doppelaxt** (Labrys), Symbol der Fruchtbarkeit
- **Brust**, Nahrung, Schutz, Liebe
- **Schlange**, ihre Wellenform und Häutung stehen für kosmischen Rhythmus
- **Ring**, Zeichen für Herrschaft, Göttlichkeit
- und die Vulva

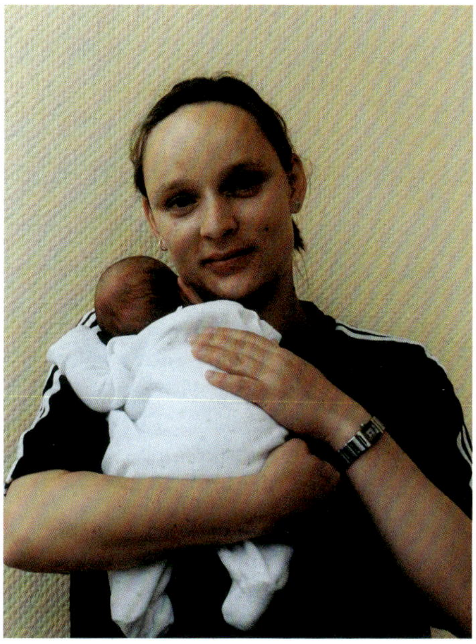
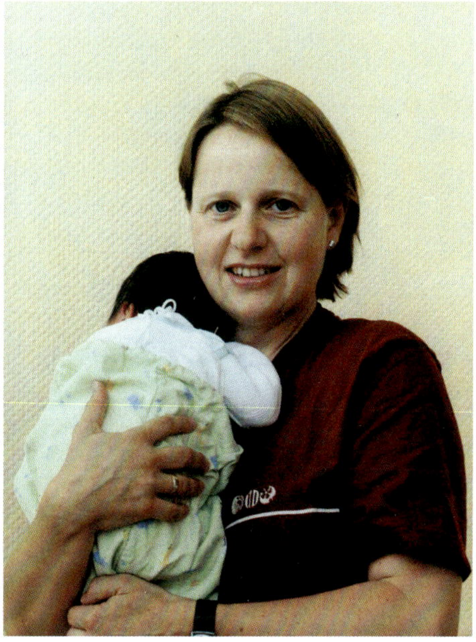
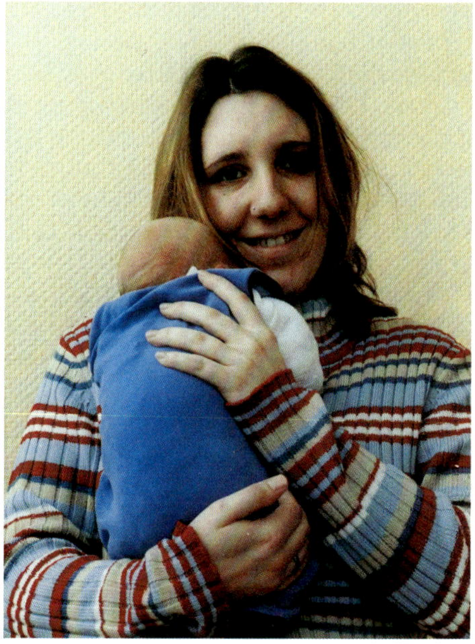

Silvia Philipp

DAS KREUZ MIT DREI SÖHNEN
Collage, digitalisiert, 2004/5, alle Formate möglich

Aufstehen – Frühstück machen – Pausenbrote schmieren
Kinder wecken – Z. anziehen – er muss in den Kindergarten
Spielzeugtag, ich muss noch den Plastikdrachen einpacken
Während T. mir die Regeln seiner Talktischrunde in der Schule erklärt, versuche ich K. aufzuwecken, er will einfach nicht aufstehen. Z. lässt ununterbrochen den Drachenschrei durch die Zimmer gellen und weigert sich den blauen Pullover anzulassen – K. hat keine Lust auf Frühstück, Machtkampf: ein halbes Brot mindestens oder? K. willigt nach pupertären Ausbrüchen endlich ein – T. und K. packen ihre Sachen – T. geht heute mit der Klasse ins Kino und braucht noch 7 €
Habe ich noch genug Kleingeld? Habe es noch nicht geschafft auf die Bank zu gehen und noch den Wochenetat abzuheben – Unterschrift für den Elternabend? Liegt im Gang! Auch ich muss dann los: schreiendes Kind anziehen und zum Kindergarten laufen – Nein, Schmetterlinge können die Augen nicht schließen, sie haben keine Lider. Wie sie schlafen? Der Kindergarten rettet mich vor der Antwort.
Ob ich zum Informationsabend kommen kann? Ich werde die Termine erst noch prüfen.
Schnellspurt zur Bushaltestelle – Kurztest: habe ich alle Unterlagen für die Arbeit dabei?
Kinder = mehr Zimmer = mehr Fixkosten= Verpflichtung zu einer geregelten, wenigstens stundenweisen Arbeit
Wieder zuhause: eine Stunde noch! Mittagessen herrichten, zwischendrin noch einige Anrufe für die nächste Ausstellung – T. und K. kommen mit einem Riesenhunger – Ja, schon wieder Gesundkost – Hausaufgabe? Wie immer nach dem Essen- Ausbruchsversuch von K. er hat die Mathematikaufgabe teilweise „vergessen" – Nachrechnen ist auch noch angesagt- Regenerierung der alten Algebrakenntnisse – ich muss Z. vom Kindergarten abholen – bis ich wiederkomme
müssen alle Hausaufgaben fertig sein, dann erst die Freunde – wenigstens gab es im Kindergarten nichts – Z. ist zufrieden, sein Drachen kam riesig an –
Lage in den heimischen Zimmern? Unzufriedenheit, aber die Hausaufgaben sind geschafft – K. ist sauer, weil sein Freund keine Zeit hat – Nein, ich weiß nicht, was man jetzt machen könnte – ich gehe aus dem Zimmer, um die unkonstruktiven Äußerungen nicht zu hören – mein Konzept für das Projekt im Herbst? Ich schaffe wenigstens einige Anrufe, solange die Büros noch besetzt sind – Z. schreit, er will nicht, dass ich telefoniere- es interessiert ihn auch nicht, ob ich nach Frankreich-Paris oder an den Rhein telefoniere- ich soll noch mit ihm spielen- Abendessen kochen -schnell noch eine Trommel Wäsche – Hausarbeit – Spielrunde – Kinder einsammeln – essen – gestaffeltes ins Bett bringen – Müde! Muss noch das Konzept ausarbeiten und Skizzen anfertigen – Kaffee? Zu spät, dann eben grüner Tee – E-Mails noch kontrollieren und endlich! Endlich!
Es lebe die Kunst!

„Wir haben bei der letzten Kontrolle gesehen, dass ihr Atelier im Schloss am Wochenende unbenützt war, Vor drei Wochen war unter der Woche auch niemand da." Nein, die Performance in Narbonne und die Leipziger Buchmesse brauchen sie wegen der Gemeindekontrolle nicht absagen. Aber wir möchten außerdem nicht, dass ihre Kinder das Schloss betreten. Sie sollten sich lieber in der Küche mit den anwesenden Künstlern unterhalten. Was ihre Kinder währenddessen machen sollen? Das ist doch ihre Angelegenheit. Sie müssen einsehen, dass das nicht ins Bild passt. Es kamen Beschwerden, weil ihre Kinder im Garten außerdem Ball gespielt haben. Meine Zigarette? Nein, die mache ich nicht aus. Die Sissi? Ja, die Sissi soll auch als Kind hier sich aufgehalten haben. Hoffe ich jedenfalls."

„Kunst! Kunst! Was willst du eigentlich mit deiner Kunst? Denke an die Kinder. Lasse sie erst einmal groß werden, und dann kannst du langsam damit anfangen. Ich verstehe sowieso nicht, warum du das machst. Am besten, du lässt es einfach sein."

„Wenn Sie eine Ausstellung machen wollen, dann müssen Sie sich schon öfters abends bei den Partys und Feiern blicken lassen. Dann könnten wir ein mal sehen. Sie können nicht weg, weil Sie drei Kinder haben? Ja, dann ist es sowieso ganz ungünstig."

„Warum bist du nicht wie eine normale Frau? Warum nur? Kannst du nicht einmal ganz einfach „Ja" sagen und das machen, was ich sage?"

„Sie konnten doch noch bis zu Michael Moore vor kommen und ihm ihre weißen Stiefel überreichen? Nein, das Präsent der Stadt konnte ich ihm nicht geben.
Aber das war klar."

„Das wird nie klappen. Du wirst sehen, das Geld wird nicht reichen. Du solltest am besten gleich in eine kleinere Wohnung ziehen. Die Kinder werden größer, die brauchen dann auch mehr. Suche dir doch lieber einen reichen Mann, der dich da unterstützen kann."

Intelligent – mütterlich – erotisch – heilig – tiefsinnig –
humorvoll – triebhaft – kreativ -sanftmütig – dezent –
aufopfernd – fordernd – betend – kritisch – pflichtbewusst
verständnisvoll – eigensinnig – stillend – stark – ordnend –
nüchtern – intensiv -albern – selbstbewusst – analytisch –
putzend – kämpfend – bescheiden – diszipliniert
kitschig – sinnhaft – religiös – gebärend – umsichtig –
weit blickend – politisch – neugierig – müde -maßlos –
mythisch – mutter

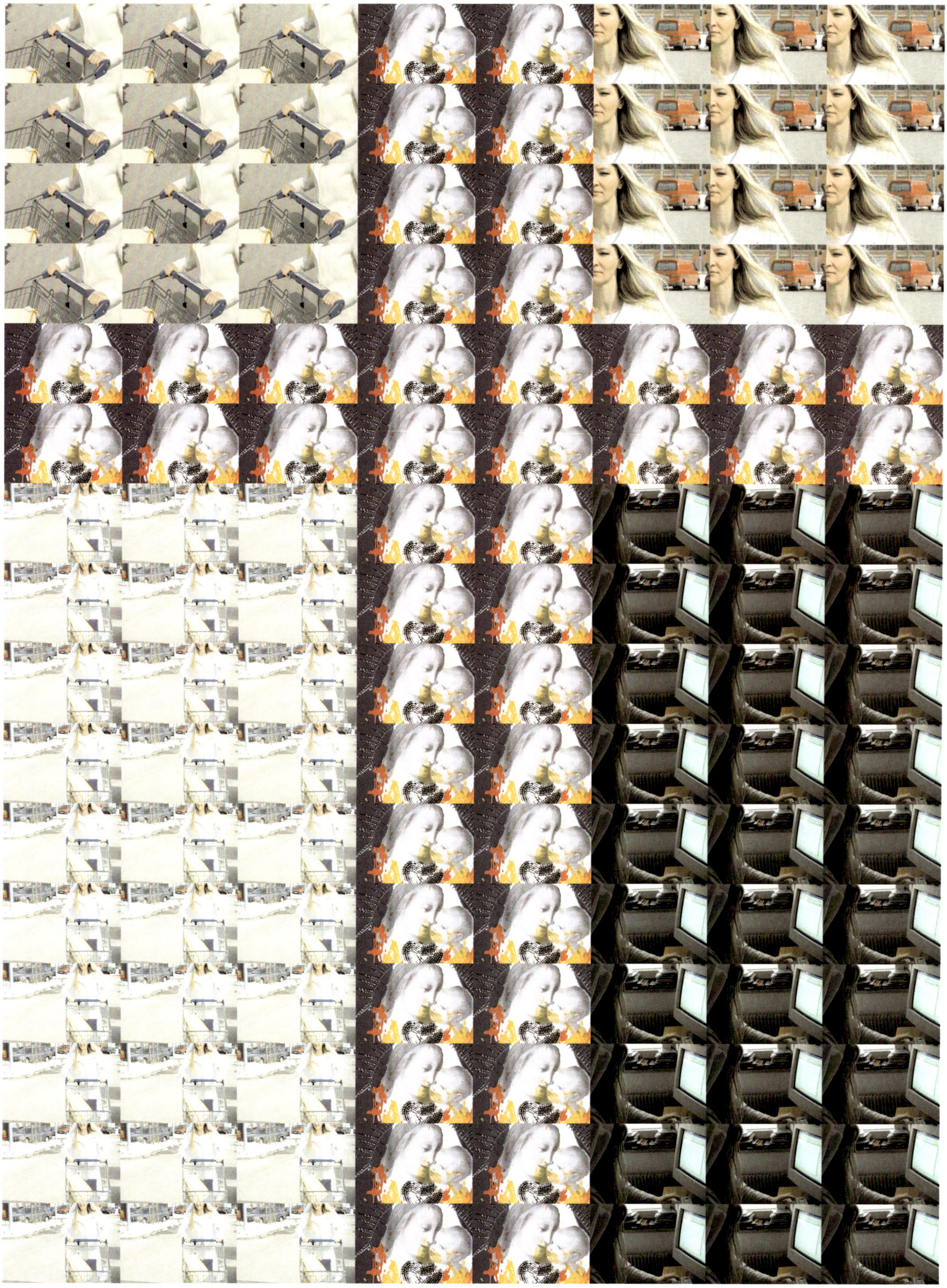

Ulrike Rosenbach

DENKMAL FÜR EINE VERZWEIFELTE FRAU
Rauminstallation 1980/82

Der kleine Raum im Souterrain der Galerie Magers in Bonn hat gekachelte Wände – eine alte Küche. In dem Raum hat Ulrike Rosenbach dreizehn in Wachs getauchte und so stabilisierte Küchenhandtücher an die Wand gelehnt. Sie sind an den Rändern mit den Anfangsbuchstaben der Namen von weiblichen Mitgliedern ihrer Familie bestickt. In der Mitte des Raumes liegt auf dem Boden ein großes Schwarz-weiß Foto ihrer Mutter wie ein Teppich ausgerollt. Am Rand steht ein einfacher Fernseher, auf dem ein Gespräch mit ihrer Großmutter als Videoarbeit zu sehen ist. Die alte Großmutter erzählt Geschichten über die Töchter und weiblichen Verwandten in der Familie.
Die Arbeit steht wie ein autobiografisches Tagebuch da, prätentiös hergestellt, wie die Handarbeiten, die in der Runde erzählender Frauen entstehen.
Die Rauminstallation wurde 1980 in Bonn, 1982 auf der Biennale Venedig, u.a. 2002 im Frauenmuseum in Bonn gezeigt.

Ulrike Rosenbach, Mutterliebe, 1978, Video/CD

Lene Pampolha / Ulrike Tscherner

„MARIAS“
Fotoinstallation auf weißen Stoffbahnen, 12 x 3 m,
zum Kirchenschiff drapiert

Fast zwei Millionen Menschen auf den Straßen der brasilianischen Stadt Belem. Hitze, Spannung, Erregung. Körper an Körper schieben sich die Gläubigen voran, die Maria gelobt haben, zum „Cirio“ das armdicke Seil durch die Straßen zu tragen. In der feuchten Oktoberhitze in Para kein Kinderspiel. Andere tragen Figuren auf ihren Köpfen: Arme aus Gips, Häuser, Ziegelsteine, Boote. Ein Dank für die Genesung, das ersehnte Häuschen, den Schutz der Fischer. „Du bist die zarte Lilie“ singen die Menschen zu ihrer „jungfräulichen Mutter“ Maria. Sie hat in der brasilianischen Tradition so viele verschiedene regionale Gesichter wie Wurzeln. Afrikanische und indianische Göttinnen verschmelzen im Bild der Maria, die mit den Eroberern und Missionaren auf den Kontinent kamen.

Der Kult um die weibliche Schöpfungskraft und Macht, mütterliche Wärme und ursprünglicher Schutz bricht durch das christliche Korsett. In Brasilien ist Maria nicht nur die Mutter Jesu. Neben, ja fast über ihrem prominenten Sohn erstrahlt sie als idealisierte Erfahrung, die alle teilen. Der persönlichen Mutter haftet in Lateinamerika immer etwas Heiliges an; sie zu beleidigen ist die schlimmste Erniedrigung.

Über 200 Jahre ist die Tradition der Marienprozession alt und jedes Jahr kommen mehr Pilger und Pilgerinnen. Wer sind die Menschen, die sich in den Straßen drängen? Wie viele von ihnen heißen wohl selbst Maria? Haben Kinder, kämpfen für das tägliche Auskommen? Wie viele Marias, deren Kinder keinen Vater kennen, die allein für Nahrung, Dach und Lebensmut sorgen?

Maria. Eine kleine Holzfigur für zwei Millionen Menschen.

Ute Jungclas

„PINK MARY“
Öl auf Leinwand, vierteilig, 200 x 160 cm, 2004

Barbara Lorenz-Höfer

WÄRMEABGABE – BRÜTER

Installation, 2005. ein dunkler Raum,
angefüllt mit raumhohen Körpern
(2,50 m hoch, 3,50 m breit, mit Papier bezogenes Holzskelett),
die von innen heraus rot leuchten. Superbusen?
Genlabor?
Dafür sprechen die virtuellen Kinder
s. Tamagochis an der Wand.
Es ist scheinbar eine Welt, die Glück, Geborgenheit
und wohlige Wärme vermittelt.
In Wahrheit ist es nur
eine von Körper und Geist gelöste Form,
die eine Nährlösung abgibt,
die ins nichts fließt –
oder ins Brutbett irgendwelcher Klone.
Körperwärme als Energiequelle
Das Monströse derzeitiger Genversuche
ist durch nichts zu überbieten.

Schmittgruppe 31 – Jutta Schmitt

„SYMBIOSE 2004"
Mobile Installation an drei Orten von M.M.,
Madonnenmotive, Siebdruck, auf Plexiglas, 2004

Was aber sagt uns ein Mobile im Kontext Mutter?
Dass die Verhältnisse wenig statisch sind, dass sich eine Mutter zwar bewegt, doch nie ohne Auswirkungen auf die anderen in der Familie. So sind die klassischen A b h ä n g i g k e i t e n.

Gunhild Jellinek

MUTTER INDIEN
Collage, 100 x 150 cm, 2005

Indien darf auf ein Jahrtausende altes, stark matriarchalisch beeinflusstes Gedankengut zurückblicken. So verwundert es nicht, dass im ausgehenden 19. Jh., zur Zeit seiner Wiederfindung und neuen Selbstbesinnung, Indien wieder eine Renaissance dieser Idee – Indien als Mutter – erfahren durfte. Die Idee des Landes als die nährende, aufbauende, kraftspendende Mutter, geht im Falle Indiens auf ein Jahrtausende altes philosophisches und spirituelles Bewusstsein (Gewahrsein) und Brauchtum zurück.

- Die Vision des mütterlich-weiblich bestimmten (geprägten) Urgeistes
- Das Erlebnis einer allumarmenden, alles durchdringenden Urenergie und Urmaterie.

Julitta Franke

ROTE MUTTER
Aus roter Merinowolle über Drahtgerüst handgefilzt,
Mantel handgefilzt aus derselben Wolle.
Roter Stoff über Kissen. 1,65 m lang, 0,60 m hoch, 2005

Das Material meiner Figur ist weich und warm. Der Vorgang des Filzens bedarf der behutsamen und doch festen Bewegung voller Energie.
Weichheit – Wärme – Energie – Bewegung, das sind Eigenschaften, die ich mit Mutterschaft verbinde. Muttersein in unserer Zeit wird vielfach abgelehnt; ich habe es dankbar erfahren.

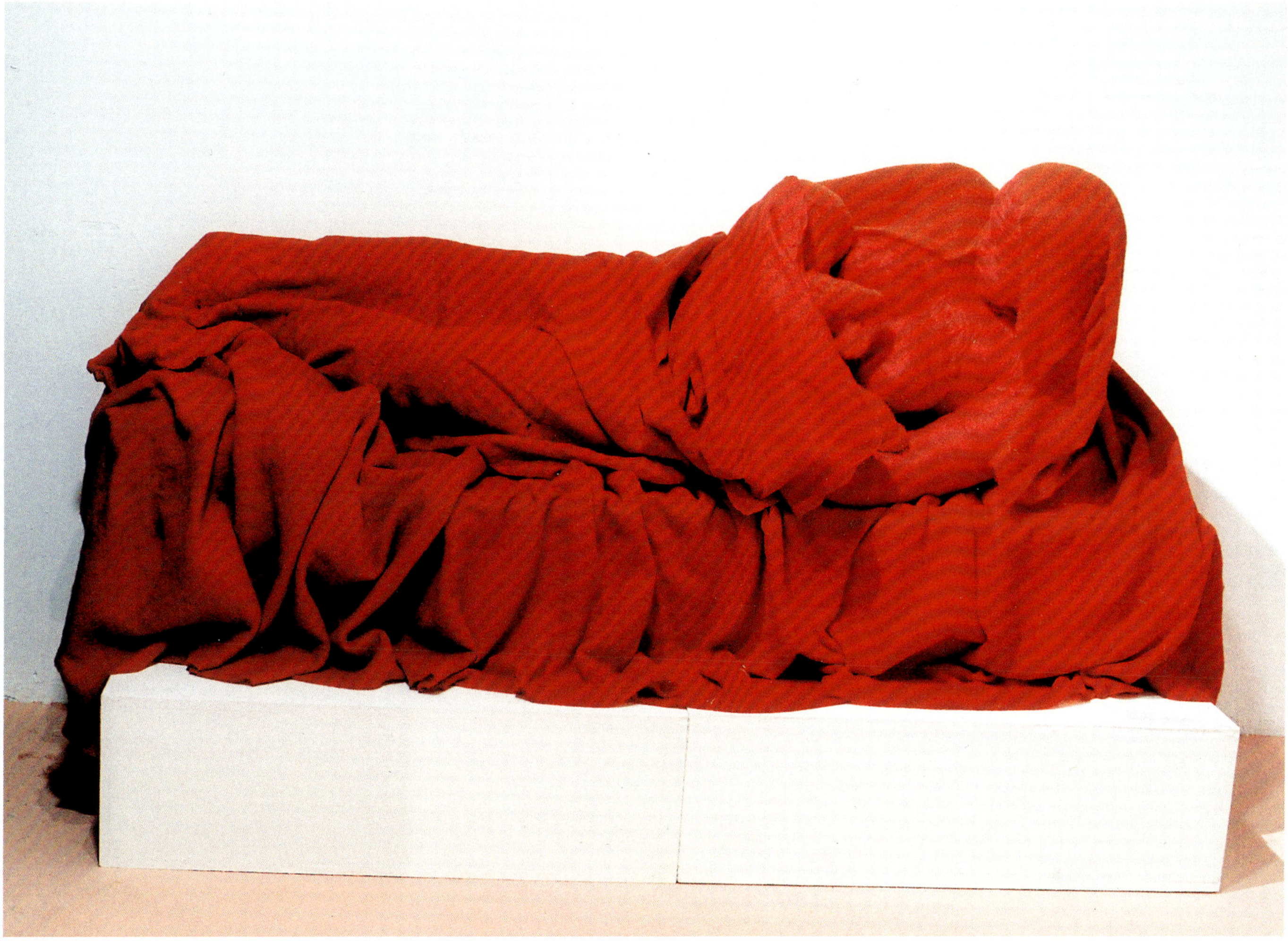

Heidi H. Kuhn

„ZITAT M."
4 Arbeiten zu Geburt und Geborgenheit, vor allem Hände
Acryl, Öl auf Leinwand, zweiteilig, 160 x 200 cm, 2004

Sollte es sich um die Hand der Schöpferin handeln, die Evas Hand, die Hand der Mutter aller Lebendigen, berührt? Michelangelo kann eine kühne Interpretation natürlich vertragen.

Elisabeth Busch-Holitschke

GOLDENE TAFEL

2 Kerzenleuchter
1 Vase mit Blumen
2 Pokale
6 Besteckteile
3 flache Teller
2 tiefe Teller
1 Tisch mit Golddecke
2 Stühle
alle Teile sind aus goldenem Stoff genäht.

Installation auf 6 x 2 m, 2005 · Foto: Horst Pitzen

Marianne Krüll

ZEHN GEBOTE FÜR MÜTTER (DIE UNS MÄNNER VORSCHREIBEN) UND DREI GEBOTE FÜR MÜTTER (DIE WIR UNS SELBST SETZEN)

1. Gebot

Mutter, du sollst deine Kinder lieben, auch wenn du sie wegen deiner besonderen Lebensbedingungen nicht wolltest, und/oder weil du ihren Vater nicht lieben kannst.

2. Gebot

Mutter, du sollst einen natürlichen Mutterinstinkt haben und immer ganz genau wissen, was deine Kinder brauchen. Wenn du das nicht kannst, wenn du Fehler machst, zweifelst oder gar verzweifelst, bist du unnormal, eine „schlechte" Mutter und mußt dich schuldig fühlen.

3. Gebot

Mutter, du sollst NICHT deiner Intuition oder dem erfahrenen Rat von Frauen (Hebammen, Heilerinnen, Freundinnen, auch nicht deiner eigenen Mutter) im Zusammenhang mit der Geburt, der Pflege und der Aufzucht deiner Kinder folgen, denn nur Männer sind in diesen wie in allen anderen Wissensbereichen Experten.

4. Gebot

Deshalb, Mutter, sollst du den Anweisungen von männlichen Experten (Wissenschaftlern, Ärzten, Geburtshelfern, Psychologen, Priestern, Pädagogen usw.) in Fragen der Geburt, der Pflege und Aufzucht deiner Kinder bedingungslos und blind Folge leisten. Denn Männer wissen alles besser als Frauen (weil Männer keine Kinder gebären können!).

5. Gebot

Mutter, du sollst dich verantwortlich fühlen für alles, was bei deinen Kindern schlecht läuft. Andere, beispielsweise die Väter, die „Experten" oder das gesellschaftliche Umfeld, in dem du lebst, tragen keine Schuld. Du sollst denken, daß du die Einzige bist, die „Fehler" macht und die Schelte, die alle Besserwisser gegen dich richten, für berechtigt halten und als Schuld auf dich nehmen.

6. Gebot

Mutter, du sollst dich für deine Kinder und deinen Partner abrackern und dabei glauben, daß du „nicht arbeitest", und deshalb dankbar sein für das Taschengeld, das er dir von seinem Lohn überläßt. Denn die Arbeit einer Mutter ist ein unbezahlbarer „Liebesdienst", braucht deshalb auch nicht angemessen bezahlt zu werden.

7. Gebot

Junge Mutter, du sollst glauben, daß dein Mann/Partner die große Ausnahme ist und ein fürsorglicher Vater deiner Kinder sein wird, der die Familienaufgaben mit dir teilt. Und du sollst auch nicht aufwachen, wenn er sich doch als typisches Exemplar seiner Spezies entpuppt und dich mit den Kindern allein läßt oder du ihn davonjagst, weil er dich und die Kinder vernachlässigt oder gar mißhandelt. Denn selbst das sollst du als deine Schuld betrachten.

8. Gebot

Mutter, du sollst deine Mutter, deine Großmütter und Vormütter beschuldigen, als Mutter nicht gut genug (gewesen) zu sein. Auf keinen Fall darfst du sie für ihre aufopfernden Leistungen ehren und hochschätzen. Denn alles, was sie für den Erhalt deines Lebens und der gesamten Gesellschaft getan haben und tun, war und ist ihre selbstverständliche Pflicht, die sie aus Liebe zu erfüllen haben (auch wenn die Liebe längst gestorben ist!).

9. Gebot

Mutter, du sollst auch im Alter weiterhin für deine erwachsenen Kinder, aber auch für die bedürftigen alten Eltern und Schwiegereltern verfügbar sein. Denn deine „Liebespflicht" hört nie auf. Vor allem sollst du bescheiden und anspruchslos sein und dich zum alten Eisen zählen. Denn deine Lebenserfahrung und Weisheit sind nicht gefragt. Wenn du dich dagegen wehrst oder gar zornig reagierst, wirst du (auch von deinen Kindern) zu Recht als böse, alte Hexe verunglimpft.

10. Gebot

Mutter, du sollst nicht merken, wie widersprüchlich diese Gebote sind und wie sie dazu dienen, die Männerherrschaft in unseren Gesellschaften aufrecht zu erhalten, indem sie Männer von der Verantwortung für die Leben erhaltenden „niederen" Arbeiten befreien, damit sie ihre verantwortungslosen, Tod und Vernichtung nach sich ziehenden „Höhenflüge" unbehelligt durchziehen können.

UND NUN DIE DREI GEBOTE,
DIE WIR UNS SELBER SETZEN:

11. Gebot

Mutter, du sollst dich selbst lieben, denn nur dann kannst du auch andere Menschen lieben und nur dann wirst du von deinen Kindern geliebt. Du sollst deine geistigen, seelischen und spirituellen Kräfte entdecken und entwickeln und die körperliche und sinnliche Lust an dir, an deinem Leben, genießen.

12. Gebot

Mutter, du sollst dir Freiräume schaffen, um deine Selbständigkeit erhalten. Du sollst anderen (vor allem Männern – auch deinen Söhnen!) zumuten, für sich selbst zu sorgen, auch wenn du dafür gescholten wirst. Du sollst dich an deine Lebenspläne und Ziele erinnern, die du hattest, bevor du Mutter wurdest und den Mut finden, sie weiter zu verfolgen.

13. Gebot

Mutter, du sollst Mutter werden, wenn du meinst, es nicht lassen zu können oder wenn du es gewollt oder ungewollt bereits geworden bist. Du sollst Hilfe, Solidarität und Unterstützung mit anderen Frauen/Müttern austauschen. Denn wir alle sind Teil der „Großen Mutter", der Göttin, die das Leben gibt und nimmt. Sie in uns und um uns zu ehren, ist das höchste Gebot.

Barbara Hoock

ANNOREXIA
2002, 50 x 60 cm, Baumwolle, Schneckenhäuser, Holz, Metall, Sand, Porzellan, Kaktusfasern, Teile einer Perlenkette

Zum Isoliertsein von Mutter und magersüchtiger Tochter. Alle Teile der Collage weisen auf die Zerreißprobe zwischen Mutter und Tochter in der Krise hin.

Petra Göbel

MI CASA – MEIN HAUS
Installation, 2001/02

Eine Frau ist zu Hause, zeigt die Fotos ihrer Kinder und deren seit Jahren unveränderte Zimmer. Leise ist eine Stimme zu hören:„Wenn wir'n Buben noch hätten.... Schauen'S, das Kleid ist schon zwanzig Johr alt und passt mir immer noch…“ In dieser Installation aus Diaprojektion, Tonband und verschiedenen Utensilien wird der schmale Grad zwischen dem hier und weg sein in der Vergangenheit thematisiert. Unmerklich hat sie die Frau in ihrer Vergangenheit verstrickt, aus der sie nur zeitweise noch herausfindet. In den Fotos wird der atem der 60er Jahre festgehalten, der in den Zimmern hängt und den Zeitpunkt des Todes ihres einzigen Sohnes markiert.

Martina Auweiler-Gewaltig

WINDELWECHSEL – ROLLENTAUSCH
Installation, 2 x 3 m, 2005

Das Kind wird Mutter:
Dies entscheidet heute jede Frau selbst und das „Ja" zu einem Kind beinhaltet die fast zwei Jahrzehnte lange Verantwortung für das Leben eines Menschen.

Die Mutter – Kind – Beziehung
Liebevoll-lieblos verständnisvoll-verständnislos
fördernd-hemmend lebensfroh-lebensunfroh
Meistens eine Melange

Die Mutter wird Kind
Die Rollen werden getauscht: Das Kind „bemuttert" am Ende die Mutter. Überforderung kann zu Lieblosigkeit und Zusammenbruch führen.

Die Windeln
sind für mich Zeichen von elementarer Abhängigkeit im jeweiligen Prozess vom Bemuttern und Entmuttern, ob Kind oder Pflegefall.

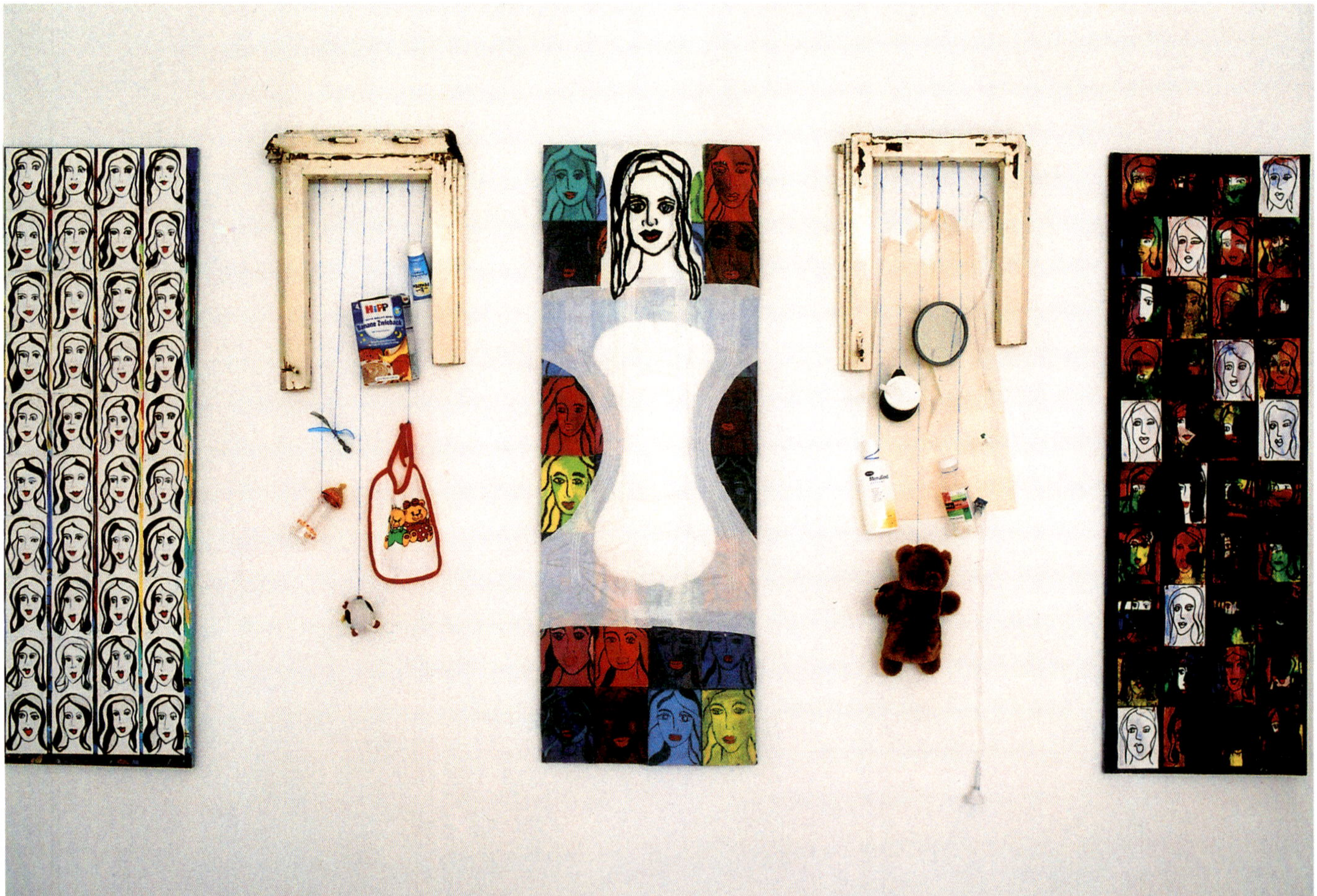

Installation, 5-teilig, Acryl auf Leinwand, Fensterrahmen, Wachs, Tüll, Babywindel, Erwachsenenwindel, Spiegel, diverse Materialien aus der Säuglings- und Altenpflege, 2005

Anna Maria Moll

SCHWARZE KÖCHIN

Zunächst waren da die faszinierenden Rezepte und die dazu gehörenden Zeichnungen im Kochbuch meiner Mutter, das sie selbst als junges Mädchen geschenkt bekommen hatte und an mich weitergab. Dazu kam die Erinnerung an die Abzählreime meiner Kindheit, darunter der bekannte *„Ist die schwarze Köchin da?..."*
.
Ein dritter Gedanke ist die Veränderung unserer Esskultur, vor allem Überernährung, dann die Produktion unserer Nahrung, hier speziell der Tiere, die im Übermaß gezüchtet und getötet werden.

Die kochende Mutter als Ernährerin übt eine Macht aus, der sie sich meist nicht (mehr) bewusst ist.

Das Kochen hat viele Facetten, von der bewussten und liebevollen Auswahl und Zubereitung der Speisen bis hin zum Aufreißen einer Verpackung fabrikmäßig hergestellter Nahrung. Ebenso verschieden kann die Auswirkung auf die EsserInnen sein: sind sie nur satt oder auch ernährt? Erhalten sie Kraft oder werden sie krank? Verweigern sie oder stopfen sie alles in sich hinein?

Die Bilder wurden bewusst in einer Art „Bilderbuch" – Stil gemalt, um die Zwiespältigkeit der Rolle der Köchin = ernährende Mutter darzustellen.
A.M.M.

„Küchentempel I mit Rind", 80 x 80 cm, alle Acryl auf Leinwand, 2002-03
„Küchentempel II mit Rind", 100 x 100 cm · „SUS", 80 x 80 cm · „SUS II" 100 x 100 cm

Franziska Becker

DER NEUE MUTTERSTOLZ

Eine Bildgeschichte mit 12 Einzelbildern, 2003
Feder, Tusch, Aquarellfarben, Buntstifte, farbige Tusche auf Papier
Ca. 30 x 35 cm

und einzelne Arbeiten
Neue Eltern, 2000
Back to the Roots, 2000
Mutterfreuden, 2000
Kampfmutter, 2004
Neuanfang, 1997
Ganz die Mutti, 1997
Zeitbudget, 2002
Spinat, 1996

Ist er nicht raffiniert, mein Sohn? Das hat er von seiner Mutti!
F. BEIMER

Ulrike Rutschmann

O.T.

Gedanken zum Gesicht meines Sohnes

8-teilige Bildreihe, Mischtechnik auf Baumwolle, die Mehrzahl 24 x 21 cm, ist in Zusammenhang mit der Geburt meines Sohnes Simon zu sehen, 2001-2002. Sie entstand auf der Grundlage von Fotos, die ich in den ersten drei Lebensmonaten von ihm aufgenommen habe. Während des Arbeitsprozesses habe ich immer wieder „Korrekturen" durch Auswischen und erneutes Übermalen bestimmter Gesichtspartien vorgenommen. Meine Intention war es, das mir vertraute Erscheinungsbild eines Gesichtes immer wieder in Frage zu stellen und neu zu definieren. Ich wollte mich vergewissern: Wo befinden sich die Augen, wo die Nasenpartie und wie ist der Mund tatsächlich gestaltet? Wie stehen die Proportionen zueinander?

Weitere Fragen stellten sich mir in diesem Zusammenhang: Sind die Augen das Wichtigste an einem Gesicht? Leuchten sie von innen nach außen? In welchem Verhältnis stehen sie zu dem übrigen Gesicht? Wie können Krankheiten oder Unfälle ein Gesicht verändern? Welche chirurgische Möglichkeiten gibt es, „Korrekturen" vorzunehmen oder kann ein Gesicht gar „rekonstruiert" werden?

Das Gesicht befindet sich im ständigen Wandel. Und: Faszinierend ist für mich, in welchem Kontrast das äußere Erscheinungsbild zum eigentlichen Wesen eines Menschen stehen kann.
U.R.

Rosa von Ilten

„IN DER KÜCHE“
Drei Bilder vom häuslichen Leben in den 60er Jahren
Acryl auf Leinwand, 80 x 120 cm, 2004

Margit Schopen-Richter

FAMILIENAUFSTELLUNG

5 Türen
Die Tür steht hier für die Mutter als Übergang zwischen zwei Bereichen. Die Mutter ist der Durchgang vom jenseitigen ins diesseitige Leben.
Die Bedeutung von Mutter, von Tür, wird deutlich im Neuen Testament: Jesus sagt von sich:„Ich bin die Tür, wer durch mich hinausgeht, wird Heil erfahren." Johannes, 10./ff.
Die häufige Darstellung Marias an Türen nimmt ebenso Bezug auf ihre Deutung als „PORTA COELI", durch die Gottes Sohn in die Welt trat. Patristische Auslegung von Ezechiel, Altes Testament, 14.1 ff.

Was mich als Frau, Mutter und Künstlerin bewegt und fordert ist der Mythos Mutter im Kopf und auf der anderen Seite die alltägliche Auseinandersetzung mit der Realität.

Dabei bedarf die weibliche Spiritualität gar nicht weit hergeholter Metaphern als Mittel zur Verständigung, – sie ist ja fest gegründet in der Alltagswirklichkeit. Wer ein Kind zur Welt bringt, macht ihm ja eine Tür auf. Eine Frau in ihrem Hause macht täglich 100 mal die Haustür auf.

Jede der 5 Türen ist gestaltet durch die Geschichte ihrer BewohnerInnen. Bei Fragen der Psyche nützt oft die Methode der **Familienaufstellung**.

Mechthild Roth-Reinecke

MÜTTER UND TÖCHTER
Serie von 2 x 7 Fotografien, je 18 x 28 cm
Handabzüge auf Baryt-Museumskarton, 2004

Barbara und Johanna
Mechthild und Ruth
Angela und Rosa
Burga und Nicole
Micaela und Lea
Katharina und Emily
Elisabeth und Almut
Anke und Julia
Reinhild und Franka
Katja und Luise
Ruth und Laura
Hildegard und Isabell
Maja und Mara
Inga und Nora
Ruth, Bianca und Nana

Sidika Kordes

MUTTER = MUTTER
Alteisen und laminierte Zeichnungen, 2005
Riesenfedern, Sonnenräder, Kuchenform, Riesen-Schraub-Muttern, Armierungseisen, Teile von Ackergeräten.

Fast ein Selbstportrait der Künstlerin und Mutter einer bald Dreijährigen: Aufrecht steht sie auf einem Schrottplatz, selbst aus Schrott zusammengeschweißt. Ob Ihre Tochter Maschinenbauerin wird?.

Die Künstlerin ist Sammlerin, Spielerin, und streift mit geübtem Blick auf den Alteisenhalden umher. Für das Gesicht des rostigen Alter Ego hat sie eine ehemalige Gewichtsscheibe gefunden: SUNFLOWER BÄRBELL.

Ulla Schenkel

MEIN VORRAT – MEIN VOR-RAT

Das Kellerregal mit den Ahninnen im Marmeladenglas spricht für die Sorge für das tägliche Leben von vielen Generationen von Frauen.

Es sind freundliche Erinnerungen und es ist eine Hommage an die Mutter, Großmütter und Urgroßmütter der Künstlerin, die wiederum selber Großmutter ist.

Und Vorrat ist nicht nur eingeweckte Marmelade sondern gehortete Erfahrung und Alltagswissen, das keineswegs verloren gehen darf.

Spiegel mit Urahnin, Großmutter, Mutter und Kind
Zeichnungen: **meine Mutter, meine Großmütter, zwei meiner Urgroßmütter und ich**

Veronika von Otten

VERANTWORTUNG
Öl auf Nessel, 2 x 2 m, 2004

Die Ereignisse, die bei den Individuen auf der Gefühlsebene stattfinden, schlagen sich nicht in Aktivität nieder. Die psychologischen Hemmungen der ProtagonistInnen (Mutter und Tochter und wer noch?), ihr befangenes Miteinander drückt sich in Vereinzelung und Erstarrung aus.
Das eingefrorene Innenleben wird nach außen projiziert und erscheint in den symbolischen Gestalten einer eigenartigen Menagerie.
(nach Dr. Birgit Schulte, KEOM)

Frü
MA

Sybille Spelsberg

SCHATTEN DER VERGANGENHEIT/HÄUTUNGEN
Bildfolge und Dokument, Farbpigmente,
Wachs und Papier auf Leinwand

Dokument des Wandels einer mutigen, kraftvollen Frau zu einer zwar immer noch kraftvollen, aber dominierenden Frau.
Ausschlaggebend ist **der lange Schatten**, den sie auch nach ihrem Tod über nachfolgende Generationen noch wirft. Material und Farben sind so gewählt um die Vergänglichkeit zu zeigen und auch das langsame Zerbröckeln der Fassade, sprich die Erinnerung an sie. Aus Mut und Kraft wurde im Laufe eines Lebens rücksichtslose Dominanz und absolute Kontrolle über ihre Töchter.

„Häutungen"
Es handelt sich um die gleiche Arbeit. Sie geht aber weiter. Aufgezeigt wird die enge Bindung von Mutter und Tochter. Es ist auch ein Stück Zeitgeschichte, eine Ost-/West-Geschichte, die die Situation der Frauen in beiden Teilen Deutschlands Ende der fünfziger Jahre charakterisiert.
Es ist eine sehr persönliche Arbeit. Die Briefe, die dieser Arbeit zugrunde liegen, sind mir erst bei der Recherche zu Mythos Mutter in die Hände gefallen. So wandelte sich auch der Charakter der Arbeit.
S.S.

Anne Ruth Kieschnick

DER WEG IN DEN POTT – VON SCHLESIEN
ÜBER SACHSEN INS RUHRGEBIET
Mutter mit Fahrrad und zwei Töchtern zur Kartoffelernte
für 1 DM pro Std.

Installation, Familienfotos, Fahrrad, Kiesel und Sand vom Ufer
an Rhein und Ruhr

Foto: Horst Pitzen

Erika Maria Lankes

FRAU SYKORA MIT DER ANNA
DIE ALLEINERZIEHENDE MUTTER UND IHR KIND
MEINE MUTTER, DIE FRAU E.T
3 Figuren, davon zwei Mütter mit je einem Kind, Polyester, eingefärbt und bemalt, 1996/97, lebensgroß

Es sind nicht nur Portraits bestimmter Leute, sondern es ist ja auch ein Spiegel meiner eigenen Person und ihrer Prägung. So reagiere ich (geb. 1940) noch heute auf meine Prägung durch Nationalsozialismus und Flucht und auf die große Verlogenheit der 50er Jahre.
Seit 1976 beschäftigt sich meiner Arbeit immer wieder mit dem Thema Mutter. Mit der ersten Figur „Meine Mutter, die Frau E.T." ging ich frontal auf das Thema zu: als Kind hatte ich mich sehr vor ihr gefürchtet und versucht, ihre Nähe zu fliehen, wo immer es möglich war. Auf den ersten Blick gesehen handelt es sich um die Figur einer durch den Krieg gezeichneten Frau, aber sie steht völlig starr und mit Vorwurfsblick da.
Heute, im Rückblick scheint mir meine Beobachtung der Tatbestände ihrer Person auch kalt, geradezu imitativ mit dem gleichen herzlosen Blick und geprägt von meiner ehemaligen Ablehnung und Angst.
E.M.L.

Frau Sykora mit Anna, im Hintergrund Frau E.T.

Meine Mutter, die Frau E.T.

Brigitte Friesz

JASON: GÄB ES ANDRE GEBURT, GANZ OHNE
DIE FRAU, WÄRE GLÜCKLICH DAS LEBEN
EURIPIDES „MEDEA" (431 V. CHR)

3 Bilder: Bitia, Jason oder
Das Weib wird mir zum Verhängnis, Pietà,
1 Plastik: Dona Rosita bleibt doch ledig

Die Kultur der menschlichen Frühzeit war von dem Bewusstsein durchdrungen, dass das weibliche Geschlecht in besonderen Maße magische Kräfte besitzt, was mit der der Fruchtbarkeit der Frau in Zusammenhang steht. Ihre Fähigkeit, Leben hervorzubringen, verlieh ihr den Nimbus des Heiligen und prädestinierte sie zur Mittlerin zwischen den göttlichen Mächten und der menschlichen Gemeinschaft.

Zu Beginn der Kultur standen beide Geschlechter im Überlebenskampf in der Natur und waren in einer existenziellen Auseinandersetzung mit ihren Lebensbedingungen begriffen, die zu den typisch menschlichen Kulturschöpfungen führte. Dabei waren weder die psychischen Schöpfungen von Mythos und Kult, noch die materiellen Kulturinnovationen dem männlichen Geschlecht vorbehalten, vielmehr spricht alles dafür, dass sowohl im sozialen wie im kulturellen Bereich zunächst ein Ungleichgewicht zugunsten der Frau bestanden hat, was zu vielschichtigen Kompensationen auf der Seite des Mannes führte.

Aus dem Gefühl der Ausgeschlossenheit von den Mysterien des Lebens und dem Gefühl der Fremdheit gegenüber deren immanenter Tragik erwacht das männliche Bewusstsein: Zweifelnd, hadern erhebt es sich über die eigene und kreatürliche Situation als solche und stellt den Mächten der Natur seinen Kampf um Selbstbestimmung und seinen Willen nach rationaler Klärung und Kontrolle entgegen. Dabei erweist sich die philosophische Gleichstellung von Mann und Geist bzw. von Frau und Natur als eine Spaltung mit gleichermaßen tragischen Konsequenzen für die Frau wie für die Natur.

Deshalb müssen im Namen der Menschlichkeit und im Namen des Lebens auf unserer Erde die Grundlagen unserer gesamten Geisteskultur radikal in Frage gestellt werden. Dies ist aber nur möglich, wenn künftig die einzelnen Disziplinen nicht säuberlich getrennt von einander arbeiten, sondern sich inhaltlich und gesellschaftlich aufeinander beziehen.
B.F.

Die Rauminstallation, Foto: Horst Pitzen

Pietà, Öl auf Leinwand, 100 x 120 cm, 1995

Margrit Gloger

GEBÄR-MUTTER – DIE MUTTER IN DER FRAU
„JEDE DRITTE FRAU IN DEUTSCHLAND MACHT IM LAUFE IHRES LEBENS EINE GEBÄRMUTTER-ENTFERNUNG DURCH"

Zitat: Gebärmutter – Das überflüssige Organ. Hg.: Barbara Ehret-Wagner, Irene Stratenwerth, Karin Richter, rororo Sachbuch 9636

Arbeiten zum Thema:
„Entfernt", Holzskulptur, umgeben von bemalter Rinde
Linolschnitte und Bilder „Das Leid" und „Der Kampf"

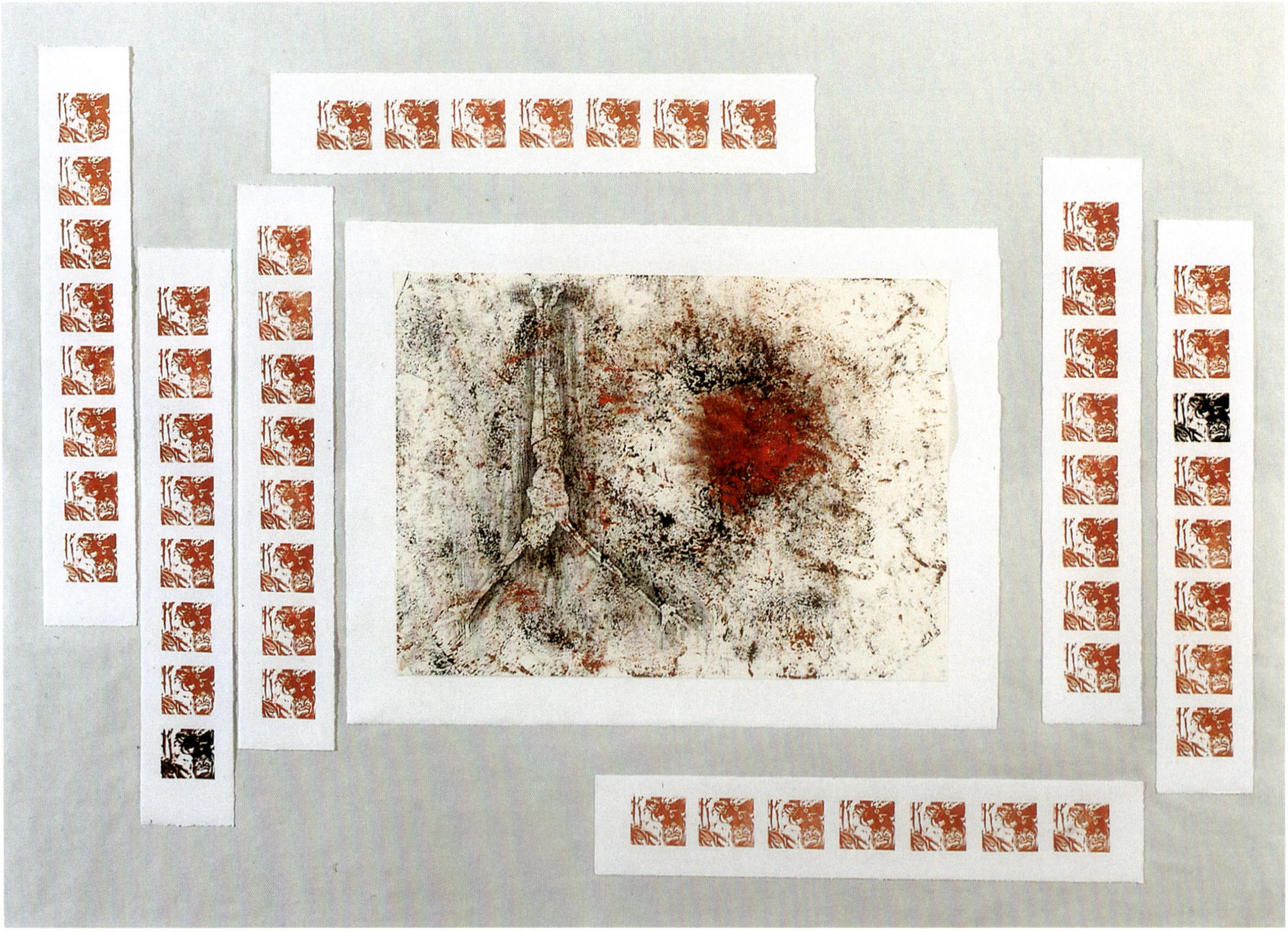

Das Leid, Mischtechnik, 86 x 61 cm, umgeben von Linolschnitten. · Foto: Marcus Gloger

Der Kampf, Mischtechnik, 86 x 61 cm

Margret Weiler

TRAGLINGE
5 Objekte, 2001/2003
Material: naturfarbener Nessel, Zellstoff, Sägemehl, Schaumgummi, Klettbänder, Tesakreppband, Nylonnetze, Füllung: Sand.

Bei den Objekten geht es um Tragen und Getragenwerden. Die Traglinge laden dazu ein sie aufzunehmen und ihr Gewicht zu spüren. Was wäre wenn

- mir mein Eigengewicht nicht selbstverständlich wäre
- ich spüren könnte, wie viel mein Kopf wiegt (durchschnittliches Gewicht 7,5 kg)?

Wie verändern Gewichte meine Haltung, Selbstwahrnehmung, meine Bewegung?

Was ständig oder zeitweise am Körper getragen wird (Kleidung, Schmuck), was beschwert hängt auch mit wechselnden Idealvorstellungen vom Körper, von Mann und Frau zusammen. Die Perücke zeigt beschwerliche, schwere, lästige Manipulationen durch Frisuren und Kopfbedeckungen auf, dabei an Moden vergangener Zeiten erinnernd. **Busen** und **Bauchtasche** weisen auf Veränderungen des Körpers im Tragen, in den Gewichten, in der Gewichtigkeit einzelner Körperteile hin, die auch Zugehörigkeiten zu unterschiedlichen sozialen Gruppen oder Altersgruppen spiegeln. Wir tragen unser Körpergewicht selbst, gegen die Schwerkraft in der Vertikalen. Ehe wir es tragen können, müssen wir uns aufrichten von der Horizontalen über Aufstützen, Sitzen, Krabbeln bis zum Stand und zum Gehen.

Das Baby kann nur liegen, es muss getragen werden. Durch das Getragen werden erhält es Informationen über sich selbst und über seine Umwelt: es erfährt Bewegung, Gleichgewichtsinn, Perspektivwechsel, Rhythmus, Körpernähe. Das Getragenwerden im Körper der Mutter setzt sich in den ersten Lebensmonaten fort durch das Tragen/Getragenwerden außen am Körper. Nun wird das wachsende Gewicht, zunächst 3 1/2 kg, zunehmend anders empfunden: schwer.

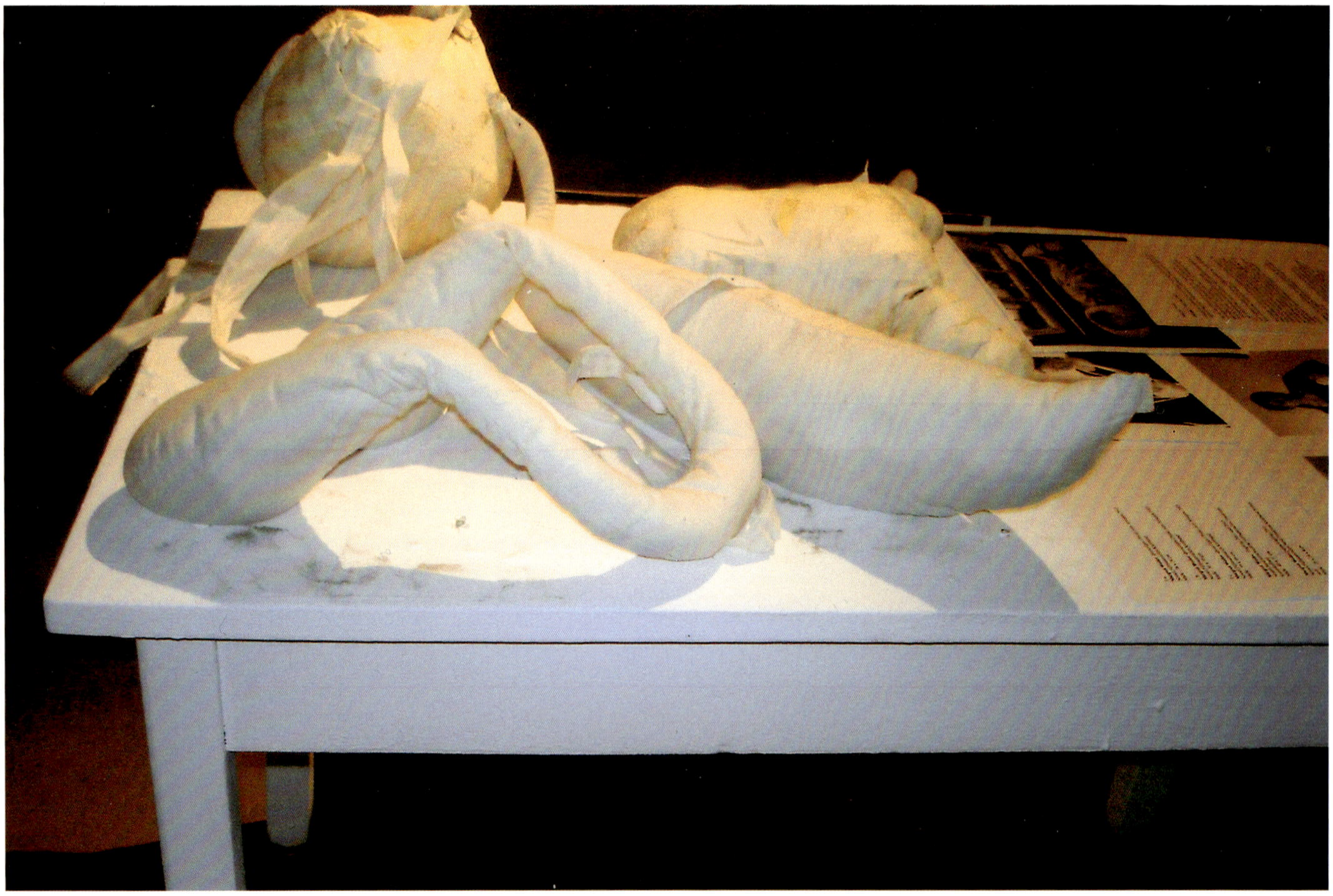

Heide Pawelzik

FRAUENMILCH
Rauminstallation, Reagenzgläser, Milch, und
Bodenobjekt (Köpfe), 2005

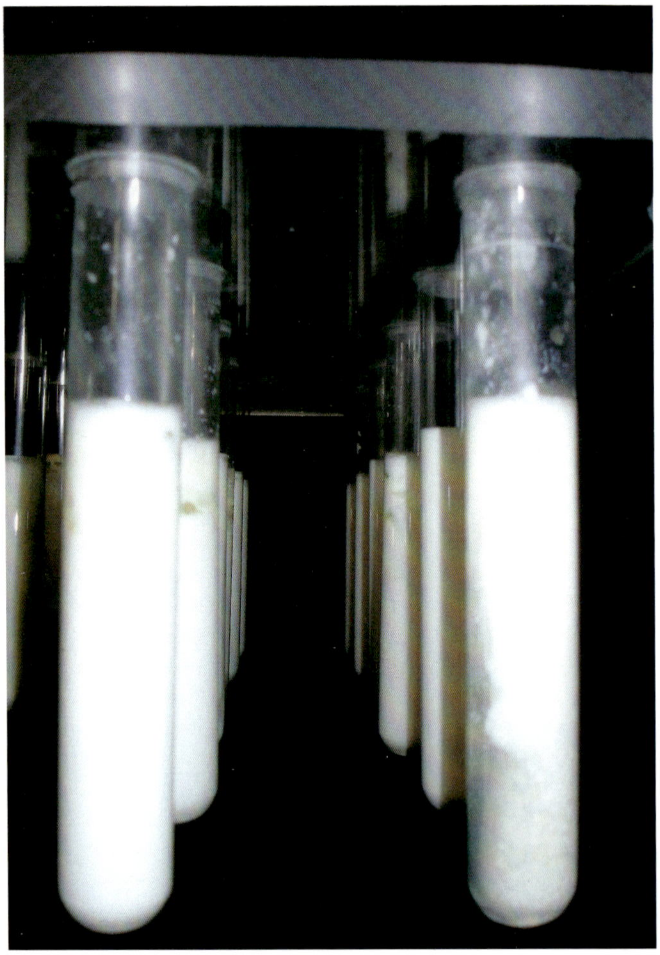

Monika Stubig

... ÜBER GRENZEN HINAUS
2004. Kohle und Acryl auf Leinwand, 100 x 80 cm.

Das in schwarz/weiß und grauen Farbtönen gehaltene Bild verweist auf die Ambivalenz zwischenmenschlicher Situationen zwischen Nähe und Distanz.
Symbolisiert werden die physischen und psychischen Grenzen, die die Mütter – seit jeher – bewusst oder unbewusst immer wieder überwinden
s. Kriege, Nachkriegszeit oder Naturkatastrophen.

Maria Barthel

FREUD EN ZIMMER
Rauminstallation mit Sofa, Paravent, Leuchtkörper, güldenem Penisobjekt und Freudportrait, 2005

Im Jahr 1919 schenkte die Psychoanalyse der Rolle der Mutter in der Entwicklung des Kindes oder für mütterliche Bedürfnisse von Patienten in der Behandlung nur sehr wenig Aufmerksamkeit.
Freud verstand die Mutter als ein Objekt sexuellen Begehrens und als Quelle sinnlicher Lust.
Die beschützende Funktion der Mutter oder ihre nährende Rolle stellte er nicht heraus, und die Mutter als eine Gestalt, von der das Kind in einem frühen Stadium eine legitime Abhängigkeit entwickelt, erwähnt er nicht einmal. (Vielleicht reflektiert das Freuds Abneigung dagegen, die eigenen Abhängigkeiten von seiner übermächtigen, dominierenden Mutter zu explorieren). Freud dachte damals, die erste und ursprünglichste menschliche Bindung des kleinen Jungen sei die an seinen Vater, nicht die an seine Mutter.
Freud schloss den Anteil der Mutter an der Pschycho-pathologie seiner Patienten nicht aus, aber er sah die Mutter hauptsächlich als die Verführerin zu einer ödipalen Situation oder als den Ursprung homosexueller Konflikte im Erwachsenenalter an.
(aus „Siegmund Freud und sein Kreis")

Ami Frankfurt

ANNA SELBDRITT – KILLING GRANDMA

Ami Frankfurt alias Annemarie Kapp de Thouzellier schickte ein Märchen:

Es war einmal

eine junge Frau, die sucht im Winter dringend Hilfe in einem Hospital. Als die Frau Doktor dort von ihrem kleinen Kind hörte, dachte sie gleich an die neue Mutter-Kind-Station und ließ den Eltern bei einem Besuch das Kindchen von einer Schwester wegnehmen. Das Kindchen weinte gar jämmerlich. Es wollte nach Hause zu seinen Großeltern, bei denen es aufgewachsen war, und ließ sich weder anfassen noch trösten. Da meinte die Frau Doktor, dass die Großeltern etwas falsch gemacht hätten und ließ ihnen vom Richter für Frühling und Sommer sogar den Besuch verbieten. Der jungen Frau und dem Richter sagte sie, die Eltern hätten ihr das Kindchen weg nehmen wollen und sie sei wegen der bösen Mutter krank geworden. Die kranke junge Frau wollte gesund werden und glaubte der Frau Doktor und dem Richter. Aber die unglücklichen Eltern wollten immer noch ihrer Tochter und auch dem Kindchen helfen. Da drohte der Richter, die Großmutter ins Irrenhaus zu schicken.

Im Sommer wäre die Großmutter fast an einer bösen Krankheit gestorben, wenn ihr nicht glücklicherweise gute Ärzte in einem anderen Krankenhaus das Leben gerettet hätten. Aber sie würde nie wieder gesund und stark werden wie zuvor.

Im Herbst verließ die junge Frau mit ihrem Kind das Hospital. Sie zog aus ihrer kleinen Wohnung im Elternhaus in eine noch kleinere in der Nachbarstadt. Sie sprach wie zuvor mit Vater und Mutter und ließ auch das Kindchen endlich die Großeltern wieder besuchen. Das Kindchen war aber enttäuscht, dass sie es nicht wie früher bei sich wohnen ließen. Dann merkte die junge Frau, dass sie doch nicht an der Universität studieren und dabei ganz allein für ihr Kindchen da sein konnte und zog im nächsten Winter wieder in die Wohnung im Elternhaus ein. So wurde wieder alles gut = not killing grandma!

Das Kindchen wohnte nun in der Wohnung der Mutter, es kam jeden Tag zu den Großeltern und fragte oft, ob es nicht wieder bei diesen wohnen könne. Wenn der Großvater von seinem Tagwerk nach Hause kam, half ihm das Kindchen stolz bei den täglichen Verrichtungen und aß mit ihm sein Abendbrot. Im nächsten Frühling wollte die junge Frau, dass die Mutter viel für sie da sein sollte genauso wie für das Kindchen oder sogar mehr. Aber die Urgroßmutter in der Universitätsstadt war alt und krank geworden. Da fuhr die Mutter oft zu ihr hin, und im nächsten Sommer wohnte sie auch dort. Wenn der Mutter das Herz einmal schwer wurde, sang sie schöne alte Lieder und spielte ihre Musik, schrieb Geschichten, malte viele Bilder und hoffte, dass die böse Krankheit nicht wieder kommt.

So – oder so ähnlich – mag es gewesen sein, und es ist ja auch fast alles noch einmal gut ausgegangen. Und wenn sie nicht gestorben sind, leben sie auch heute noch.

Aus der mehr als 3-teiigen Aquarell-Serie Anna Selbdritt – killing Grandma, je 24 x 18 cm, 2004

Maria Mathieu

WAS SEHEN SIE, FRAU LOT?
Tusche auf Transparent, 200 x 90 cm, 2001 – 2005

Detail aus der Ausstellung **„Was sehen Sie, Frau Lot? – Eine künstlerische Auseinandersetzung mit sexualisierter Gewalt an Mädchen und Frauen – gegen Täterschutz“**

Die künstlerische Auseinandersetzung mit dem Thema Sexuelle Gewalt brachte mich als Tochter einer Mutter, als Mutter einer Tochter, als eine von vier Schwestern zu der Frage: Wie kann es zur Isolation der Töchter und Abwesenheit ihrer Mütter kommen? Warum befinden sich die Töchter in der Rolle der abwesenden Mütter wieder? Welches Familiengefüge ermöglicht Gewalt?
Auf der Suche nach Antworten und Analogien stieß ich im Buch Moses auf die Geschichte von Lot und seinen Töchtern, die er dem Mob von Sodom und Gomorrah zur Massenvergewaltigung anbietet.
M.M.

Seht, ich habe zwei Töchter,
die noch nichts vom Manne wissen,
die will ich euch herausgeben;
macht mit ihnen, was euch gefällt.“
(...)
Der Herr ließ Feuer und Schwefel auf
Sodom und Gomorrah regnen und vernichtete
So die Städte und den ganzen Umkreis
Und alle Bewohner der Städte.
(...)
Lots Weib aber sah sich hinter ihm um
Und ward zur Salzsäule.

Zürcher Bibel, 1942

Wo war Frau Lot, die Mutter der Töchter, als es auf sie ankam? Was war es wirklich, was die Mutter der Töchter zur Salzsäule erstarren ließ?

Die biblische Geschichte geht noch weiter:
Die Töchter fliehen mit ihrem Vater in die Berge und wohnen mit ihm in einer Höhle. Beide Töchter wollen unbedingt Mütter werden und lassen sich in Ermangelung geeigneter Partner von ihrem eigenen Vater schwängern und werden so zu den Stammmüttern der Moabiter und der Ammoniter.

M. Mathieu

Monika Ortmann

LOSS OF BLOOD

FEMALE SACRAMENT
Installation, 1997 – open end

Fast informell wirkt die Wandinstallation aus der Entfernung. Aus den farbig umrandeten Hygieneartikeln, die jeweils auf ein 30 x 40 cm großes, duo-chrom bemaltes Ölbild montiert sind, fließen verschiedenfarbige Flüssigkeiten, die durch ein darunter befestigtes Reagenzglas aufgefangen werden. Die spontan aufgebrachte Farbe erzeugt auf dem Vlies abstrakte Formen. Die Umrisse der Flügelbinden assoziieren die Grundrisse von Kathedralen. Die organisch anmutenden Farbspuren reflektieren den kreativen Schöpfungsprozess – oder gentechnische Eingriffe.
M.O.

Fotos: Horst Pitzen

LUCKY DOLLS
Installation, 1974 – 1994

In einem theatralischen Szenario bewegen sich Porzellanpuppen schwerelos im Raum. Sie erinnern an hilflose Kinder, weisen Spuren von Verletzungen auf. Verlorene Seelen, die nicht beschützt werden konnten und keine Chancen auf ein eigenes Leben hatten.
Warum – das wird nicht deutlich, aber der Eindruck von etwas Entsetzlichem bleibt.
M.O.

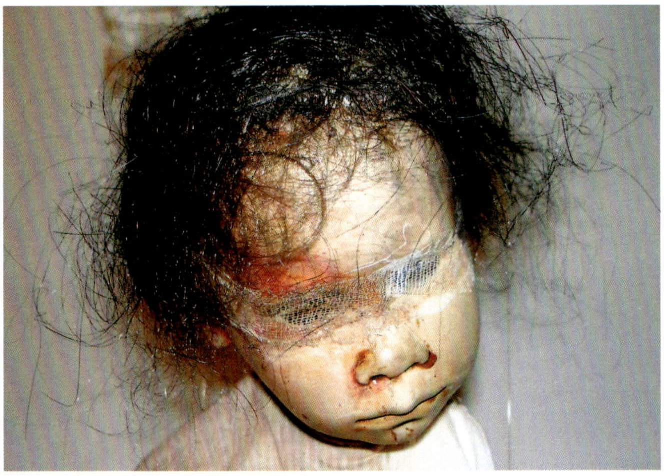

Marianne Pitzen/Tina Suchy

UNGELIEBT!

Installation mit den Aufzeichnungen eines zerstörten Kindes, das durch die Schrecken von seinen ersten Lebenstagen an voll auf der Verliererseite steht.
Kinder sind kein Eigentum, keine Verhandlungsmasse, keine Einkommensquelle, keine Blitzableiter, keine Ersatzpartner, keine Boxerdummys, weder Aschenbecher noch Sado-Gespielen.
Muss das tatsächlich gesagt werden?

Seite 1 von 1-4

Meine Mutter!

Als ich klein war bin ich meist von einem zum anderen Elternteil gewechselt. Als ich bei meiner Mutter war, habe ich sehr viel schlechtes erlebt. Hier mal nur ein paar ausschnitte davon!
Als ich cirka 3-4 Jahre alt war, war mein Bruder 1 Jahr alt. Als meine Mutter eines Tages versuchte mich und meinen Bruder zu ertränken. Ein beckannter kahm aber dazu und half uns. Ein paar Tage später starb mein Bruder am kindstod!
Cirka 1 bis 2 Jahre später, als meine Eltern getrennt wahren lernte meine Mutter einen krassen Typen kennen. Wir zogen mit ihm nach Pirmasens. Dort kamm ich in den kindergarten. Als ich einmal Heim kamm, gab es Essen. Da ich böse war nahm man mir mein Essen weg und gab sie meinem Hund. Als es klingete und ein Typ zu besuch kamm und nach Essen fragte, gab meine Mutter ihm meinen also den Hundeteller dem Typ. Als meine Mutter einmal Bier hollen ging und ich zu Hause bleiben muste, machte der Typ meiner Mutter so komische sachen. Mittlerweile weiß ich er wahr ein Zuhällter. Das beckamm ich auch noch zu spühren. Als ich einmal Mittags

Meine Mutter!

Antonia Wenzlawski-Abdel-Hadi

„SPIEL MIR DAS LIED ....“

Als ich mein Mädchendasein beendete
und Mutter wurde,
wollte ich eine gute Mutter werden:
beschützend, bewahrend, sorgend,
am Glück entlang gehend.

Tatsächlich wurde ich eine schlechte Mutter,
weil ich mit den Jahren immer unsicherer wurde
über das,

was eine gute Mutter sein könnte:
Gewissheiten zeigen, Geborgenheit geben,
Orientierung sein.

Ich beschloss dann, eine kluge Mutter zu werden,
eine Mutter, die über den Tellerrand schauen kann.
Aber je mehr ich schauen lernte,
desto weniger konnte ich Sicherheiten geben.

Dann wandte ich mich an das Höhere
Und sah zu den Göttinnen hin.

Meine Hand blieb orientierungslos in der ihren.

Und endlich begriff ich, dass Scheitern,
mein Scheitern als Mutter
die Freiheit gibt,
die mein Kind braucht, um zu sehen,
dass sein Leben, was ich ihm großzügig
und mutig zu schenken glaubte,
weder von Dauer
noch frei von Schuldigwerden sein kann,
und der letzte Schritt allein gelernt werden muss.

Beschützen, bewahren und sorgen kann ich nicht.
Seit ich das weiß,
bin ich leise:
– auf die andere Seite kommen!
– Die innere Lotsin (Fährfrau) erkennen

2004, Installation mit
- gebleichtem Rinderknochen
- Gegenbogen, bei dem einige Saiten zerrissen sind
- Olivenseife aus Nablus/Palästina
- Stier aus ungebranntem Ton
- Mendelssohn-Bartholdy Buch (Jugendstil)
- Sein Titel: Lieder ohne Worte

Foto: Horst Pitzen

Ursula Witzlau

„...AUCH DER SCHNITTER, HEISST ES, LIEBT DIE AUFRECHTEN ÄHREN"

Den Soldatenmüttern

Umfangreiche Studien auf historischen, gesellschaftlichen, politischen und soziologischen Gebieten haben mir tiefe Einblicke in die Bedeutung der Mutterfigur, des Mythos Mutter, vermittelt. Recherchen machte ich in Deutschland, Frankreich, Italien.
Aus der Vielzahl des zusammengetragenen Materials wählte ich vierzig Mütterportraits stellvertretend für unzählige aus. Um mir das Leid vieler Millionen vor Augen zu führen, besuchte ich in mehreren Ländern Friedhöfe, Kriegsgräberstätten, ehemalige Lager. Einen kleinen Teil der gesammelten Fotografien habe ich in der Werkreihe verarbeitet.

Meine Recherchen über Mütter/Heldenmütter reichen bis zu den Jahrgängen 1864. Also fallen in diese Zeit u.a. die Kriege 1870/71 (D-F), 1914-18, 1939-45. Eine Frau aus Ungarn erzählte mir von dem ungarischen Aufstand 1956, in dem ihre Familie auch wieder Söhne verlor und Mütter trauerten. Die abgebildeten Personen datieren ab den Jahrgängen 1864. Fotos der Frauen waren vorhanden ab dem Jahr 1910.

Ich habe bei meinen Recherchen mit sehr vielen Frauen, Müttern, Töchtern, Enkelinnen in Deutschland gesprochen; bis auf eine Familie – die unwahrscheinliches Glück hatte – haben alle Verluste erlitten; junge Männer, fast noch Kinder -, junge Väter und Ehemänner, Männer mit großen Familien, kamen nicht aus den Kriegen zurück.
Seit Urzeiten erleiden die Mütter die wahren Verluste. Dafür entschädigt „man" sie gönnerhaft mit Orden, bezeichnet sie als „Heldenmütter".

Wenn wir von Müttern reden, assoziieren wir dazu zwangsläufig die Worte Vater und Kind. Dann kommen Begriffe Mutter Erde – Vater Land. Mutter Erde ist das Alles Umschließende; Vater-Land ist in unserem Sprachgebrauch Heimat, ein begrenzter Raum (in Relation zu unserer Welt).

Irgendwann, wenn wir über Vaterland nachdenken, rücken die Konflikte ins Blickfeld: Wettstreit um die Ressourcen, Bodenschätze, Wasser. Dazu Ehrgeiz, Machthunger, Starrsinn, Hochmut, Ehre, Revanche, Kriege.
Wir sehen es überdeutlich in unserer Zeit. Die Kriege lösen die Probleme nicht. Kriege sind Machtspiele. Aber am Ende der Spiele ist nichts gewonnen, es gibt keine Gewinner in dem „Spiel". Jeder und jede hat verloren.

M.E. kommt es im Sein der Menschen und der Gesellschaften nicht vorrangig auf das Neue an, sondern auf das Unveränderliche, das Überdauernde, das sich verbindet mit dem Leben, das immer Bewegung, Reaktion auf geänderte Umstände ist. Eine Symbiose aus Vorangehen und Beharren.

Die stete „Erinnerungskultur" und familiengeschichtliche Besinnung ist wichtig. Alles Erinnerte fließt in das Heute. Geschichte stiftet Bewusstsein einer (weiblichen) Identität.

Der Vergleich zwischen Vergangenheit und Gegenwart ist auch ein Brückenschlag, der beiden ihren Eigenwert belässt. Es handelt sich zwar um einzelne Personen, bei Vergleich geht es jedoch nicht nur um die Frauen und Mütter, sondern um die Ereignisse und grundlegenden Vorkommnisse. Wie konnte es dazu kommen

Zu Hegels Definition der Geschichte als Fortschritt im Bewusstsein möchte ich anmerken, dass es immer noch außerordentlich wichtig – leider oft vernachlässigt – ist, aus der Geschichte Schlussfolgerungen für das Heute zu ziehen und aktiv umzusetzen. Es heißt, die Geschehnisse der Vergangenheit nicht unbesehen für die Gegenwart hinzunehmen.

2004, zwei Holzstelen, je 190 x 55 cm, Fotos, Zeitung, Enkaustik (Wachs)
Holzplatte, 120 x 140 cm, Fotocollage, Papier, Eiweißfarbe

Eva Aloe

KLAGEWEIBER

Auslöser für die Klageweiber war für die Künstlerin aus Basel sicher die gegenwärtige Trostlosigkeit, s. Terror und Kriege, – aber auch Werke von Alphonse X le Sage, Paul Claudel, Friedrich Nietsche.

DIE KLAGEWEIBER

SIE ZIEHEN ZIEHEN ZIEHEN
DAHIN
IN ENDLOSEN REIHN

SIE GEHEN GEHEN GEHEN
DAHER
IN STUMMER WEHKLAGE

SIE BEUGEN BEUGEN BEUGEN
SICH
IN JAHR HUNDERTEALTEM SCHMERZ

SIE WANDERN WANDERN WANDERN
DURCH DIE GESCHICHTE
DER MENSCHHEIT

SIE KLAGEN KLAGEN KLAGEN
AN
DIE WELT

SIE TANZEN TANZEN TANZEN
DIE ENDLOSE PARTITUR
DES VERLUSTS

MATRES DOLOROSAE
IN EWIGER CHOREOGRAPHIE
DES LEIDS

EVA ALOË 04

61 Gestalten aus Stoff, bemalt, Dispersion, Metalldraht, an Nylonfäden, 2003/04. · Foto: Horst Pitzen

Mo Kleinen

MOTHER'S LITTLE HELPER
Laufstall (authentisch),
Drehmechanismus, Kugellager, Rost
2005

Julitta Franke

ALLE ACHT SEKUNDEN STIRBT
EIN KLEINKIND AN WASSERMANGEL.
DEN TRAUERNDEN MÜTTERN!

Acht schwarze Totenhemdchen, aus weicher Wolle handgefilzt. In jedes ist das Wort DURST in einer anderen Sprache eingefilzt. Sie ergeben, aneinandergelegt, einen Kreis von 2,30 cm.
Das Leid der Mütter in den vielen darbenden Ländern ist unermesslich.
Die Kinder sterben ihnen unter den Händen, weil durch Katastrophen, durch Geschäftemacher oder skrupellose Politik ein großer Teil der Menschheit ohne ausreichendes Trinkwasser Krankheiten und Mangel ausgesetzt ist. Das trifft besonders die kleinen Kinder tödlich.
J.F.

Rune Mields

SCHWARZE GÖTTINNEN

KALI, INDIEN

KYBELE, PHRYGIEN

MOKOSCH, SLAVISCH

TLAZOLTEOTL, AZTEKEN

HEKATE, GRIECHENLAND

OYA, AFRIKA

Aus der Serie der 189 schwarzen Göttinnen der verschiedenen Kulturen der Welt
1994, je 100 x 70 cm, Aquatec auf schwarzem spanischem Handbütten
Katalogbuch, Verlag für Kunst und Kulturgeschichte, W. Ahrenhövel, Berlin

Die schwarzen Göttinnen gehören zu einem Arbeitskomplex, der sich mit dem dunklen Aspekt des Weiblichen beschäftigt.
In vielen Kulturen gibt es diese Definition der furchtbaren, tödlichen Seite des Weiblichen, die sich häufig als die lebensabgewandte Seite der Erdgöttin darstellt bzw. der „Großen Mutter".
Die negativen Elemente sind schon oft in den Beinamen wie **„die Grausame", „die Furchtbare", die Große Schwarze", „Große Göttin der Finsternis"** usw. oder in ihren Attributen wie Schwert, Axt, Knochen, Schädel usw. erkennbar.
R.M.

Rangda, Bali, 100 x 70 cm, 1994

Susanne Krell

FRAUEN VOR SCHWARZEM HINTERGRUND

Ich war 1986 zum ersten Mal dort, war so fasziniert, dass ich 1989 wieder hinfuhr und nach 14 Tagen Grübeln die Frottage für mich dort erfunden habe. Es geht mir um das Anrühren/Mitnehmen von Etwas von einem Ort ohne zu zerstören. Ich habe dann noch einmal 2 Jahre gebraucht, bis die Arbeiten in dieser Form da waren. Es sind persönliche „Schlüsselwerke“. Sie lassen Strukturen erkennen, die bereits im Megalith-Zeitalter Gültigkeit hatten. Fundorte: Gav'rinis/Bretagne, Golf von Morbihan.

VOR- UND FRÜHGESCHICHTE

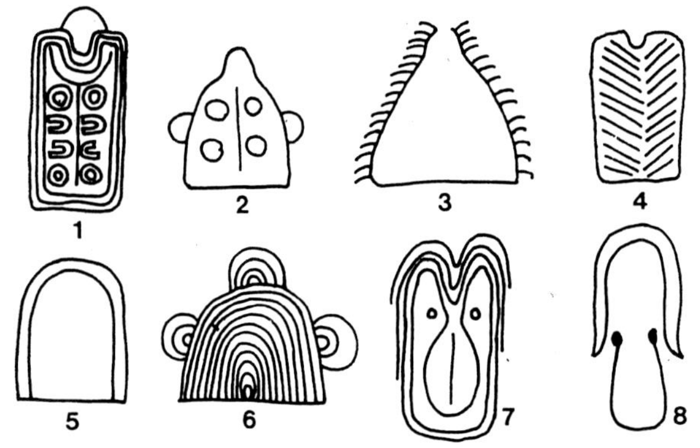

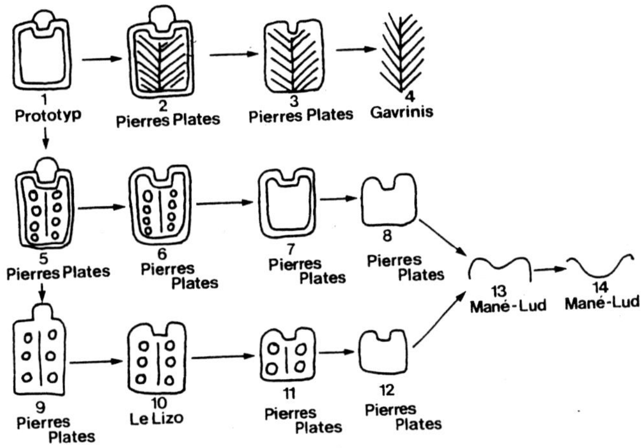

Nach *Y. Rollando* ist folgende Klassifikation der Gravierungen möglich:
1. schildförmige Bildzeichen (Nr. 1–8)
Diese Gravierungen sollen nach *Y. Rollando* verschiedene Formen der ›Großen Mutter‹ (Muttergottheit, Göttin, Magna Mater) darstellen, mit oder ohne Kopf, mit Armen, manchmal vervielfacht, was dann wie ein Fischskelett aussieht, und mit Brüsten, die auch häufig vervielfacht in becherförmiger oder runder Form vorkommen.

Gravierungen der Megalithgräber, Entwicklung eines Bildzeichentyps (nach Y. Rollando)

Ritzzeichnungen aus Rollando, Y.:
La Préhistoire de Morbihan, Vannes 1971

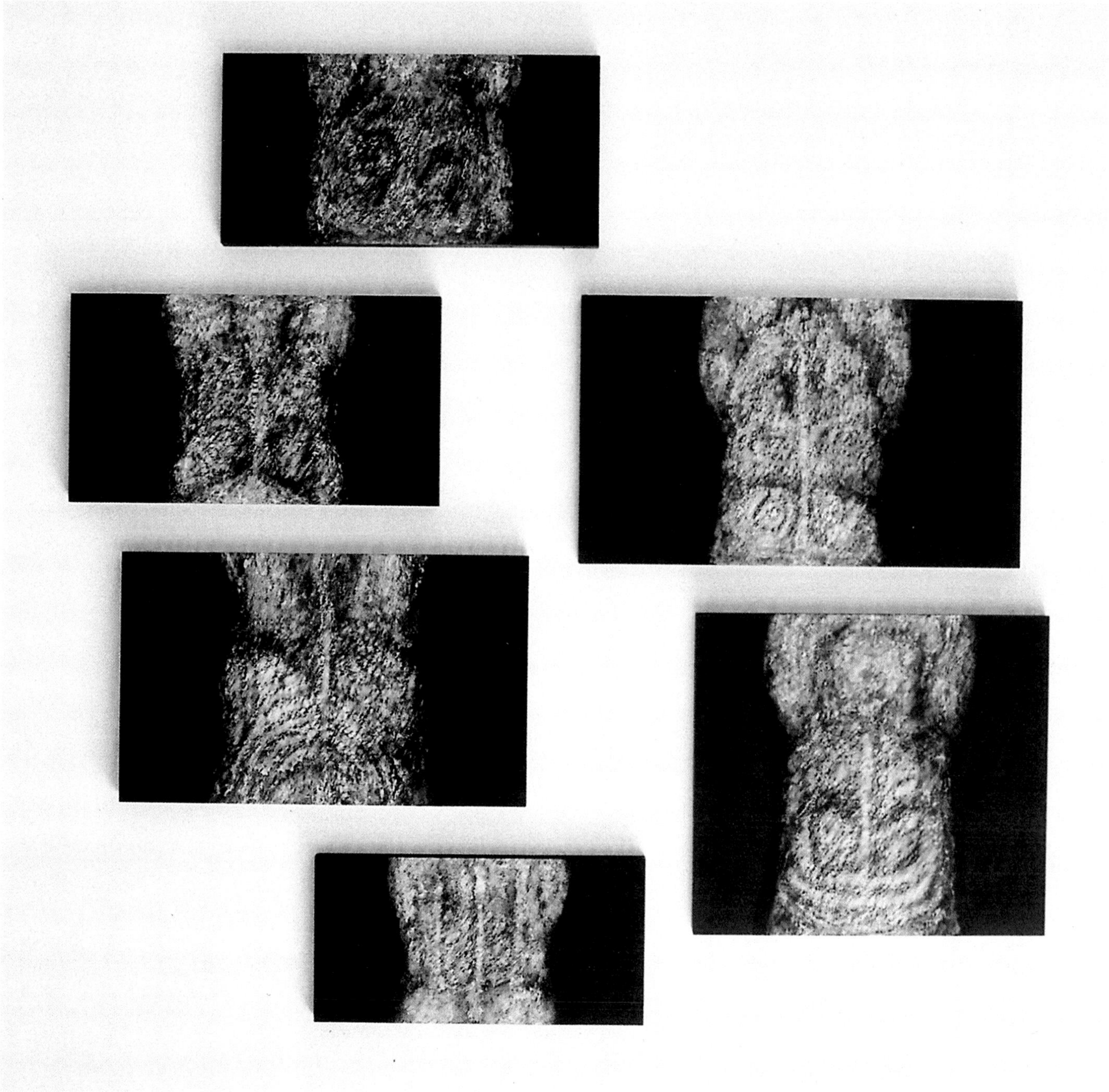

1986, 6-teilige Arbeit, zwischen 28 x 57 und 54 x 62 cm, Mischtechnik auf Leinwand
Foto: Horst Pitzen

Gitta Briegleb

DIE GROSSE SPINNE

Zwei hochbetagte Mütter, beide fast 100 Jahre alt,
haben mich zu dieser Idee angeregt.
Beide halten immer noch die Fäden in ihren Händen.

Auch die Große Mutter als Weberin des Schicksals wird bisweilen als riesige Spinne dargestellt. Aus der eigenen Substanz spinnt die Schöpferin den Lebensfaden und bindet die Menschen über das Band der Nabelschnur an sich. Dieses Netzwerk erhält und zerstört.
(Lexikon der Symbole, J.C. Cooper, Drei Lilien Verlag)

Installation in Raumecke, aus der Reihe „Die Große Spinne", Radierungen, 50 x 65 cm, 2004 · Foto: Horst Pizen

Inge Broska/Margret Schopka

MÜTTOS MUTTER – MADONNA UND HAUSTIER

Zunächst etwas Biografisches: Wir sind keine biologischen Mütter. Es hat sich zufällig nicht so ergeben. Jedoch können wir uns nicht über Mangel an mütterlichen Gefühlen und Gelegenheiten, diese sinnvoll einzusetzen, beklagen.
Wir beide liebten unsere verstorbenen Mütter sehr und denken nahezu jeden Tag meist in Liebe an sie. Haben wir ihnen doch sehr viel zu verdanken. Beide unsere Mütter, da sind wir uns einig, wären nicht gerne auf einem mythologischen Sockel gelandet.
So lassen wir sie in Frieden ruhen.

Was gibt es Schöneres, als ab und zu allerdings mit sehr viel Engagement und Überzeugung „Mama" zu spielen und dann wieder Verantwortung abzugeben und seine eigenen Wege zu gehen?

Von solchem relaixen Umgang mit der „Mutterschaft" – manche würden sogar sagen, unbedarfter Handhabung derselben – letzteres weisen wir jedoch entschieden zurück – profitieren nicht nur wir selbst sondern auch die liebevoll „Betüddelten".

Ersatzmütter von unserem Format sind sehr begehrt. Klar, wir haben keine „Altersicherung" im elterlichkindlichen Sinne. Wer will uns z.B. im Alter im Krankenhaus besuchen? Hier erinnern wir uns an die oft strapazierte (z.T. Binsen-Weisheit): „Blut ist dicker als Wasser" und daran, wie oft dieses auch nicht zutrifft.

Dennoch ist unser Schmuse- und Zärtlichkeitspotential keineswegs erschöpft. Da gibt es noch Reserven an überschüssiger Fürsorge und Mitteilungsbedürfnis. Längst hat sich herumgesprochen, dass unsere Männer, außer vielleicht in lukullischer Hinsicht – manchmal überfordert sind und unsere wunderbaren Eigenschaften nicht entsprechend schätzen.

Da gibt es Wesen.... Die wir genau sowenig erziehen können wie Männer, aber die uns viel viel ähnlicher sind. Sie fordern unseren Höchsteinsatz ein. Früher wussten wir nicht, dass es möglich sein könnte, (s)einen Mann oder (s)eine Frau zu lieben und ebenso in seine Katze verliebt zu sein... Hier ergänzen sich mütterliche Erotik und Zärtlichkeitsbedürfnis sowie Fürsorge aufs Allerschönste.
Bleiben „sie" doch immer klein und schmusig.

Forschungen belegen, dass Menschen, die mit Tieren eng zusammenleben glücklicher als „tierlose" sind.
Darum soll ein Mensch Vater und Mutter verlassen und an seiner Katze hängen. (Bibelentlehnung)
Wir kennen eine sehr berühmte amerikanische Künstlerin, die mit ihrem Kater nach eigenen Angaben den Zungenkuss „ausübt". Davon gibt es eine ganze Sequenz, die in vielen wichtigen Museen der Welt ausgestellt war. So auch im Frauenmuseum. Erinnern Sie sich? Auf die Frage, ob dies „echt" sei sagte sie „Er will es so und mir macht es auch Spaß." Fällt es uns auch nicht unbedingt leicht, dies gedanklich und schon gar nicht praktisch nachzuvollziehen ... immerhin, das gibt es!

Aber auch wir sind nicht davon befreit, unsere Katzen ein klein wenig (!) zu vermenschlichen.
Hören sie uns doch immer zu, bleiben sie immer auf unserer Seite, ertragen sie nicht unser liebevolles Gesäusel, was wir sonst niemanden erzählen würden? Und erst unsere Katzenmenschsprache? Wir können uns ungehemmt in einfachen Worten, die wir der geneigten Leserin und dem Leser hier nicht näher erläutern wollen, verständigen.
Sind Katzen unser Kinderersatz?
Ja sie sind es in verschiedenen Bereichen, besonders im haptischen. Mütterologisierte Katzen werden oft sehr alt. Sie leben anscheinend gerne mit uns und fühlen sich katzenwohl.

Katzen werden seit Urzeiten in vielen Kulturen verehrt. Manche nahmen den Status von Göttinnen ein. In der Bibel suchten wir bisher (außer bei Noa eher oberflächlich) vergeblich nach ihnen.

Wir verehren sowohl Madonnen als auch Katzen, obwohl wir nicht an die Jungferngeburt glauben.
Wir haben beides zusammengebracht und uns selbst als (frei-)williges Werkzeug hergegeben. Ob die Katzen es ebenso taten, ist auf den Fotos nicht genau zu erkennen.

Was aber macht eine Künstlerin unverwechselbar?
Dass ihre Katze sie erkennt.
I.B. / M.S.

Katzenmadonnas Inge Broska und Margret Schopka, Fotos: Hanne Horn

Lisa Bille

„BIENENKÖNIGIN“
2 Tafeln aus Nadelholz
eingefärbt mit Öldruckfarbe, je 50 x 150 cm, 2004

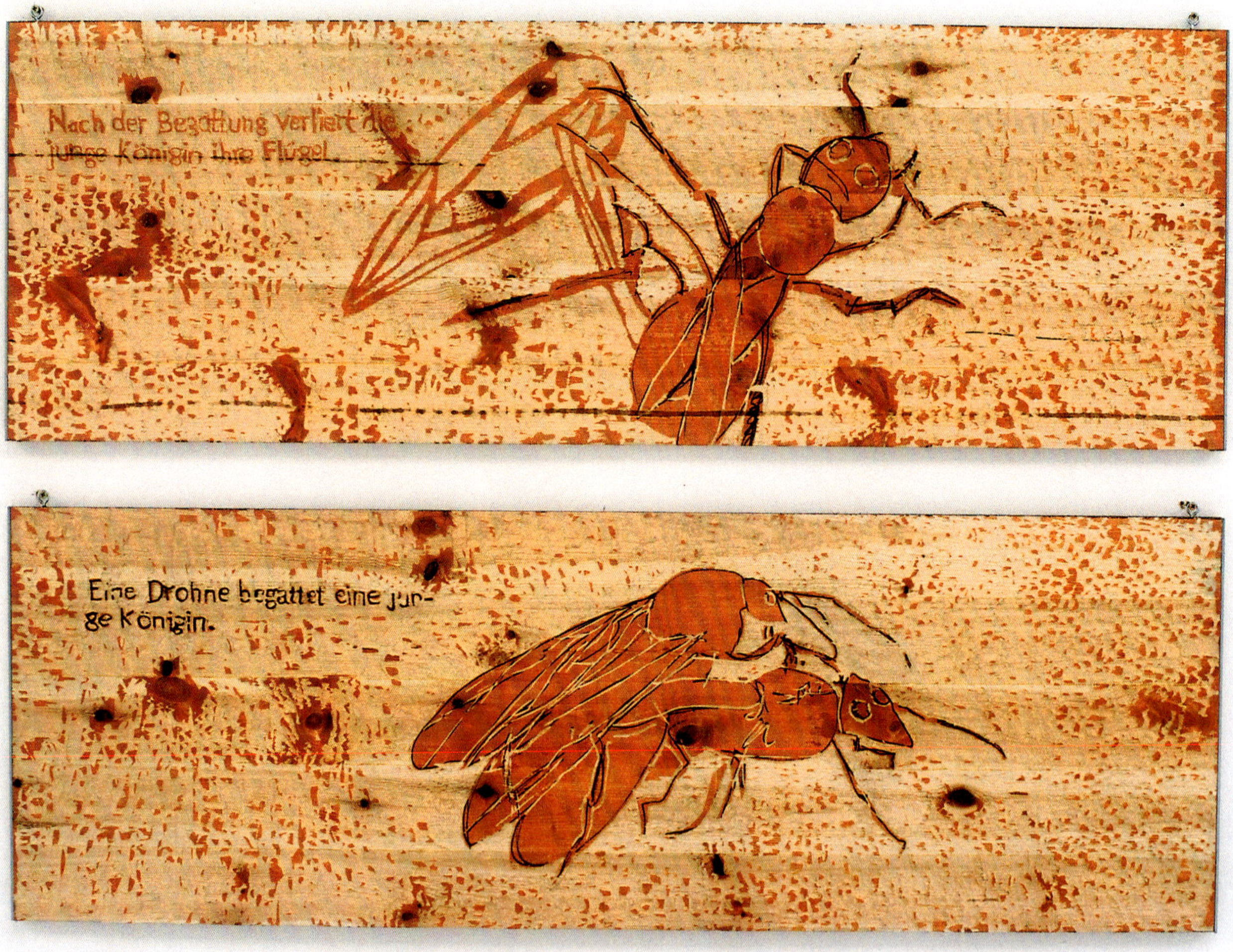

Rose Kretzschmar

ECHINOCACTUS GRUSANII –
„SCHWIEGERMUTTERSTUHL"
Fotoarbeit in verschiedenen Größen, 2004

Mein Thema im Thema: Die Schwiegermutter. Meine persönlichen Erfahrungen als Schwiegertochter und auch als Schwiegermutter haben mich viele Jahre schmerzlich begleitet. So ersuche ich diese schwierigen Gefühle durch diese sehr wehrhaften Pflanzen auszudrücken, deren Waffen mir so sehr gefehlt haben. Im übrigen lebte ich lange in Mexico, dort waren sie überall, die „Schwiegermütterstühle".

Sophie Fabien

XI WANG MU

Xi Wang Mu ist eine Figur der „Fossilen Galeere". Diese besteht aus einer Kette von Ausstellungen und ist das Symbol einer Reise nach ErKenntnis und Läuterung/Lauterkeit.
Xi Wang Mu ist eine uralte Figur des Taoismus und die Mutter-Königin des Westens. Göttin der Langlebigkeit sowie Urheberin des Taos, sie verteilt die seltenen Pfirsiche der Unsterblichkeit. Sie erscheint manchmal auf der Erde, um die Menschen einzuweihen. Xi Wang Mu ist mit dem Polarstern assoziiert und regiert das Westparadies, dessen irdischer Ort sich auf dem Berg Kunlun im Himalaya verbirgt. Dort verteilt sie die Pfirsiche, die in 3000 Jahren reifen. Es ist die symbolische Periode der Bildung des Embryo, der aus dem Energiehauch „Qi" entsteht. Die Lehre bsteht aus verschiedenen Meditations- atem-, Leibes-, Diät- und Sexualpraktiken, um die höchste Stufe der vitalen Energie zu erreichen. Die taoistische Unsterblichkeit wird durch die innere und äußere Alchemien erreicht. Sie sind, wie der ganze Kosmos aus zwei sich ergänzenden Komponenten - Yin/Yan - gebildet und durch zyklische Prozesse verwandelt. Die Übungen führen zur Kreation eines unsterblichen Körpers im alchemistischen Kessel auf der Ebene des „Dantian" durch die Vereinigung der Yin-Energie (Wasser der Nieren) mit der Yan-Energie (Feuer des Herzens). Es ist die Rückkehr zurLeere, Ursprung aller Dinge.

Der Kranich, Vogel des Paradieses, trägt die Unsterblichen bis zum Bankett der Langlebigkeit. Das Tao, königlicher Weg, fließt wie Wasser. Hier folgt der Kranich den Bewegungen der kosmischen Energie.

Sponsor: „INVENTO"

HIGH QUALITY DESIGN

Drachen-Kranich „Der Reiter des paradies"

Dr. Gabriele Oberreuter

You can't go home again[1] – zum Mutterbild von Louise Bourgeois.

Louise Bourgeois, Bildhauerin von ungewöhnlich kreativer Kraft und Ausdruckswucht beschäftigt sich dezidiert mit ihrer Ursprungsfamilie, mit den Prägungen und Verstörungen aus ihrer Kindheit. Sie gehört zu den Künstlerinnen, die in direkter Weise den Impuls, künstlerisch zu arbeiten, mit Verletzungen der Kindheit in Beziehung bringen. Eine ausgeprägte Auseinandersetzung mit dem Bild ihrer Mutter beginnt in den 90er Jahren – als sie selbst fast 80 Jahre alt ist. Verstorben war ihre Mutter schon viel früher, 1932. Die Künstlerin selbst ist auch Mutter – 1940 bringt sie den ersten Sohn, Jean-Louis, 1941 den zweiten, Alain, zur Welt, nachdem sie 1938 zusammen mit ihrem amerikanischen Ehemann Robert Goldwater noch in Frankreich einen Jungen adoptiert hatte, Michel.

Am 24.12.1911, am Weihnachtsabend, wurde Louise Bourgeois in Paris als zweites von drei Kindern geboren. Sie erlebt sich von frühesten Anfängen an als nicht uneingeschränkt willkommen – sie war nicht der erwartete Sohn, entwickelte sich aber auch nicht zu einem fügsamen, angepaßten Mädchen. Sie wuchs in einer wohlhabenden, bürgerlichen Familie auf, ihre Eltern waren Tapisserierestauratoren und besaßen eine Gobelinmanufaktur. Schon in jungen Jahren half Louise bei der handwerklichen Arbeit; sie konzentrierte sich auf die Rekonstruktion der meist enorm maroden unteren Partien von Wandteppichen, entwarf etwa fehlende Füße – und berichtet in dem ihr eigenen schillernd-mockierenden Ton: "immerzu habe sie etwas in Ordnung bringen müssen". Der Aufbau einer stabilen, bergenden familiären Ordnung gelang weder Mutter noch Vater. „To please my father I took care of my mother. We treated the tapestries and repaired them. And by extension I treated my mother and tried to repair her. I spent all my time repairing things."[2]
Reparieren, erneuern, wiederherstellen – die Balance zwischen den Eltern inbegriffen – das trainierte Louise Bourgeois als Überlebensprinzip. Von ihrer Mutter spricht sie im Zitat als einer zu schützenden, zu stabilisierenden Person – nicht eigentlich die Aufgabe des Kindes, wenn auch überaus verbreitet.
Vor diesem Hintergrund erscheint das Schaffen eigener, neuer Welten in der Kunst als Ausstieg aus der permanenten Familienbaustelle. Sie setzt etwas entgegen, transformiert Erfahrenes.

Die familiäre Situation war keineswegs im Gespräch erörtert und für die Kinder entzerrt worden – eine extreme Belastung und Voraussetzung für das Lebensgefühl, nie zu genügen. Louise Bourgeois' Arbeiten und Texte geben Zeugnis von tiefen Verletzungen, die sie bis heute quälen – aber auch von der faszinierenden kreativen Kraft und Virtuosität, den Schmerz zu transformieren. Sie schafft Kunstwerke, die als Würdigung seelischer Schmerzen, als verständige, kompetente Partner in der Öffentlichkeit zum Dialog bereitstehen.

Es wäre sehr verkürzt und der Künstlerin nicht angemessen, würde man ihren biographischen Einblick als eine Art Illustrationsgrundlage für ihre Kunst verstehen! Keineswegs reinszeniert sie *in abbildender Weise* Erlebtes. Das große Geheimnis von Kreativität und künstlerischem Schaffen bleibt erhalten – in den Prozeß der Transformation seelischer Kräfte, des Aufscheinens und Bearbeitens künstlerischen Ausdrucks nehmen wir keinen Einblick – der Betrachter nicht – und der Künstler selbst meist auch nicht. Sie gibt nur weit umfassender als andere Künstler Einsicht in ihr Leben, sie zeigt ihre Wunden deutlich.

Louise Bourgeois äußert sich häufig zur Notwendigkeit ihrer Kunst, um leben zu können, über die aggressive Seite des Potentials, das den kreativen Impuls setzt, den Verzicht, den diese Entscheidung auch mit sich bringt und das Erstaunen, daß die Kunstwerke, die aus solch dramatischem Prozeß hervorgehen, Menschen Freude machen:
„I would be a very, very mean and wild person if I didn't work, ... In real life, I identify with the victim. ... In my art, I am the murderer. I feel for the ordeal of the murderer, the man who has to live with his conscience ... When the work is completed, the anxiety has been transcended and – these horrible feelings turn out to make work which people find very happy. ... In my art, I live in a world of my own making. I make decisions. I have power. In the real world, I don't want power[3]."

1932, nach dem Abitur auf einem Elitegymnasium, studiert sie an der Sorbonne zunächst Mathematik und Geometrie. Im gleichen Jahr stirbt ihre Mutter. 1935 beschließt sie, Künstlerin zu werden – und wird gleich an der Académie des Beaux-Arts aufgenommen, als Malerin. Das akademische Programm empfindet sie als unbefriedigend und wendet sich privaten Akademien zu. Sie studiert bei Léger, André Lhote, Emile-Othon Friesz, begegnet dem legendären Brancusi. In Briefen nennt sie Matisse, Bonnard, Picasso und Dérain meisterliche Vorbilder.

LB im Latexkostüm 1975, Foto: Peter Moore

Spider (la femme araignée) 1994, Aquarell

1938 lernt sie den amerikan. Kunsthistoriker Robert Goldwater kennen, dem sie in die U.S.A. folgt, ohne ihr Studium beendet zu haben. Sie arbeitet konsequent künstlerisch weiter, zunächst unbeachtet im privaten Rahmen. Ende der 40er Jahre gibt sie das Malen auf. Das Maß an Realitätsinszenierung, das sie suchte, war für sie in der Plastik weitaus umfangreicher.

Sie spricht davon, daß ihre Kunst von Anfang an ihr Weg des Überlebens gewesen sei. Die frühesten bekannten Arbeiten entstammen den 40er Jahren – es sind zarte in die Höhe strebende totemartige, hölzerne, gleichgewichtsuchende Stelen, von denen sie stets mehrere versammelt. In ihrer hochgestreckten, dünnen Isoliertheit und Verlassenheit erinnern sie an Arbeiten Giacommettis. Sie nennt sie *„personnages"*, die Rekonstruktion ihrer Familie. In einer Art Choreographie sind sie meist mit Metallplatten direkt auf dem Boden befestigt.

Bildliche Annäherungen zu Mutter-Assoziationen finden sich in großer Fülle im Oeuvre der Louise Bourgeois – so z. B.

– Anklänge an Fruchtbarkeitszeichen:
  · mit vielen Brüsten beladene Tiere4,
  · brustartige Formen isoliert von Körpern in wuchernden Häufungen, Akkumulationen, Verdichtungen[5], Verschmelzungen von Phallus und Brust, Weiblichkeit – Männlichkeit;
  · elastische Latexhäute zum Überstreifen[6].

Neben solch unheimlich wuchernder Üppigkeit formuliert die Künstlerin vieler Art Gehäuse, in denen Menschen sich aufhalten – oder aufgehalten haben. Räume generell sind ein Schwerpunkt –

– sie erinnern an den menschlichen Ursprungsraum im Mutterleib, wie an den seitdem fehlenden Schutzraum des Menschen[7],

- an die Einsamkeit und Verlorenheit[8] in nicht überschaubaren, ungeschützten, instabilen Räumen.
- Frauen stecken in Häusern, sog. „Femmes-maison". Louise Bourgeois arbeitete sie vielfältig in den späten 40 er Jahren – hier changiert Haus als Schutzraum mit dem Alptraum von Eingesperrtsein, Ausgeliefertheit[9].
- Große Marmorkugeln, aus denen ein Kinderarm oder Kinderbein herausschaut – wie an den Urkosmos intrauterinen Lebens erinnernd[10], ein gelingender Übergang von innen zu außen schwer vorstellbar.

Ausdrücklich als Mutter spricht die Künstlerin die Darstellung einer schwarzen Füchsin an – aus Marmor gearbeitet (1985)[11] – ohne Kopf, mit üppigen vier Brüsten zeigt sie am Hals vorn einen langen vertikalen Einschnitt. Zu Füßen des Tieres plaziert sie sich selbst – eine Statuette, genannt „fallen woman". Louise Bourgeois: „obviously, this person is my mother. I was preoccupied with the idea that my mother could not possibly love me, and this I could not take. The appellation „fox" means I considered my mother to be a very intelligent, patient and enduring if not calculating person. ... this .. pushed me to violence. So, I would try and hurt her, and this time I did. I cut her head off. I slit her throat. Still, I expect her to like me. ... *„She-fox"* is a portrait of relation. It is an expression of the faith a child can have in a parent and of the violence between the strong and the weak. This is the meaning of the piece. ... the thing that had to be said was so difficult and so painful that you have to hack it out of yourself ... It is a coming to terms with things ... you give in, you cut out, and you put together. It is really a work of love. ... I have been inhabited by a ferocious mother-love. In that way *She-Fox* is also a self-portrait"[12]

In diesem statement der Künstlerin klingt die deutliche Ambivalenz ihrer Mutter-Beziehung an: Anziehung, Sehnsucht nach Geborgenheit, Liebe, Anerkennung auf der einen Seite – Distanzbedürfnis, Wut, Aggression, nach vielen Verletzungen auf der anderen.

Immer wieder ist es dann die Spinne, die als zentrale Formel, als Metapher für die Mutter eingesetzt wird. Auffallend ist das Format, das von kleinen Zeichnungen bis zu haushohen Bronzeskulpturen wächst. Es scheint, als wichen mit dem Alter alle Barrieren, jegliche Schonhaltung – sowohl den sensiblen Familienthemen gegenüber, wie dem Bedürfnis, eigene Arbeiten nur dem Schutz eines definierten Kunstraums zu überlassen.
Sie geht mit ihrer Kunst hinaus in die Öffentlichkeit. Der öffentliche Raum, nicht begrenzt oder geschützt von kunstsinnigen Kustoden und Galeristen, scheint ihr willkommen, ihre Arbeit aufzunehmen. Hier integrieren sich die Werke in den Alltag, in das Leben, aus dem sie Initialimpulse empfingen – ein Kreis schließt sich.

Louise Bourgeois berichtet von ihrer Mutter als ständig „kränkelnd", und letztlich ihren Gatten den Geliebten überlassend, die mit der Familie im Haushalt lebten – eine gestörte Ordnung. In ihrer beruflichen Funktion war die Mutter unersetzbar – und so erscheint sie der Tochter einer Spinne gleich, die stumm und machtvoll arbeitet, ihre Netze auslegt und so auf die Kränkungen des Mannes reagiert.

Die Spinne ist, kulturgeschichtlich betrachtet, kein farbloses Tier. Es knüpfen sich, wie der Philosoph Ekkehard Martens in seiner Publikation *Der Faden der Ariadne oder warum alle Philosophen spinnen*[13] herausarbeitet, verschiedene Mythen und Metaphern an Spinne[14] und Netz, die bis heute, in Zeiten von Internet und webdesign höchst aktuell sind.
In der Mythologie nimmt die Spinne[15] meist einen respektablen Platz ein – bei vielen Naturvölkern ist sie diejenige, die die Fäden knüpft, als Tochter des Mondes die Zyklen der Natur reguliert oder gar die Weltenschöpferin ist. Für unsere zentraleuropäische Mythologie ist *Arachne* und ihre Metamorphose von der Webkünstlerin zur Spinne wesentlich.

Ovid erzählt ihre Geschichte[16]: als Tochter des Purpurfärbers Idmon aus Kolophon in Kleinasien wächst Arachne ohne die verstorbene Mutter auf und wird durch ihre Kunst des Spinnens und Webens über die Grenzen ihrer lydischen Heimat hinaus berühmt. Ihre Kunstfertigkeit – ihre „bewunderswerten Gewirke" heißt es bei Ovid – beeindrucken sogar Nymphen, die ihre Berge und Flüsse verlassen, um sie bei der anmutigen Arbeit zu beobachten. Man mutmaßt, die Schutzgöttin Pallas Athena persönlich müsse sie in ihr Handwerk eingeführt haben. Arachne widerspricht diesem Gerücht vehement und fordert Athena zum Wettstreit heraus. Diese begegnet ihr zunächst in Gestalt einer alten Frau und warnt sie vor dem Frevel, sich mit Göttern zu messen. Arachne verspottet die alte Frau – und selbst als diese ihre Tarnung abwirft und sich als Göttin zu erkennen gibt, bleibt sie kampfbereit. Sie tritt gegen Athena um das schönste Stück gewebten Tuchs an – ein unfairer

Kampf, denn absehbar ist, daß nicht die Qualität der Gewebe entscheiden wird, sondern göttliche Autorität. Der Machtanspruch Athenas steht nicht zur Disposition – menschliche Auflehnung muß hinreichend bestraft werden, um das Ordnungsgefüge zu erhalten.
Athena präsentiert in ihrem Wettbewerbsstück die zwölf olympischen Götter in erhabener Würde, dazu vier Episoden, in denen der vernichtende göttliche Umgang mit menschlichem Übermut vorgeführt wird.
Arachne zeigt indes übermütige Liebesabenteuer und Frevel der Götter – den Menschen und 'Götterkollegen' gegenüber. Sie umrahmt ihre Szenen mit einem Geflecht aus Blumen und Efeu als Verweis auf die Kunstfertigkeit der Menschen. Ihre virtuose Arbeit fasziniert und stellt die der Athena in den Schatten.
Ovid: „Dieses Werk – es konnt' es nicht Pallas, es konnt' es der Neid nicht tadeln. Darob ergrimmte die blonde gewaltige Machtmaid" (i.e. Athena/Minerva) „und sie zerriß das bunte Geweb, die Schanden des Himmels. Wie in der Hand das Schiffchen ... sie hielt, so stach sie dreimal und viermal mit ihm in die Stirne Arachnen. Und die Unselge ertrug's nicht, sie schlang sich die Schnur um die tapfre Kehle. Die Hängende stützte Minerva, von Mitleid erfaßt, und sprach: So lebe du zwar, doch hänge du Schlechte! ... Minerva besprengt sie mit Gift – „Und sobald sie benetzt von dem Gifte, dem schrecklichen, schwanden hin ihre Haare sogleich, mit ihnen Nase und Ohren; winzig wird ihr Haupt; am ganzen Leib ist sie klein, und schmächtige Finger hängen statt Schenkeln ihr dünn an den Seiten. Alles übrige nimmt sich der Leib; doch sendet aus dem sie Fäden noch jetzt und übt als Spinne die frühere Webkunst."[17]

In diesem Mythos begegnen wir klassischen Versatzstücken von tradierter Lebens-Ordnung: Auflehnung und Befreiungsversuch des Menschen aus der Abhängigkeit der Götter, resp. weltlicher Machthaber, resp. der Eltern – dies führt unabwendbar zu einer Konfrontation auf Leben und Tod.
Die hier gewährte Lebensrettung vollzieht sich unter Aufgabe vieler Lebensqualitäten – die Kunst allein ist es schließlich, die als Kompensat für nicht mehr realisierbares Leben taugt, die lebendig bleibt, lebendig hält.

Im Arachne-Mythos finden sich auffallend viele Details, die auf Louise Bourgeois und ihre Mutter übertragbar erscheinen:

- da ist die Textilkunst, deren Fertigkeit die Mutter vorstellt und der Tochter weitergibt;
- das Phänomen von Auflehnung bis zur annähernden Vernichtung führt Louise mit ihrer ständigen Reibung und schließlich ihrem in-Frage-Stellen eines sauberen Familien-Image vor; analog zur Vernichtung Arachnes als Frau sind die selbstzerstörerischen Qualen der Künstlerin zu sehen, ihre Unruhe, die Eltern angegriffen zu haben (4. biblisches Gebot!).
- Die Möglichkeit, die die Kunst bietet: weiterzuleben.
- Schließlich die Charakteristika von Spinnen, bzw. unser menschlicher Blick darauf – ein reiches Assoziationsangebot für die Künstlerin im Blick auf ihre Mutter – erschreckend, stumm, unberechenbar, heimtückisch ....

1997 arbeitet Louise Bourgeois eine große Spinne als Installation: *„Spider"*[18], die zur Werkgruppe der *„cells"* zu rechnen ist. Vierzig sogenannter *„Zellen"*, baut die Künstlerin von 1986 bis 2000. Es sind von Drahtwänden umgrenzte Räume, geschlossen wie Käfige, in denen sich Gegenstände versammeln, Szenen inszeniert sind, von bisweilen alptraumhaftem Charakter, die mit der Neugier des Voyeurs spielen. Die einzelnen Zellen sind autonom: „jede Zelle hat ein von allen anderen verschiedenes, ein spezifisches Thema. ... Jede stellt eine abgeschlossene Welt dar" sagt Louise Bourgeois.

Die Zellen sperren sich gegen eine klare Gattungszuweisung – sie sind Architektur, Installation, Skulptur und sie sind nicht auf einen Blick zu erfassen, man muß um sie herum – oder in sie hineingehen. Die Gehäuse übernehmen die Rolle des Rahmens, der üblicherweise dem Museum, der Galerie zukommt. Louise Bourgeois spricht ihre Intention, unabhängig von Museumsräumen sein zu wollen, in einem Interview direkt an: „ich wollte meine eigenen Bauten schaffen und nicht vom Raum eines Museums abhängen und ihren Maßstab annehmen. Ich wollte, daß sie einen realen Raum bildeten, in den man eintreten und in dem man umhergehen kann ... Mir gefiel es nicht, daß die Kunst von schönen Räumen abhängen sollte, wo sie einfach hingestellt wird".
Die Zellen erscheinen als Fortführung der vorhergehenden, verschlossenen Arbeiten der Künstlerin – sie führen den Betrachter in subjektiv verschlüsselter, aber direkter Weise an Sequenzen ihres Lebens heran. Sind es am Ende der 40er Jahre die „Femmes-maison", die zahlreichen, in Häusern steckenden Frauen, die sie darstellt, so können die Zellen als Fortführung dieses Motivs, dazu ins Leben übertragenes Format verstanden werden: sie geben Distanz und Abstraktion weitgehend auf und sie nehmen den Betrachter noch direkter in die eigene

Maman 1999, Skulptur in Stahl und Marmor (9:8:10 m)

Erfahrung mit hinein. Das beklemmende Erlebnis – quasi aus Kinderperspektive in einem Gehäuse, umzingelt von einer omnipräsenten Spinne zu leben, das kann der Besucher nachempfinden.

„Spider" nimmt eine Höhe von 4,77m ein, in der größten horizontalen Ausdehnung mißt das Werk 6,85m und die Tiefe erstreckt sich über 4,37m. Der käfigartige Kern des Ganzen ist ein geschlossener, vergitterter runder Raum von ca. 4,50m im Durchmesser und ca. 5m Höhe. Oben und unten ist er ebenfalls mit Maschendraht aus Stahl geschlossen, sodaß sich insgesamt die Analogie zur Form einer Tonne einstellt. Das Ganze wird von einer gewaltigen stählernen Spinne umschlossen, die sich mit ihrem Körper in den käfigartigen Raum bohrt, während die plastisch durchgebildeten Beine bedrohlich-graziös den Kernraum umstellen.
In dem käfigartigen Raum, der durch eine Tür zu betreten ist, sind verschiedene Gegenstände arrangiert: an dem Wandsegment, das als Tür dient, ist es ein formatfüllendes Gobelinteilstück. Von dieser Art historischen, kostbaren Gewebes, aus dem 18. Jh. nach Renaissance-Vorlagen, finden sich noch weitere Exemplare an den Wänden verteilt und über einen Sessel gebreitet, der beleuchtet und einladend in der Mitte des Käfigraums zur Tür ausgerichtet steht.
Die Gobelin-Fragmente scheinen nicht beliebig ausgewählt – sie zitieren eine Anekdote: die Mutter kam, wie Louise Bourgeois erzählt, der prüden amerikanischen Kundschaft entgegen, indem sie barocke Puttenphalli gegen Blumenarrangements austauschte – dieser Erinnerung trägt Louise Bourgeois im „Spider" Rechnung, ein entsprechend präpariertes Puttostück ist zu finden. Louise Bourgeois mischt die Ebene der kindlich erlebten Gefühle – Ohnmacht, Grauen, Ungeschütztheit – mit dem ironischen Blick der erwachsenen, unversöhnten Frau, offenbart so ihren Sinn für Pointierung, Witz und Spott.

In Gesprächen gibt sie einen Hinweis auf den Zusammenhang von Gobelins und ihrem Bedürfnis nach Größe: die Gobelins besaßen für Louise Bourgeois eine räumliche Eigenschaft: verworfene, nicht restaurierbare Stücke waren für sie und ihre Geschwister Spielmaterialien: „als Kind spielten wir in ihnen Versteck. Wohl deshalb erwarte ich von ihnen das Dreidimensionale. Sie müssen von solcher Höhe, Gewicht und Größe sein, daß man sich in sie einwickeln kann. ... Ein Zelt ist in meinem Vokabular sehr wichtig – eine Art Textilskulptur, die man betreten kann, eine Form faltbarer Architektur. ... Die Größenordnung meiner Objekte hat mit meinen Kindheitserfahrungen zu tun, als wir an riesigen Wandteppichen arbeiteten ... Meine Raumvorstellung maß sich in Metern, nicht in Zentimetern."[19]
Der Käfig, oder die Verschläge können diese Funktion des Höhlenbaus spiegeln, worin das Kind seine Schätze ausbreitet. So stattet Louise Bourgeois diesen runden Käfigraum mit allerlei Dingen aus: zwei Knochenstücke sind mit Draht in die Gitter eingefügt, weiterhin ein schwarzes Gummiobjekt, in das große Nähnadeln gesteckt sind, dazu eine Hutnadel und kleine aufgehängte Medaillen, ein Parfumflacon, eine Taschenuhr, ein aufklappbares Medaillon mit zerbrochenem Glas und drei Schröpfgläser.

Das Größenverhältnis von Spinne, Gehäuse, Mobiliar und Bildteppichen zu den kleinen Gegenständen ist außerhalb alltäglicher Erfahrung. Die gigantische Größe der Spinne mutet surrealistisch an – es ist aber nicht allein die Größe der Spinne, die verblüffend scheint – es ist die Gestaltungsweise – die Form – wie das Material, die außerordentlich wirken. Acht Beine umtanzen geradezu den Binnenraum, sie schwingen elastisch und jeweils unter-

schiedlich aus und setzen mit nadelartig spitzen Beinenden auf dem Boden auf. Das Gewirr der Beine, durch das der Besucher hindurchschreiten muß, um an den käfigartigen Raum herantreten zu können, besitzt eine starke, an Schlangen erinnernde Präsenz und macht die Annäherung für den Besucher bedrohlich.
Die Irritation beruht auf den individuell geformten und bewegten Beinen – wären sie rhythmisch gleichgeschaltet und symmetrisch angebracht, so könnten wir uns in unserer Wahrnehmung darauf einstellen, behielten eine gewisse Kontrolle; so aber erfassen wir nicht in einem Blick alle Beine – was den Eindruck des Unheimlichen steigert.
Das Nebeneinander von Schönheit und Schauder macht darüberhinaus die überzeugende körperliche Gestaltung der Beine aus. Sie sind, isoliert betrachtet, muskulös-elegante Gliedmaßen, die in ihrer Bewegung an Ballettänzer erinnern.
An der Decke des Käfigraums stülpt sich der Maschendraht korbartig aus – hier dringt der Körper der Spinne in den im übrigen unversehrten Raum ein. In der Ausbuchtung liegen große Glaseier, das Gehäuse wird geradezu zwangsweise zum Nest für die Spinne. Der Stuhl in der Mitte ist exakt unter diesem Spinnennest plaziert.

Aspekte wie Bedrohlichkeit, Macht, Netze zu weben, in denen man sich verfangen kann – das ist nur die eine Seite eines Assoziationsrahmens für die Mutter. Daneben findet sich ein vielfältiger Ausdruck einer Würdigung und der ungestillten Sehnsucht nach Nähe. Die „Ode an meine Mutter", ein Text mit Spinnen-Illustrationen, den Louise Bourgeois 1995 verfaßte, ist deutlicher Ausdruck dieser Ambivalenz.
„She abandoned me" läßt sie 1978 in einer Performance Susan Cooper wie einen Klagegesang intonieren[20].

Spider 1996, Bronzeskulptur (3,38:6,68:6,32 m)

Spider 1997, Stahl, versch. Materialien (4,45:6,65:5,18m)

Es finden sich etliche Arbeiten, in denen in stereotyper Wiederholung die Phrasen „je t'aime" ,„I love you" und „do you love me?", gestickt oder in Stein gemeißelt erscheinen[21].

So läßt sich zusammenfassend ein reiches Arsenal bildlicher Mutter-Umschreibungen bei Louise Bourgeois finden: Spinnen in großer Fülle, differenziert beobachtet und wiedergegeben.
Das Bedürfnis nach Monumentalität spiegelt in der inhaltlichen Entwicklung bei Louise Bourgeois die Position wieder, die eine Mutter im Leben ihres Kindes behält, wenn sie das ehemalige Kind mit einer Fülle unbeantworteter Fragen zurückließ, mit einem großen Reservoir ungestillter Sehnsucht nach Wärme, Geborgenheit, die Sicherheit hätte aufbauen können. Die eindrucksvollen und berührenden künstlerischen Arbeiten der Louise Bourgeois lassen sich zweifellos auch als sehnsüchtig-verzweifelte Monologe eines einsamen Kindes verstehen. Die Stärke liegt in der Fähigkeit, Direktheit und Rohheit der Emotionen zu verwandeln, ihnen eine Gestalt zu verleihen, deren Absolutheit auch für den Fremden, den Betrachter gültig und hilfreich sein kann. Transformiert zu machtvollen Bildern, entläßt die Künstlerin ihre gewaltigen „Spider" in die Welt – und sie versammeln sich an großen Plätzen, Menschen gehen ohne Furcht auf Tuchfühlung und Kinder spielen darunter. „Maman" – die 8m hohe Gigantin – das ist auch Louise Bourgeois selbst, stolz die transformatorische Kraft der Künstlerin offenbarend.

„Kunstdinge sind ja immer Ergebnisse des In-Gefahr-gewesen-Seins, des in einer Erfahrung Bis-ans-Ende-gegangen-Seins ... Je weiter man geht, desto eigener, desto persönlicher, desto einziger wird ja ein Erlebnis, und das Kunstding endlich ist die notwendige, ununterdrückbare, möglichst endgültige Aussprache dieser Einzigkeit ... Darin liegt die ungeheure Hilfe des Kunstdings für das Leben dessen, der es machen muß: daß es seine Zusammenfassung ist."

Rilke, 24.6.1907

„Wenn man gut durch geöffnete Türen kommen will, muß man die Tatsache achten, daß sie einen festen Rahmen haben. Wenn es ... Wirklichkeitssinn gibt, und niemand wird bezweifeln, daß er seine Daseinsberechtigung hat, dann muß es auch etwas geben, das man Möglichkeitssinn nennen kann. Wer ihn besitzt, sagt beispielsweise nicht: Hier ist dies oder das geschehn, wird geschehn, muß geschehn; sondern er erfindet: Hier könnte, sollte oder müßte geschehn; und wenn man ihm von irgend etwas erklärt, daß es so sei, wie es sei, dann denkt er: Nun, es könnte wahrscheinlich auch anders sein. So ließe sich der Möglichkeitssinn geradezu als die Fähigkeit definieren, alles, was ebensogut sein könnte, zu denken, und das, was ist, nicht wichtiger zu nehmen als das, was nicht ist. ...

Solche Möglichkeitsmenschen leben, wie man sagt, in einem feineren Gespinst, in einem Gespinst von Dunst, Einbildung, Träumerei und Konjunktiven; Kindern, die diesen Hang haben, treibt man ihn nachdrücklich aus und nennt solche Menschen vor ihnen Phantasten, Träumer, Schwächlinge und Besserwisser oder Krittler. Wenn man sie loben will, nennt man solche Narren auch Idealisten. ...

Das Mögliche umfaßt jedoch nicht nur die Träume nervenschwacher Personen, sondern auch die noch nicht erwachten Absichten Gottes. Ein mögliches Erlebnis oder eine mögliche Wahrheit sind nicht gleich wirklichem Erlebnis und wirklicher Wahrheit weniger dem Werte des Wirklichseins, sondern sie haben, wenigstens nach Ansicht ihrer Anhänger, etwas sehr Göttliches in sich, ein Feuer, einen Flug, einen Bauwillen und bewußten Utopismus, der die Wirklichkeit nicht scheut, wohl aber als Aufgabe und Erfindung behandelt ...

Es ist die Wirklichkeit, welche die Möglichkeiten weckt ... Trotzdem werden es in der Summe oder im Durchschnitt immer die gleichen Möglichkeiten bleiben, die sich wiederholen, so lange, bis ein Mensch kommt, dem eine wirkliche Sache nicht mehr bedeutet als eine gedachte. Er ist es, der den neuen Möglichkeiten erst ihren Sinn und ihre Bestimmung gibt, und er erweckt sie."

Robert Musil, aus: Der Mann ohne Eigenschaften

1 zit. von Louise Bourgeois in Interview mit Robert Storr, nach Buchtitel von Thomas Wolfe 1940 in: Kat. Louise Bourgeois. Skulpturen und Installationen, Hannover 1994 (Kestner-Gesellschaft), p. 93 (=Kat. Hannover).

2 J. Greenberg, S. Jordan, Runaway Girl. The Artist Louise Bourgeois, New York 2003, p. 24.

3 Interview mit Alice Quinn in Artforum, November 1998.

4 Blind Man's Buff 1984, in: Kat. Hannover, Abb. 50, auch: Nature Study, 1986, Abb. 95 in: Louise Bourgeois, hrsg. v. P. Weiermair, Frankfurt Kunstverein1989 (=Kat. Ffm). Nature Study 1984/94 in p. 14, in: Thomas Kellein, Kat. Louise Bourgeois, Kunsthalle Bielefeld 1999.

5 Trani Episode 1971/72, Kat. Ffm Abb. 81, p. 126.

6 Foto der Künstlerin im Latexkostüm 1975, in: Kat. Hannover, p. 28.

7 verschiedene „Lair" in Kat. Ffm, u. a. Abb. 35, p. 98, Abb. 33, p. 102; Lair 1986, Gummiobjekt, Kat. Hannover Abb. 52.

8 Articulated lair 1986, dazu LB, in: Louise Bourgeois. Destruction of the Father. Reconstruction of the Father, Writings and Interviews 1923-1997. Hrsg. v. Marie-Laure Bernadac u. Hans-Ulrich Obrist, London 1998 (=Destruction) p. 143.

9 Gabriele Oberreuter-Kronabel, Besetzte Häuser. Beobachtungen zu Louise Bourgeois. in: Zwischen den Welten. Beiträge zur Kunstgeschichte für Jürg Meyer zur Capellen, hrsg. v. D. Dombrowski, Weimar 2001, 328-334.

10 Marmorkugelobjekte o.T. (mit Fuß) 1989/1990, Kat. Hannover, Abb. 61, 62, Marmorkugelobjekt o.T. (mit Hand) 1989, Abb. 60.

11 in: Destruction, p. 141 (Abb.)

12 A.a.O., p. 140.

13 Ekkehard Martens, Der Faden der Ariadne oder Warum alle Philosophen spinnen, Leipzig 2000.

14 Spinnen gibt es als biologische Wesen seit über 350 Millionen Jahren in nahezu unveränderter Form. Die Fäden, die Spinnseide, sind begehrte Forschungsprojekte – sie zu reproduzieren ist seit vielen Jahren das Ziel nicht allein amerikanischer Raumfahrtforscher. Feinheit und Elastizität sind unübertrefflich – dreimal so elastisch wie Nylon, beträgt ihr Durchmesser: 0,0005 mm (Vgl: menschliches Haar: 0,1mm). Erst bei 70-80 km reißt der Faden unter dem eigenen Gewicht (Stahl bei 10-30 km). Die Spinnen sind sogar in der Lage, unterschiedliche Fäden herzustellen – zwei können verwickelt oder parallel angeordnet werden und es kann ein Klebstoff aufgearbeitet werden.

15 Manchen Hinweis entnahm ich: Anna Breuer-Grenz, Präsenz und Bedeutung der Spinne im Werk von Louise Bourgeois; eine Magisterarbeit, Erlangen 2004, die ich betreute.

16 Ovid, Metamorphosen, übers. v. Erich Rösch, München 1983, 6. Buch, p.198-205

17 Ovid, Metamorphosen, übers. v. Erich Rösch, München 1983, 6. Buch, S. 205

18 Mieke Bal, Louise Bourgeois' Spider: the architecture of art-writing. Chicago 2001 (dort weitere Literaturhinweise).

19 Robert Storr, Interview mit Louise Bourgeois, in: Kat. Hannover, p. 85.

20 Destruction, p. 259.

21 „Je t'aime", (200 mal in roter Tinte auf Papier geschrieben) 1977, Abb. in: Destruction p. 108f. / „Cell" (Arch of Hysteria) 1992/93 („Je t'aime" repetierend auf Bettlaken gestickt), Abb. 86 in Kat. Hannover 1994 (s. Anm. 8) / Marmorskulptur o.T. (Kugel mit Kinderarm) 1989 – auf Sockel repetierend eingemeißelt:" I love you", Abb. 60 in Kat. Hannover 1994.

Kurzbiografien

Eva Aloë, geb. 1943, lebt im Reinach Baselland, Schweiz. 1950 – 1964 Kindergärtnerin in Basel. 1984 Beginn der künstlerischen Tätigkeit; Zeichnungen / Dispersion auf Stoff / Installationen. *Einzelausstellungen:* 1993: Galerie Bläsiring 86, Basel; 2000 Galerie XIMO, Basel; 2001 / 2002 Galerie Ruthmüller, Basel; 2003 Galerie Projektraum 54, Basel.

Martina Auweiler-Gewaltig, 1953 geb.; Tochter Anika, 1987-1994 Ausbildung bei versch. KünstlerInnen Konzeptentwicklung, Co-Regie beim Hitdorfer Kindertheater; Mitglied der Gruppe KAOLIN und des Forum Künstlerinnen e.V., Stuttgart. Ausstellungen: Forum Kulturzentrum Leverkusen; Mercedes-Benz AG Leverkusen; Galerie Becker-Kater, Diepholz; Städtische Galerie Schelmenturm, Monheim; Frauenkunstmesse top'95, Düsseldorf; Hochbunker Köln-Ehrenfeld zum Projekt mamaok internetz 97; Feuerwache Köln. Beteiligungen an vielen Ausstellungen des Frauenmuseums, 1998 Isebel, 2000 Artemisia, 2004 Meine Firma.

Maria Barthel wurde in Luxemburg geboren, 1 Sohn; 1983-87 Studium der Philosophie und Kunstgeschichte an der Universität Bonn, 1986, 1989, 1990 Studium der freien Malerei in Marburg und Trier, 1991, 1992, 1995 Studium an der intern. Akademie für bildende Kunst in Salzburg bei Hermann Nitsch u.a., 1993 Förderpreis des luxemburgischen Kulturministeriums, Ausstellungen beim Kunstverein Rhein-Sieg, und Frauenmuseum, Bonn, 2000 bei „Artemis/Artemisia mit der Arbeit „Artemisia Gentileschi".

Franziska Becker, 1949 in Mannheim geboren; 1971 Kunstakademie Karlsruhe.; 1977 freischaffende Karikaturistin. Arbeit bei der Zeitschrift EMMA. Veröffentlichungen unter anderem in „Annabelle", „Psychologie heute", „Spielen und Lernen", „Titanic", „Stern", „Züricher", „Tages-anzeiger-Magazin", „Kölner Stadtanzeiger" u.a. Seit 1980 bringt sie auch eigene Bücher heraus; 1988 „Max und Moritz Preis als bester deutscher Comic-Künstler". Ihr „Feministischer Alltag", „Männer", „Weiber", „Feminax und Walkürax" wurden Bestseller. Ausstellungen in Kunstvereinen, im Frauenmuseum u.a., *Themen:* Diät, Mode, Geld, Männer, Weiber, Paare, Bundespolitik, Kirche, Neue Weltordnung, Esoterik, Yuppies, u.a.

Lisa Bille, geb. In Hillesheim, Apothekerin, Mutter von 4 Söhnen, Lehrauftrag an der Universität Bonn für Druckgrafik u.a.. *Ausstellungen:* 1985, BBK im Von der Heydt-Museum, Wuppertal, 1987 Kunst auf Kongress, World-congress for Sexology; regelmäßig im Künstlerforum Bonn, StudioGalerie/ Universität Bonn und im Haus an der Redoute; 1992 Kunst auf Medizinmesse Medica Düsseldorf 1994/98/00 „Landschaften", Galeria Galeano, Bonn; 2002 Trinitatiskirche, Bonn; Galerie Pentagramm; 2003 Projekte „Amen" und 2005 „Mein Paradies", Schlosskirche.

Tremezza von Brentano, 1942 in Innsbruck geb. Studium an der Staatl. Kunsthochschule Stuttg., Universität Texas Austin/USA, Gründungsmitglied des Künstlersonderbundes, Gastprofessur an der GHS Kassel, Mitarbeit in Künstlergremien, oft als Vorsitzende, wie BBK Köln, IGBK, GEDOK. Unzählige Ausstellungen in Museen und Kunstvereinen; Künstlerische Arbeitsfelder 1968-79 Menschenbilder, 1980-86 Menschen im Alltag, 1986-90 Frauen- und Männerbilder der Kunst, 1990-04 Bildwelt der Medien, Medienblau.

Gitta Briegleb, 1931 in München geboren, Ausbildung in München, mehrjährige Tätigkeit als Mosaikbildnerin, Studium der Kunstgeschichte, 1989-94 internationale Sommerakademie Trier, ab 1985 Ausstellungen, 1997 Kulturzentrum Riga, Frauenmuseum: 1997 Dea Syria, 1998 Isebel, 2000 Artemisia.

Inge Broska/Margret Schopka
Inge Broska, 1942 in Mönchengladbach geb., 1975-85 Schülerin von C. Janacek u. Spoerri, Universität Köln, FH Köln, 1988 Ateliergemeinschaft zart & zackig, Frauen Museum Bonn, Stipendium der Stadt Bonn, Ultimate Academy, Köln; 1992 Gründung der Performance Gesellschaft mit Hans-Jörg Tauchert. *I.B's große Themen:* Eat Art, FLUXUS, der Braunkohle-Tage- Bau, skandalöse Zustände auf dieser Erde. Unendlich viele Ausstellungen, Performances und aufrüttelnde Aktionen in den letzten 20 Jahren.
Margret Schopka, 1943 geb., Mitfrau der GEDOK A 46, Intern. Symposien 1998 Island, 2000/1 Portugal, 2003 Italien; Kunstpreise: 2000 Lichtungen, Kassel, 2002, Uhrturm Galerie Dierdorf, 2004 2. Preis Kunstmeile Dellbrück. Ausstellungen in Island, Polen, Thailand, Ungarn, Niederlande 2000 „Artemis Artemisia", Frauenmuseum, Bonn.

Elisabeth Busch-Holitschke, 1951 im Ruhrgebiet geb.; FH Krefeld, GEDOK Bonn und Neuss; *Ausstellungen ab* 1986. 1991 Stadthaus, Künstlerforum Bonn; 1992 Versandhalle Grevenbroich; 1993 Brandenburger Dom; 1995 Landesgartenschau Grevenbroich; 1997 Gal. Judith Dielämmer/Grevenbroich; „Tuchfühlung 1" Velbert-Langenberg; 1998 „dafür – dagegen", Alt-Garzweiler, 1999 Galerie Alte Weberei/Rödingen, 2001 Benmuseum, Bonn.

Waltraud Caspari-Philips, geb. 1955; 1978 – 1982 Studium Sozialpädagogik. *Performances:* 1997 Ich putze schwarz, Kulturzentrum Kult 41; 1999 Black-Box, Kulturzentrum Kult 41; Brotschwelle, Galerie Pentagramm, Bonn; Denken, Zentralbibliothek Bonn, Stadtkunst; Die Exhibitionistin, Galerie Pentagramm, Bonn; Frauenmuseum Bonn; 2001 Sisypha, Frauenmuseum Bonn; 2002 Rheinromantik – Wiedergekäut und ausgespien! Frauenmuseum, Bonn; Begrüßen und Verabschieden oder Herberge für die Nacht, Stadtkunst 02, Hauptbahnhof Bonn.

Birgit Dunkel, 1964 geb., Studium der Philosphie, Theaterwissenschaften, Japanologie in Berlin, an der HdK freie Malerei, Kunstgeschichte, Tanz- und Schauspielunterricht, Visuelle Kommunikation an der Kunsthochschule Kassel: 1 Kind. Arbeit als Filmkrikerin, Freie TV-Journalistin, Kurzfilme: *Einzelausstellungen:* 1987 Schreiben Zeichen, Grauzone Kassel; 1994 Das Blanche – projekt, schrecklich schön, Filmhaus Hamburg, Stern-Feature 95; 1998 – 2000 Sin-scape-xin-shape das Herzzeichenprojekt; 2001-2002 „Das madonnen-Projekt" in St. Petri, HH, Künstlerhaus Bethanien, Berlin u.a.

Sophie Fabien, geboren im Frankreich; 1977-89 Studium der Bildenden Kunst an der Universität Paris-Sorbonne; 1988-89 Stipendium Briand-Stresemann, Austausch Berlin-Paris; 1993 Stipendium Senat, Berlin; 1993-95 Atelier der Karl Hofer Gesellschaft, Berlin.

Ausstellungsreihe: „Die fossile-Galeere", eine Reise durch verschiedene Kulturen und Mythen; „Phytobunker" Friedenssynthese Projekte über den Frieden.

Julitta Franke, 1933 in Bonn geboren, Studium der Philologie, Kunstgeschichte und Kunst, Universität Bonn., fünf Söhne, acht Enkelkinder; elf Jahre in Brüssel, 1989 Teilnahme an einer Biennale in Bagdad, Begegnung mit der alten Kultur Mesopotamiens und des Alten Orients. Seit dieser Zeit Reisen und Studien der alten Kulturen und Religionen auf den Spuren der großen Göttin der Frühzeit. Seit 1981 Ausstellungen und Projektleitungen mit GEDOK : der Intern. Föderation (F.I.C.F.); Ausstellungen im Frauenmuseum, als Co-kuratorin bei dem Reise- und Ausstellungsprojekt „DEA SYRIA" und bei „ISEBELL". Einzelausstellungen in Bonn in der Lutherkirche, dem Kurfürstlichen Gärtnerhaus und Kreuzgang des Bonner Münsters; 2004 Einzelausstellung im Glasmuseum und Glaspavillon in Rheinbach; Preis der Internationalen Föderation, Preis der Stadt Paris für Skulptur.

Brigitte Friesz, 1944 geb. in Langen/Frankfurt M.; 1964 Ecole Nat. d' Art Décoratif Aubusson/Frankreich; 1966 Hochschule für Bildende Künste Hamburg. Stipendium: 1971 Studienstiftung des Deutschen Volkes; Schaubühne am Halleschen Ufer Berlin; 1973 Bühnenbild-Assistenz bei K.E. Herrmann. Ab 1973 Bühnen- und Kostümbild Staatl. Theatern: Basel, Hamburg, Kassel, Wuppertaler Bühnen, Zürich. Preise: 1980 Schweizer Theatertreffen 1. Preis/Ausstattung; 1987 Werkpreis der Stadt Bern; 1988 Höhere Schule für Gestaltung Zürich; 1992 Hochschule der Künste Berlin. Freie Malerei: 1997 KunstSalon, Köln; 2003 13. KunstMesse im Frauenmuseum, Bonn.

Margrit Gloger, 1938 in Berlin geboren; Studium an der Humboldt-Universität: Berlin Kunsterziehung/Germanistik. Studium an der Freien Universität Berlin: Kunstgeschichte/Psychologie. Mitglied: BBK, GEDOK, Frauenmuseum. *Arbeitsschwerpunkte:* Grafik und Bildhauerei. *Ausstellungen (Auswahl):* Grafikmarkt Dresden 1995 – Tonne Dresden EA – Schloss Bad Pyrmont – Galerie Lydda Bielefeld – Schaufenster Bonn 1996 und 2000 EA – Budafok Budapest – Kulturforum Burgkloster Lübeck – Künstlerforum Bonn, mehrfach – Haus an der Redoute Bonn, mehrfach – Trinitatiskirche Bonn – Rheinisches Landesmuseum und AWO im Künstlerforum Bonn, „Grafik der Gegenwart", Grafikkalender 2003 – Landau „Grafik der Gegenwart"- Pumpwerk des Kunstvereins für den Rhein-Siegkreis – Schlosskirche Bonn – Museum Neuwied – Museum der Stadt Brünn (Tschechien) – St. Augustin – Troisdorf, Frauenmuseum Bonn, Kunstmesse 2003.

Petra Göbel, 1957 in Aachen, 1978-83 Kunststudium an de RWTH Aachen, seit 1991 Atelier im Kunsthaus Essen, Mitglied der GEDOK Wuppertal, WBK Essen, Ausstellungen im In- und Ausland. Letzte Meldung: Ausstellung Format XXL des Ruhrländischen Künstlerbundes und des WBK im Forum für Kunst und Architektur, Essen.

Ilse Hiller, Dipl. Kunsttherapeutin/Kunstpädagogin (FH), Heilpraktikerin für Psychotherapie; Unterstützung von Straßenkinder-Projekten in Brasilien durch soziale künstlerische Arbeit vor Ort, 1999 und 2001; Aktionen, Dokumentationen. *Ausstellungen:* 1999 Kulturhauptstadt Gramado/Braslien; 1999 Einzelausst. „Vielleicht", Unternehmen Frau, Celle; 2000, Stadthaus Bergen/Celle; 2001 Malschule der Kunsthalle Emden/Henry-Nannen-Stiftung; 2002 „Abreise", Kulturraum Cellesche Zeitung, Celle, 2003 1. Platz Kunstförderung Otterberg/Bremen; 2004/5 BBK, Schloss Celle; 2005 Stadt Haemeenlinna/Finnland.

Barbara Hoock, *Künstlerische Ausbildung:* Seit 1990 Bildungswerk der Erzdiözese Köln bei Prof. Gepa Klingmüller und andere. Seit 1994 Seminaren der Akademie Steinfeld bei Krystyna Heuel- Kaminska, Prof. Dr. Qi Yang. *Ausstellungen:* 1997 bis 2001 Burg Altendorf; 1999 Kunst im Kreuzgang, Kloster Steinfeld; 2003 Kath. Soz. Institut, Bad Honnef; 2003 Kunstmesse im Frauenmuseum, Bonn; 2004 Eifelhöhenklinik Marmagen.

Hanne Horn, 1948 in Düsseldorf geboren; 1966 Ausbildung danach Arbeit in verschiedenen Presse und Werbestudios. Seit 1971 Fotografin an der Heinrich-Heine Universität Düsseldorf; 1989-1991 fotografische Mitarbeit im Ahasvera Verlag; 1994- 1997 Dozentin für Fotokurse an der Heinrich-Heine Universität Düsseldorf. Seit 1996 Mitglied im Frauenmuseum Bonn; Seit 1996 Mitglied der GEDOK A 46 ; Seit 2002 im Vorstand der GEDOK A 46; Seit 2001 Mitglied der Produzentengalerie Judith Dielämmer.

Rosa von Ilten, Kunststudium in Dortmund, Gesang- und Sprechausbildung in Köln, N.Y. und St. Petersburg; 3 Kinder. Konzerte und Tourneen im I- und Ausland, TV-Aufnahmen, ab 1991 Performances.u.a. Kunstakademie Münster, Frauenmuseum, „Die Stimme und das Tier" in Essen, 2002 Konzertperformance in ehm. Zeche „Consolidation" und 2002 Symposion Improvisierte Musik Rheinisches Musikfest, Euregio, mit Ensemble „Consolidation".

Ute Jungclas, 1944 geboren in Treysa, 1963- 1966 Studium an der Pädagogischen Hochschule in Göttingen, Kunst; bis 1982 Kunsterzieherin, Kunsttherapeutin und freie Kunst; *Einzelausstellungen:* 1995 Galerie Bechtloff, Aalen, 1997 Produzentengalerie Neu-Eichenberg, *Gruppenausstellungen:* 1988 Galerie Smend, Köln; 1989, 90, 93 Textilkunst Internatinonal Schloss Greiffenhorst, Krefeld; ab 1995 Die Rote Königin, 1998 Isebel, Frauenmuseum.

Annette Janacek, 1964 geboren in Dortmund; 1984 bis 1999 Bauzeichnerin in verschiedenen Architekturbüros; 1999 bis 2003 Diplom-Studium in bildender Kunst an der Ruhr- Akademie in Schwerte; Schwerpunkt Malerei (Öl, altmeisterliche Lasurtechniken, Mischtechniken); 1994 Portraitaufträge. *Ausstellungen:* 2003 Das Marienbild der heutigen Zeit Schloss Haus- Ruhr in Schwerte.

Annemarie Kapp de Thouzellier (Amie Frankfurt) geb. in Frankfurt/Main, hat eine Adoptivtochter und „eigene" Kinder und Enkelkinder, Kunst/Kunstgeschichte/Architektur und Archäologiestudium an der Städelschule in Ffm; Arbeit mit Behinderten und sozial Benachteiligten; *Ausstellungen:* Leinwandhaus, Karmeliterkloster und Kunstverein Frankfurt; Mathildenhöhe Darmstadt; Alte-Brüder-Kirche Kassel, Parlamentarische Gesellschaft Berlin.

Mo Kleinen, 1949 in Udestedt/Kreis Erfurt geb. ; 1992 Gründugsmitglied der Gruppe Kaolin;1996 Mitglied des Forum Künstlerinnen e.V., Stuttgart. Seit 1986 regelmäßige Gruppen- und Einzelausstellungen: Westlandhalle, Recklinghausen, Mercedes Benz AG, Leverkusen. Forum Leverkusen, top' 95, Düsseldorf, Städtische Galerie Schelmenturm, Monheim. Kammerspiele, Bochum, Frauenmuseum, Bonn, Alte Feuerwache, Köln; Kunsthaus Rhenania, Köln, Kloster Möllenbeck, Rinteln, Kreiskunstausstellung, Mettmann, Kultur Cafe Piano, Köln, Calvin-Haus, Ratingen, Ehrenfelder Hochbunker.

Anne Ruth Kieschnick, 1951 geboren in Neschwitz; 1976 Studium in Düsseldorf, Fachhochschule für Design und Visuelle Kommunikation. *Einzelausstellungen:* 1996 Klosteranlage der Kartause in Köln; 1997 Fruchtkörper, Schloss Birlinghoven, Sankt Augustin; 1999 Wildkräuter/ Rabatten, Schloss Augustusburg, Brühl; 2000 Wasser 2000, Rolandsbogen/Rolandswerth; 2001 Rosen, Rosen Blüten, Blätter, Rosengarten Fort X, Köln; 2002 13x4, Objekte, Skulpturen, KV Werne, AXA-Colonia, Köln; 2003- 04 D2 Vodafone, Düsseldorf; 2004 Rosen Wasser, Faulturm, Großklärwerk, Köln; 2005 Orange, Pappmachéobjekte, Kleine Rathausgalerie, Odenthal. Gruppenausstellung: 2002 Rheinreise, Frauenmuseum, Bonn; 2004 10 Jahre Artoll , Bedburg-Hau.

Käthe Kollwitz, 1867 Königsberg geb. , 2 Söhne, 1885 bis 1889 Studium an der Künstlerinnenschule in Berlin und München. 1919 als erste Frau in die Preußische Akademie der Künste aufgenommen unter gleichzeitiger Verleihung des Professorentitels. Erste Holzschnitte; 1921 bis1924 Plakate und Flugblätter gegen Krieg, Hunger und soziale Benachteiligung; 1924 die Holzschnitt-Folge „Krieg" (1922/23)erscheint; 1934 bis 1938 Arbeit an der lithographischen Folge „Tod", kleiner Skulpturen und Reliefs; Ausstellungsverbot während des NS, 1945 Käthe Kollwitz stirbt am 22. April in Moritzburg bei Dresden.

Petra Kook, Studium Freie Malerei: Europ. Akademie bildender Künste, Trier; Mitglied BBK, Kreiskunstverein Soest e.V., Doz. Naturkundemuseum Dortmund. *Einzel- und Gruppenausstellungen:* Torhaus Rombergpark, Dortmund,„Vom Schmerz der Geschichte und Gegenwart"; Abtei Liesborn, Kreishaus, Soest, „Ich sehe rot", Rathaus, Dortmund, „Die rote Königin", Frauenmuseum, Bonn,„ In Erinnerung an den Frieden", Bochum „Hier und Jetzt", Gustav- Lübcke Museum, Hamm, Rauminstallation Paulinchen, Haus Opherdicke, Kreis Unna, Landtag, Düsseldorf.

Sidika Kordes, 1965 Stuttgart geb., 2 Kinder; Schreinerin, Studium der Bildhauerei bei M.Jetelova, 1991 Diplom, Alanushochschule Alfter, Arbeiten aus Eisen, Holz, stets mit Clou!; Dozentin, Weltreisende, Dez. 2000, Gründungsmitglied der ProduzentInnen-Galerie viktoria b (Viktoriabrücke gegenüber August Macke-Haus, Bonn); seit 1996 jährlich Ausstellungen bei Frau Holle, Bonn-Nordstadt, 2001 Sprungfederobjekte „Bonner Runde" zu BONNNOVA – anl. des 20jährigen Bestehens des Frauenmuseums.

Susanne Krell, 1955 in Betzdorf/Sieg geb.; 1972- 76 Studium an der FH des Landes Rheinland / Pfalz. *Preise:* 2000 Uhrturm-Kunstpreis für Malerei, 2. Platz, Dierdorf. *Einzel – und Gruppenausstellungen:* 1992 Ausstellung zum Botho-Graef-Preis der Stadt Jena; 1993 Stiftung Hohenwart, Pforzheim; 1995 Landesausstellung „Kunst und Künstler aus Rheinland-Pfalz", Neuwied; 1996 Mühlhausen Kunstverein Westthüringen; 1999 „Drei Säulen" Installation im Kreuzgang des Bonner Münsters; 2000 Städtische Galerie Wollhallem Güstrow; 2001 „Sammlung" Siegburg; 2003 Nominierung zu Kunstpreis der Stadt Bonn; 2005 Kreismuseum Neuwied.

Rose Kretzschmar, 1940 geboren in Lodz/Polen; 1 Kind, *Ausstellungen:* 1957-1961 Werkkunstschule Offenbach, Fachbereich Textildesign; 1973-1978 Aufenthalt in Mexico, Escuela Technologica de Arte, Mexico. D.F; seit 1980 Studium der Freien Malerei u.a.; seit 1990 Freischaffende Künstlerin, Dozentin an der VHS, Haus der Familie; seit 1996 Mitglied der FICF, Paris; der GEDOK, Bonn; des BBK, Bonn. Ausstellungen und -beteiligungen seit 1992 im In- und Ausland.

Heidi H. Kuhn, 1939 geb. in Schlüchtern/Hessen; 1959 Kunstakademie, Darmstadt; *Ausstellungen:* 1988-1993 Galerie Villa Rolandseck; 1989 Einzelausstellung Galerie Smend, Köln; 1991 Galerie Zari & Fery, Bonn; Anbau Marienforster Kirche, Bonn; 1992 Rudolf-Steiner-Haus, Bonn; 1993 Marienforster Kirche, Bonn; Haus Michael, Marburg; 1996 Kelterhaus, Bad Godesberg; Galerie Vills Rolandseck; 1998 Isebel, Frauenmuseum.

Erika Maria Lankes, 1940 in Waldenburg/Schlesien geboren; 1959-64 Studium an der Akademie der Bildenden Künste in München; 1978 als freiberufliche Künstlerin. *Ausstellungen:* 1981 Engelhornstiftung München, 1984 Kunstlandschaft Bundesrepublik Köln; 1984/86/98 Bayerische Kunst unserer Tage Wien, Budapest, Bratislava; 1993/96 Realismus Triennale Berlin, 1997 Friedrich Ebert Stiftung Bonn mit Ursula Schwirzer, 1973/83/95 Städtische Galerie Rosenheim. *Preise:* 2003 Kulturpreis der Stadt Rosenheim, 2004 Goldmedaille für Kunstkeramik Faenza, 2004 Oberbayrischer Kulturpreis *Stipendien:* ART STIFTUNG PLAAS Lindau. *Kunst im öffentlichen Raum:* Haus der Geschichte Bonn und viele andere Aufträge.

Barbara Lorenz-Höfer, 1958 in Jork geb., FH für Holzbildhauerei in Oberammergau, Studium Kunstgeschichte Uni HH,. *Einzelausstellungen:* 1982 Stadtmuseum Buxtehude,; 1996 Galerie Im Atrium/HH; Marschtorzwinger/Buxtehude; 1998 Kunstverein Stade; 2000 „Körperrisse", Kreishaus Gütersloh; 2001 „Sirenengesang", Bik in Bremerhaven.

Maria Mathieu, 1948 geb. in Saarlouis, 2 Kinder. 1966-74 Kinderkrankenschwester, Geburtshelferin. 2002-06 Studium Bildene Kunst FH Ottersberg, Hochschule d. Künste Bremen. *Ausstellungen:* 2000, Martha Vogler – wer war die Frau hinter dem Bild, Text-Foto-Inst. Rathaus Rothenburg/W. ; 2001-05 ff Projekt „Was sehen Sie, Frau Lot?", Installationen, Objekte, mit Renate Bühn und Heike Pich. In Rathaushalle/Bremen, Landesmuseum Oldenburg, St. Petri Kirche Lübeck, Kiel, Trinitatiskirche/Köln, Museumsinsel München, Rostock, Bad Segeberg, Hannover.

Uta Meurer, geb. 1937 in Swinemünde/Usedom,1985- 1989 Europäische Akademie für Bildende Kunst, Trier. Malreisen: Kreta, Griechenland; Toskana, Mexiko, Kanada, Lanzarote, Spanien; *Einzel- und Gruppen-*

ausstellungen seit 1984, u.a. Brust, Lust, Frust im Frauenmuseum und Wanderausstellung; Publikationen: TM 3, Fernsehen/ München und in medizinischen Fachzeitungen, 2003 Gründung der Gruppe: utmana-art.

Rune Mields, 1935 in Münster/ Westfalen; vier Kinder; lebt in Köln, 1972 Kritikerpreis für bildende Kunst, 1984 Gastprofessur an der HdK, Berlin, 1989 Ehrengast der Villa Massimo, Rom; 1997 Kulturpreis Köln, 2000 Gabriele Münter Preis, Frauenmuseum Bonn und Leipzig; engagiert in Kunstpolitik, in vielen Jurys. Ca. *100 Einzelausstellungen (und nicht zu zählende Gruppenausstellungen)* in Museen, Kunstvereinen, Kirchen, Klöstern und bedeutenden Galerien, z.B. immer wieder im Von der Heydt-Museum Wupptertal, in der Galerie Jöllenbeck, Köln; erst 2003 waren die 189 „Schwarze Göttinnen" im Frauenmuseum. Nachzulesen in zahlreichen Kataloge, Publikationen und Interviews.

Anna Maria Moll, 1948 in Jülich geboren, 1972 PH Aachen, 1974 Zweitstudium Illustration und Grafikdesign (FH Aachen), Grafikerin und Illustratorin in Köln, 1981 archäologische Zeichnerin für das Rheinische Landesmuseum Bonn, Zeichenarbeit für das Landesdenkmalamt Stuttgart, BBK Schwaben- Nord und Augsburg); verstärkte Ausstellungstätigkeit in der Region. Augsburg, Ulm, Donauwörth, Nördlingen.

Gerda Nettesheim, 1947 in Troisdorf geb., Examen in Musik an der Musikhochschule/Köln, Musikwissenschaft TH Achen, Uni Köln, Examen in Philosophie Uni Siegen, Kunstgeschichte Uni Siegen. *Einzelausstellungen:* 1981 Villa Walderich/Siegen, Künstlerbund Bottrop, 1985 KAOS-Galerie/Köln, 1997 Schloss Augustusburg/Brühl, 1998 Flora Köln, 1999 KKR-Galerie Köln, Holzcity Köln, 2000 Galerie B/Leichlingen, Galerie Ost/Köln. *Gruppenausstellungen*, beteiligt an fast allen Themenprojekten des Frauen Museums mit Klangperformances u. -installationen.

Divna Omaljev, 1968 in Paris geboren, 4 Kinder, 1985-87 Hypokhâgne, Khâgne (ENS Fontenay-Saint-Cloud); 1987-88 Univesité Paris IV- La Sorbonne; 1988-95 Universität zu Köln. *Ausstellungen:* 1996 Meys Fabrik, Hennef; 1997 Kölner Werkstätten, Köln; 2003 Zwischen den Welten, Galerie Mesaoo Wrede, Hamburg; 2004 Modulare Konzepte, painting prize, Ulm; En mi habana calle, H.Böll-Haus, Langenbroich; Galerie Du Beau, Bornheim; 21 Taras, Emmanuel Kirche, Köln; Verkörperrungen, Rathaus Mainz.2005 Eden, Ovada Gallery, Oxford. Projekt: 2006 Gärten, Kjarval Museum, Reykjavik.

Monika Ortmann, 1954 in Bochum geb., 1 Tochter, Studium Kunst und Design an der HdK Berlin und Dortmund, kulturpol. Engagement, Gründung/Leitung der Galerie K.L.E.C.K.S in Herne, Projekte, Wanderausstellungen:„Red violation",„Liebe an Unorten",„Projekt Muse 12", 2001 „Erhobenen Hauptes" Aktion des Frauenmuseums in 4 Museen in Berlin, und 2002 auf der Documenta/Kassel,„Heimat" durch Westfalen, 2003 Preisträgerin 1. Alfred-Rethel-Preis Wetter, 2003 Otzenrath-Stipendium, Alt-Otzenrath; *Ausstellungen:* 2002 Rheinromantik, Frauenmuseum; Fabri-Museum, Hilden, Santa Fe, Kuba; 2003 Lucas-Cranach Haus Witten, Casa de Humboldt, Havanna; Kunstverein Bad Tölz, 8. Bienale Havanna, Kuba, „Katharina II" im FM, Bonn, Moskau und St. Petersburg, 2004,„Globalia" Frauenmuseum, Kuba; 2005 neue Vhs-Galerie Essen.

Veronika von Otten, 1962 geb. in Meerbusch; 1989-96 Hochschule der Künste, Berlin, *Ausstellungen:* 1994„Rangel und Sol", Verborgenes Museum, Berlin; 1995„Ein Konzept", gemeinsam mit Felix Droese, Bahnhof Westend, gefördert von der Karl Hofer Gesellschaft, Berlin; „Waldrast, Galerie Tedden, Düsseldorf; 1998 Dirty Windows, Berlin;2000 „Mysliwska, Kunstraum Bethanien, Berlin;„Salon", Schloß Damtschach, Wien;„Auf des Messers Schneide", der Spiegel, Büro Berlin, gefördert mit den Mitteln des Senats für Wissenschaft und Kultur;„Machen Sie ein Bild von dem, was mit Ihnen ist", Video des Werkstattgespräches über die Ausstellung:„auf des Messers Schneide mit Dr. Birgit Schulte, Kustodin KEOMuseum, Hagen;„Level#7", Galerie im Parkhaus, Berlin, Bildprojektionen/Künstlerinnen Fotographie; 2003„Der Präsident, die Freundin und das Reh", Galerie Gadient, Zürich; 2004„nature morte", Galerie momentum, Berlin.

Lene Pampolha/Ulrike Tscherner, ingesamt 3 Kinder; Organisation gemeinsamen Aktionen und von Kinderprojekten im Frauenmuseum. 2002„Recycle Art & Wear" – Modenschau, Frauenmuseum Bonn; 2003 „Prunk + Pracht? Alles Müll!" – Modenschau und Ausstellung, Frauenmuseum Bonn / Kölnmesse.
Lene Pampolha, geb. 1963 in Belém, Brasilien. 1983-1989 Tourismusstudium, seit 1990 Fotografie, Fotoausstellungen: 1998„Um Olhar Estrangeiro" – Museum der Bundesuniversität Pará, Belém/Brasilien; 1999/2000„Rhythmuswechsel", Theater Die Raben, Bonn (gleichnamige Monografie: Gardez! Verlag, Bonn); 2002 / 2001„wegZiehen", Kommunale Galerie, Berlin; Speicherstadt Hamburg; Frauenmuseum Bonn (Katalog):
Ulrike Tscherner, M.A., 1973 geb. in Berlin. 1993-2000 Magisterstudium Spanisch, Lateinamerikastudien, Medienkultur an den Universitäten Hamburg und Santiago de Chile. Schwerpunkte: Journalismus, Kulturforschung und Museumspädagogik.

Heide Pawelzik, 1942 geb., 3 Kinder; Studium an der HdK, Berlin, Meisterschülerin von Hann Trier; 1987 Kunstpreis der Stadt Bonn, 1991 Stipendium Transfer, Kultursekretariat NRW, 2004 August Macke Medaille, Kunstmuseum der Stadt Bonn. Mitglied von zart & zackig. *Einzelausstellungen ab 1996:* Kunst Raum Kirche, Lutherkirche Bonn; 1998 Galerie Schneiderei, Köln; 2002„weltbewegt", Frauenmuseum; „weltfremd – Zappen" HausDerKunstKöln;2004„selection", Kunstmuseum Bonn *Gruppenausstellungen ab 1994:* Kunstmuseum Bonn; 1995 KEO-Museum, Hagen; 1997 ev. Kirchentag Leipzig, Ceres Gallery N.Y.; 1998 POLITEIA; Frauenmuseum u.a., 1999, Verborgene Orte, Brückenköpfe Remagen; ArtRose, Bedburg-Hau; 2004 Gabriele Münter Preis-Ausstellung Martin-Gropius-Bau, Berlin; Globalia, Frauenmuseum Bonn.; 2005„blind date", Galerie im Frauenmuseum Bonn;„Münsterland", Emsdetten;„Doppelherz", Kommunale Galerie Berlin- Marzahn

Silvia Philipp, 3 Söhne, Stipendium der Stadt Aichach; 2002 Installation für das Unesco-Weltkulturerbe rund um den Loreleyfelsen.

Einzelausstellungen, Projekte: 1996 „Tarricas", Augsburg, Moritzsaal: 1997 Kunstforum Kaufering; 1998 Genial- Mensch zwischen Gentechnik und Moral, Kulturhaus Abraxas, Augsburg; 1999 Kunstaktionen und Performances in Concarneau, Pont Aven, Schritte ins nächste Jahrtausend, weltweite Kunstaktion in Europa, Amerika, Kanada, Asien, Australien, Neuseeland, Indien, (1999 bis jetzt); 2000 Malaktion Mythos einer Kaiserin, Schloss Unterwittelsbach; Kunstaktion Buchmesse, Leipzig, Zirkus Roncalli, Stuttgart; Narbonne, Bundeskunsthalle; 2001 Fleischhalle Augsburg; 2002/2003 Loreleyreise, Performances in Schaffhausen, Rheinfelden, Basel.

Marianne Pitzen, 1948 in Stuttg. geb., 1 Kind. Ab 1969 Ausstellungstätigkeit, bevorzugte Orte: Frauengalerien; 1972 Galerie Circulus und 1974 Zeitschrift Circular (beides mit Horst Pitzen), 1973/74 Gründung „frauen formen ihre stadt" und „Frau + Futura", Tournee Zürich, Innsbruck, Berlin, Wien usw.;1981 Gründung des 1. Frauen Museums in Bonn, Konzeption, Realisation, Mitfrau von „zart & zackig", Ehrenmitglied der GEDOK Bonn, Bundesverdienstkreuz am Bande. *Einzelausstellungen:* K.E.Osthaus-Museum Hagen, Städt. Galerie am Fischmarkt/Erfurt, Städt. Museum Zwickau, Salzstadel/Regensburg; Ulan Bator/Mongolei; 2001: Galerie K.L.E.C.K.S./Herne, Galerie Futura/Berlin, „Untergründige Strömung" im Alten Faulturm/Köln. 2004 Beethovens musikalische Freundinnen, Zessibong neben Beethovenhaus, Bonn und 2005 Kunstraum Novalis, Berlin.

Germaine Richter, 1948 geb. in Traben-Trarbach; lebt und arbeitet in Schwerte (Ruhr). Studium und Staatsexamen in Anglistik, Germanistik, Kunst an den Universitäten Mainz, Bielefeld, Dortmund. *Arbeitsbereiche:* Malerei, Skulptur, Graphik, Objekte, Installationen.

Ulrike Rosenbach, 1943 in Bad Salzdetfurth, 1 Tochter; 1964-1970 Kunstakademie Düsseldorf, Bildhauerei; Meisterschülerin von Prof. Joseph Beuys, seit 1989 Professorin für Neue Künstlerische Medien an der Hochschule der Bildenden Künste Saar; Sie prägte die Kunst der 70er Jahre durch Performances, Videoarbeiten, Theorie und Praxis, gründete die Schule für den kreativen Feminismus, war eine der Großen der Documenta 6 und 8 und auf ca. 10 Biennalen zwischen Sidney und Los Angeles, Venedig... sie hat in den bedeutendsten Museen weltweit ausgestellt, nahm zu den Fragen der Zeit, Kinder, Ökologie, Gewalt und Geschichte Stellung, erhielt Stipendien, Preise, zuletzt den Kunstpreis Saar, 2004 Gabriele Munter Preis, Martin-Gropius-Bau, Berlin, und Frauenmuseum, Bonn. Z.Z. ist eine Monografie in Arbeit, bei Wulf Herzogenrath in Bremen eine Ausstellung.

Mechthild Roth-Reinecke, 1951 in Euskirchen geb., 2 Söhne, in den 70er Jahren Studium der Fotografie an den Kölner Werkschulen; 1988 Berufung in die Deutsche Gesellschaft für Fotografie; 1993 bis 2000 Reisefotografie; Publikationen (Reiseführer, Kalender, Bildbände), Baleareninsel Mallorca; DuMont Verlag, Köln; Harenberg Verlag, Dortmund; München; Porcel-Verlag, Barcelona u.a. ; 1997-2000 Modefotografie; Imagefotos, Kataloge, Projekte, Modedesign Gesine Moritz, Köln. *Ausstellungen:* 2001-2002 „Kunst im Kirchenraum" I, Brauweiler, Kunstverein zu Frechen, „Accrochage" Galerie Juliane Bergerhoff, Frechen; „Kunst im Kirchenraum" II., Brauweiler, BBK Aachen, Euregio Gruppenausstellung, „Industrion", „Comedia del Arte", Italien.

Ulrike Rutschmann, 1964 geb. in Ettlingen/ Baden-Württemberg; 1 Sohn, 19188-92 Studium der Malerei, FH Aachen; 1992/ 93 Diplom im Fachbereich Design; 1991-97 Studium an der Kunstakademie Düsseldorf; 1995 Stipendium der Stadt Bonn; 1996 Meisterschülerin bei Prof. Jannis Kounellis; 1997 Akademiebrief; Atelierstipendium an der Kunstakademie Den Haag. *Einzelausstellung:* 1991 „Kunst an St. Peter"; 1996 „Malerei", Museum Schloss Ettlingen; 1997 „Malerei", Galerie Peter Zimmermann, Mannheim; „Angesicht", Kurfürstliches Gärtnerhaus, Bonn; Projekte wie 1998 „Eingemacht", 13 Positionen aus der Kunstakademie Düsseldorf im Frauenmuseum, Projekte mit KEO-Museum Hagen, Dr. Birgit Schulte.

Judith Samen, 1970 in Gladbeck geb., 1992 Deutscher Jugendfotopreis, Studium an der Kunstakademie Düsseldorf, Meisterschülerin von Fritz Schwegler; 2 Kinder. Seit 1994 regelmäßig versch. Stipendien, Werkverträge und Preise. *Ausstellungen:* 1993 Melkweg-Galerie, Amsterdam; 1997 Kunstverein, Düsseldorf; 1997 „Eingemacht", Frauenmuseum, Bonn; 1999 Schloss Moyland; 2000 Berliner Galerien; 2003 „double bind" Künstlerhaus Bethanien, Berlin, und 2004 im Paula Modersohn-Becker. Museum, Bremen, 2005 Heinz Holtmann Galerie, Düsseldorf.

Ulla Schenkel, 1939 in Wuppertal geb., Werkkunstschule Wuppertal, Staatl. Kunstakademie Stuttg., in Wien. 4 Kinder. Ab 1961 Malerei, Grafik, Installationen, Performances, Theaterprojekte, Kunst im öffentlichen Raum, Kinderwerkstätten; kulturpolitisches Engagement Künstlerhaus Stuttgart, BBK Bundesvorstand, IG- Medien; Miterfinderin des Gabriele Münter Preises; 1976 Preis des Realismusstudios der NGBK/Berlin; 1994 erster Preis des Kunstvereins Eisenturm. Unzählige Einzelausstellungen und Teilnahme an brisanten Projekten u.a. gegen Atomkraft, Raketen, zum Frieden, 1998 „Schwert in Frauenhand" v.Dt. Klingenmuseum Solingen. „bleichen, färben, ausgelassen", GEDOK, Kunsthalle Barmen, Wuppertal, 2005 in den Verdi-Räumen, Wuppertal-Elberfeld.

Jutta Schmitt/Schmittgruppe 31, 3 Kinder geb. 1950 in Üchtelhausen; 1979 Diplom als Graphik-Designerin; seit 1976 Mitglied des Hobbit Puppentheater mit festem Haus in Würzburg; Bühnen- und Puppenbau; Einzel- und Gruppenausstellungen in großer Zahl; Aktionen, BBK-Würzburg, wichtig waren für sie die Reisen nach Tibet, Mongolei, Ausstellung in Ulan Bator, und die USA.

Margit Schopen-Richter, 1951 in Immerath geb.; 1995 Ausbildung Sozialtherapie Kunst und Gestaltung; *Projekte:* 2001 Kunstpunkte in „Kampers Mühle", Kulturamt Düsseldorf; 2002 Europa 2002 plus, Kulturamt Grevenbroich; 2002/03/04 Korschenbroicher Kunstfrühling, Kulturamt Korschenbroich; 2004 Arbeitsplatz Kunst, Kulturamt Grevenbroich. *Einzelausstellungen:* 1999 Galerie Zwischenraum, Burkhardt Siemsen, Kaarst.; 2000 Galerie Alte Weberei, Brigitte Habig, Titz/Rödingen; 2002 Versandhalle Grevenbroich, Stadt Grevenbroich; Deutsche Post AG, Bonn, Art Syndication Dirk Geuer / Ralf Plein; 2003 Centro Culturale, Piemont, Maria Schneider, St. Martino, Italien; 2004 Kunst am

Hammerwerk , Elsbeth Herrmanns, Grevenbroich; Stattmuseum „Kraftwerke", Hans Henin, Düsseldorf.

Renée Schroeder, geb. 1941 in Oran/Algerien; 1956-1961Ballet/ Schauspiel-/Gesangs-Ausbildung am Conservatoire d'Oran; 1961-1962 Kunststudium an der Kunstakademie, Oran, 1963-1964 Kunststudium an der San Martin School of Art, London; seit 1997 Studium der Kunstgeschichte, Universität, Bonn. *Ausstellungen:* 1999 Städtische Galerie, Vaverly (England); Kunsthochschule, Farnham (England); 2000 Kreishaus Mayen/Koblenz; Artemis/Artemesia, Frauenmuseum in Bonn; mehrere Ausstellungen im Eurotheater Central, Bonn; im Historischen Rathaus, Andernach, im Théatre du Nord Ouest Paris 9 ; 2003 Haus an der Redoute, Plaidt (Vulkanpark Infozentrum); Arresthaus Mayen.

Tina Schwichtenberg, Studium an der Muthesius-Kunsthochschule Kiel 1986- 89. 2 Töchter. *Ausstellungen und Installationen:* 2000 EXPO 2000 EXPO-Plaza Deutsche Pavillon, Hannover; 2002 Berliner Dom; 2003 „Mehl-Art" 70. Jahrestag der Bücherverbrennung, Berlin; 2004 „Mehl-Art" Kommunale Galerie Berlin Wilmersdorf Runde Tarn in Kopenhagen;„Globalia" Frauenmuseum Bonn; Galerie „M" in Berlin-Marzahn ; 2005 „Eva hat das Leiden satt",„Kommunale Galerie Charlottenburg-Wilmersdorf" Ausstellung des Bonner Frauenmuseums in Berlin. *Stipendien/Preise:* 1995 Stipendium des Freistaates Sachsen (Studienaufenthalt) Walter Koschatzky-Preis (Co-Preisträgerin); 2002 Stipendium Stadt Soest, NRW; Preis für Toleranz, Hansestadt Lübeck und BBK Schleswig-Holstein; Fünfte Grafik-Internationale in Nagoya, Japan; Stipendium des Freistaates Sachsen in Höfgen-Kaditzsch (Studienaufenthalt). *Auslands-Ausstellungen:* Argentinien, Australien, China, Estland, Indien, Japan, Österreich, Polen, Portugal, Republik Südafrika,Ungarn, Uruguay und USA.

Sybille Spelsberg, 1995-1998 Studium der Malerei und Grafik; Meisterklasse bei Prof. Dr. Qi yang. Seit 1999 Ausstellungen im In- und Ausland. Schwerpunkt Ihrer Arbeit ist das Einsetzen von unterschiedlichen Materialien, wie Gesteinsmehle, Eisenpartikel, Wachs, Seide und Farbpigmente auf großformatige Leinwände.

Ursula Spinner-Cerutti/Christine Willms, 2 Töchter
Ursula Spinner-Cerutti, 1929 in Zürich geb.; 1946 bis 1953 studierte sie Kunst, Anglistik und Germanistik und Zürich. Ab 1974 Austellungen in der Neuen Galerie Aachen, Luxembourg, Oslo, Lillehammer, Suermondt-Ludwig Museum Aachen, 1992-97 zum Thema „Erhaltung der Restlandschaft in Aachens Nord-Westen", 1997 Projekt „Lesezeichen", 1998 Ludwig Forum Aachen. Ab 1984 Beteiligung an Themenprojekten des Frauenmuseums, Utopia u.a.
Christine Willms, geb. Spinner, 1956 in Zürich, 2 Kinder, Architekturstudium an der RWTH Aachen; 1987-92 Kunstakademie Düsseldorf; Mitarbeit in Architekturbüro, Mitarbeit an u.a. vielen Projekten des Frauenmuseums seit 1984.

Monika Stubig, 1959 geb. in Frankfurt am Main. Mitglied: Frauenmuseum Bonn e.V. und Kunstforum 99 Rheinbach e.V.. Ab 2004 Studium der Bildenden Kunst im Studienfach Malerei an der Alanus Hochschule Alfter / Bonn. Seit 2003 als freischaffende Künstlerin in Rheinbach tätig. Arbeiten befinden sich in privaten und öffentlichen Sammlungen im In- und Ausland. *Einzelausstellungen:* 2003 Infratest Sozialforschung in München; 2004 Forum:„Bunte Reihe" in Brake (Bremen); 2004 Rathaus der Stadt Maintal. Gruppenausstellungen: 2003 „Sommer-Erinnerungen" im Herrenhaus der Burg Altendorf/Meckenheim; 2004 Art Gallery in Port d' Andratx (Spanien).

Margret Weiler, 1951 in Viersen geb., 1 behindertes Kind, 1969 – 1978 Studium Völkerkunde, Soziologie, ur- und Frühgeschichte, Universität Köln, Promotion. 1981 - 85 Studium FH Köln/Prof. Elisabeth Vary, Weiterbildung Sommerakademie Trier u.a.. *Ausstellungen:* 1986 Comedia Colonia, Köln; seit 2001 jähr. Ausstellung im Gartenatelier Dellbrück, Köln; 2001 FIB, Köln; 2002, KGS Köln; 2003 Textilmuseum DIE SCHEUNE, Nettetal.

Antonia Wenzlawski-Abdel-Hadi, 1942 geboren, 2 Kinder, 1968 Studienabschluss Sprachpädagogik; 1977 Studienabschluss Psychologie; 1981 bis 1986 Studium bei M. Kreutzer-Temming; 1996 Dea Syria; viele GEDOK-Projekte, 2004 Ausstellung in Wissenschaftszentrum, Bonn; Reisen durch Asien, Lateinamerika, mit eigenem Traktor durch die Provance.

Ursula Witzlau, 1953 in Bocholt/ Westfalen geboren; 1 Sohn, 1982 bis 1986 Ausbildung bei Prof. Strack (FH Kunst & Design) in Köln. *Studienaufenthalte:* in den Niederlanden und in Italien zwischen 1990 und 1997; drei Aufenthalte in den USA (1996- 2001). *Einzelausstellungen:* 1999 „Farblandschaften", Bruno-Goller-Haus, Gummersbach ; 2000 Chateau de la Foret, Livry-Gargan ;Schloss Birlinghoven IT-Forschungszentrum des MPI, St. Augustin;„Zwischen Himmel und Erde", Trinitatiskirche, Bonn;„Kunst im Ministerium", Bundesministerium des Innern, Berlin; 2001 „Aussichten" Städt. Galerie „Altes Feuerhaus", Bad Reichenhall; 2003 „Wie? Türme!" Galerie Bauer & Nieschalke, Köln. *Gruppenausstellungen:* 2002 „Erhobenen Hauptes"- Hutaktion internat. Künstlerinnen anl. documenta 11, Kassel; 2002 Rheinreise 2002, Frauenmuseum, Bonn;„Brücken bauen"- Künstlerausstellung zur Flutopferhilfe, Kunstmuseum, Bonn; 2004 Galerie plan. d, Düsseldorf.

Kurzbiografien der Autorinnen

Dr. Elisabeth von Dücker, Kustodin am Museum der Arbeit in Hamburg, Frauenprojekte, Projekt Speicherstadt, z.Z. Leitung der Ausstellung „Sexarbeit": ab November 05 in Hamburg, danach Bonn(FM) und Berlin.

Julitta Franke, s. Künstlerinnen

Dr. Heide Göttner-Abendroth, geb. 1941, zwei Töchter, ein Sohn, ist Philosophin und Kultur- und Gesellschaftsforscherin. 1973 Promotion an der Universität München, dort 10 Jahre Lehrtätigkeit in Philophie und Wissenschaftstheorie. Sie ist Pionierin der Frauenforschung und der Modernen Matriarchatsforschung . 1986 gründete sie die autonome „Internationale Akademie HAGIA" bei Passau.

Marie-Luise Kreiss, 1 Kind, Diplom-Soziologin, Ehe-, Familien- und Lebensberatung, Psychotherapie, Leiterin der Pro Familia Beratungsstelle Bonn, Organisation vieler Ausstellungen. Dokumentarische Beiträge und Collagen zu Projekten im Frauenmuseum Bonn: 1996 „Dea Syria", 1998 „Isebel" und „Politeia", 2000 „Artemis/Artemisia", 2002 „Rheinreise".

Dr. med. Carolin Krings-Lazovsky, 1 Tochter, hat den Förderverein Frauenwelt – ein Dokumentationszentrum der Hälfte der Menschheit e.V. gegründet.

Dr. Marianne Krüll, Soziologin, Familienforscherin, Autorin von „Käthe, meine Mutter", „Im Netz der Zauberer – eine andere Geschichte der Familie Mann", „Freud und sein Vater" u.a.

Dr. Christa Mulack, 1943 geb. freie Schriftstellerin und feministische Theologin. Bücher, u.a. „Religion ist zu wichtig, um sie den Männern zu überlassen - Die Göttin kehrt zurück".

Dr. Sibylle Plogstedt, 1945 geb., gründete 1976 die Frauenzeitung Courage, war Mitglied des SDS und wegen Teilnahme am „Prager Frühling" bis 1971 in der Tschechoslowakei inhaftiert, ist heute freie Journalistin und Filmemacherin.

Prof. Dr. Claudia von Werlhof, 1943 geb., alleinerz. Mutter eines Sohnes, seit 1988 Prof. für Frauenforschung, Universität Innsbruck. Transdisziplinäre Suche nach einer feministischen Gesellschaftstheorie und „Archäologie des Patriarchats". In Gründung: das „Innsbrucker Institut für Patriarchatsforschung".

NUR IN
APOTHEKEN
®